本书为“中央高校基本科研业务费专项资金资助”（JZ2017HGBZ0936）项目的阶段性成果之一。

社会工作创新
基层社会治理实践研究

周军　马贵侠　毕兰凤　徐财松　著

知识产权出版社
全国百佳图书出版单位

图书在版编目（CIP）数据

社会工作创新基层社会治理实践研究 / 周军等著. — 北京：知识产权出版社，2018.2

ISBN 978-7-5130-5320-4

Ⅰ.①社… Ⅱ.①周… Ⅲ.①社区管理—研究—中国

Ⅳ.①D669.3

中国版本图书馆CIP数据核字（2017）第304562号

责任编辑：张　冰　　　**责任校对：**王　岩

封面设计：张　悦　　　**责任出版：**孙婷婷

社会工作创新基层社会治理实践研究

周　军　马贵侠　毕兰凤　徐财松　著

出版发行：知识产权出版社有限责任公司	**网　　址：**http://www.ipph.cn
社　　址：北京市海淀区气象路50号院	**邮　　编：**100081
责编电话：010–82000860 转 8024	**责编邮箱：**zhangbing@cnipr.com
发行电话：010–82000860 转 8101/8102	**发行传真：**010–82000893/82005070/82000270
印　　刷：三河市国英印务有限公司	**经　　销：**各大网上书店、新华书店及相关专业书店
开　　本：170mm × 240mm　1/16	**印　　张：**18
版　　次：2018年2月第1版	**印　　次：**2018年2月第1次印刷
字　　数：276千字	**定　　价：**79.00元

ISBN 978-7-5130-5320-4

序 言

合肥市的经济社会发展水平，不仅位居安徽省之首，在中部地区省会城市中也属于佼佼者。伴随着经济的快速发展，市民社会服务需求越来越高，利益主体及其利益诉求日益多元化，街居基层社会治理面临的挑战也越来越大。如何提升基层社会服务供给能力，如何引导利益主体理性博弈与多元合作，如何构建基层社会治理平台及其机制等，都是创新基层社会治理进程中的重点和难点问题。

自2007年以来，按照中央和省推进专业社会工作发展的决策部署，合肥市及相关区（县）等地方政府、驻合肥相关高等院校联合推动，十年磨一剑，通过采取孵化专业社会工作服务机构、培育职业社会工作人才、搭建基层社会工作服务平台、购买社区治理类社会工作服务项目等综合措施，充分发挥了专业社会工作介入基层社会治理的积极作用。不仅编制了社会工作介入基层社会治理的“1+4”社会服务政策，还形成了社会工作推动基层社会治理的“五社联动”社会治理模式，为全省社会工作介入推动基层社会治理的试点探索奠定了基础，积累了经验，做好了示范。

在试点探索中，合肥市孵化了爱邻社会工作服务社、民生社会工作服务社等一批专业社会工作服务机构，培育了全国社会工作领军人才、中国社会工作十大人物、中国社会工作优秀人物、中国最美社会工作者等一批优秀社会工作人才，总结并提炼了专业社会工作介入社区居家养老服务、专业社会工作介入儿童及家庭服务、专业社会工作介入社区特殊人群管理、专业社会工作介入社区扶贫救助、专业社会工作介入社区社会组织孵化及社区志愿者培育、专业社会工作介入社区参与和居民自治等多个基层社会治理领域的典型案例，既开拓了社会工作介入推动基层社会治理的专业视野，也提供了可供全国社会工作者同仁进一步研讨和实践交流的实务资料。

回首来时路，看合肥社会工作者成长，如拓荒者披荆斩棘！

展望前行路，期合肥社会工作者发展，如燎原者光照江淮！

2017 年 7 月 26 日

前 言

安徽社会工作实务，滥觞于合肥。

2006年,高校社会工作专业的大学生团队在合肥市包河区屯溪路小学、合肥市夕阳红老年公寓等单位正式开展学校社会工作服务和老年社会工作服务。2008年4月，由合肥工业大学高校教师团队牵头，合肥市包河区及人社会工作服务社正式成立，在香港陈一心家族基金会的项目资金支持下，依托安徽省图书馆的服务阵地，面向合肥市民开展亲子类的儿童社会工作服务。2009年11月，由安徽农业大学、合肥工业大学高校教师团队共同牵头，合肥市蜀山区民生社会工作服务社成立，在安徽省民政厅基层政权处、安徽省社会工作协会的项目资金支持下，依托合肥市蜀山区琥珀街道下辖的社区服务平台，面向高龄独居、孤寡失独、残障失能、低保特困等社区特殊老人开展综合性的老年社工服务。2011年11月，由深圳回流的职业社工、合肥本土的职业社工联合发起，安徽大学、安徽农业大学、合肥工业大学等多所高校联合支持，合肥市爱邻社会工作服务社成立，在合肥市包河区民政局的项目资金支持下，依托包河区居家养老服务中心，通过孵化培育社区为老服务组织、健全社区居家养老服务体系，面向全区数百名孤寡失独、残障失能、低保特困等社区特殊老人开展综合性的老年社会工作服务。

2013年10月，在总结专业社会工作介入社区服务、社会服务实务经验的基础上，合肥市政府出台了“1+4”社会服务政策，即《关于进一步加强和改进社会服务工作的意见》和《合肥市加快培育发展社会组织暂行办法（试行）》《合肥市社会服务人才队伍建设暂行办法（试行）》《合肥市社会服务平台认定与补助暂行办法（试行）》《合肥市政府购买社会服务暂行办法（试行）》。简单地说，就是在街镇、居村搭建以职业社工为核心专业人才支撑的基层社会服务平台，以职业社工岗位购买、社会服务项目化购买为依托，通过孵化培育各类社会组织（尤其是社区社会组织），逐步建立和完善基层社会服务体系，针对性满足市民、居民的社会服务需求。

经过近4年的政策推动，截至2017年11月，全市共验收了28个社会工作服务中心、185个社会服务站，依托基层社会服务平台设立了15个社会组织孵化园，孵化培育了专业社会工作服务机构40家、枢纽型社区社会组织408个，初步建立了以专业社会工作为核心支撑的基层社会服务体系。[①] 在此基础上，为了充分发挥专业社会工作在基层社会服务、基层社会治理中的积极作用，合肥市民政局相关部门又进一步总结凝练，试图将“三社联动，双工互动”的基层社会服务模式升级发展为“五社联动，多元互动”的基层社会治理模式。

正当此时，合肥市爱邻社会工作服务社、蜀山区民生社会工作服务社两家机构准备总结近些年的实务经验，以期促进自我成长并供同行参考借鉴。自成立至今，爱邻社会工作服务社、民生社会工作服务社先后承接并实施过中央财政、李嘉诚基金会、安徽省民政厅、合肥市社会组织发展基金会、区（县）公益创投、街道自主购买等不同类型的政府购买服务项目。依托这些项目，通过早期的实务探索和后期的政策推动，两家机构不仅促进了职业团队快速成长，也在社会工作服务品牌化方面取得了长足的进步。服务领域也从传统的老年社工、儿童社工逐步扩展到社会救助、社区矫正、社区社会组织培育、居民自治、协商民主等多元领域，并逐步形成了“居家养老合作社”“小树苗”“彩虹行动”“阳光四季”“乐助常青”“幸福

① 统计数据由合肥市民政局提供，数据涵盖了蜀山区、包河区、瑶海区、庐阳区和新站区。

邻声”等一批社会工作服务品牌项目。

立足基层社会服务平台，依托各类社会服务项目，民生社会工作服务社与爱邻社会工作服务社也逐渐意识到社会工作服务既是满足居民需求、推动居民参与的有效手段，也是深度解决社区问题、推进社区治理的重要载体。因此，从项目设计的源头，到项目具体实施的过程，都开始有意识地将“给予式服务”“代偿式服务”转型升级为“参与式服务”“治理式服务”。在充分满足居民服务需求的同时，积极推动居民参与社区服务，孵化社区社会组织；培养社区治理人才，孵化社区治理力量；倡导社区治理理念，探索社区治理机制，有针对性地解决社区问题，总结社区治理经验。

本书由两家机构联合出版，共分 7 章，分别从合肥市社会工作发展整体情况、老年社会工作、儿童社会工作、矫正社会工作、救助社会工作、社会组织孵化培育、居民参与自治等多个实务领域，通过总结合肥本地的社会工作实务经验，阐述专业社会工作介入推动基层社会治理工作的视角、方法、功能及成效。

作者

2017 年 6 月

目　录

Contents

第1章
合肥社会工作发展概况

1.1 引言

2012年，中共“十八大”报告提出：加强社会建设，是社会和谐稳定的重要保证。必须从维护最广大人民根本利益的高度，加快健全基本公共服务体系，加强和创新社会管理，推动社会主义和谐社会建设。[①]《中共中央关于全面深化改革若干重大问题的决定》（2013年11月12日中国共产党第十八届中央委员会第三次全体会议通过）指出“创新社会治理体制”。[②]从“社会管理”到“社会治理”的转变深刻体现了党和政府执政理念的转变。

当前，在国家治理体系和治理能力不断完善和提升的过程中，我国社会治理领域面临着诸多问题与挑战，主要表现为社会问题频发突发、社会流动不断增强、社会阶层结构深刻变动以及传统“官本位”“政府本位”惯性思维的影响等，[③]这些新的社会问题与社会需求反映在社区，则是社区减负增效、社区自治等社区治理能力的提升需求与不断增长的社区居民多元化需求，这些社区需求更是不断推动着基层社会治理创新向前发展。在基层推动社会治理创新，应建好社区平台，建构新型社区治理和服务体

① 坚定不移沿着中国特色社会主义道路前进 为全面建成小康社会而奋斗——在中国共产党第十八次全国代表大会上的报告. [R/OL].（2012-11-19）. http://www.xj.xinhuanet.com/2012-11/19/c_113722546_7htm.

② 中共中央关于全面深化改革若干重大问题的决定 [R/OL].（2013-11-12）. http://news.xinhuanet.com/politics/2013-11/15/c_11816423（5）htm.

③ 谢志强. 创新社会治理：治什么 谁来治 怎么治——我国加强和创新社会治理面临的挑战与对策建议. [Z/OL].（2016-7-13）. http://theory.people.com.cn/n1/2016/0713/c49154-28549310.html.

制，进一步加强和完善基层社会治理和服务体系。①

作为省会城市的合肥市，近年来一直坚持推动街居体制机制改革与推进社会治理创新，使全市街居组织体系不断健全，街居基础保障得到改善，与社区建设相关的政策支持体系逐步完备，街居服务水平全面提高。在这个过程中，社会工作机构、社会工作人才、社会工作服务都获得了重大发展机遇，也取得了一定成效与社会影响力。市、区（开发区）及城区街道均成立了社会工作者协会，一些街道社区建立了社会服务工作站、社会工作服务中心等平台。②

与此同时，合肥市城市街道社区体制机制仍然存在诸多问题，突出表现为街道社区“全能化”严重，社区过度行政化。社区自治严重缺位，社区自治的组织基础薄弱，社区居民自治骨干力量（如楼栋长、单元长、热心社区公共事务的其他居民等）没有成长起来，居民自治缺乏抓手；社会组织尤其是社区社会组织孵化培育有待加强，服务类、公益慈善类社区社会组织数量偏少，且尚不具备承接社区服务的资质和能力；志愿服务机制不完善，没有形成项目化、常态化、社会化运行机制；社区为民服务活动缺乏规划设计，难以满足社区居民的实际需求。③这些基层社会治理中面临的诸多问题亟须社会工作人才、社会工作机构、社会工作服务的介入。

2017 年，李克强总理在政府工作报告中指出，推动社会治理创新，健全基层群众自治制度，加强城乡社区治理，促进专业社会工作发展。④由此可见，发展专业社会工作业已成为当前基层社会治理的重要内容。

为不断完善基层社会治理体系，全面推进我国社会工作的深入发展，

---

① 谢志强 . 创新社会治理：治什么　谁来治　怎么治——我国加强和创新社会治理面临的挑战与对策建议[Z/OL].（2016-7-13）. http://theory.people.com.cn/n1/2016/0713/c49154-28549310-3.html.

② 参见由中共合肥市委政策研究室 2014 年 12 月完成的《合肥市深化城市街道社区体制机制改革调研成果汇编》，第 1~4 页。

③ 参见由中共合肥市委政策研究室 2014 年 12 月完成的《合肥市深化城市街道社区体制机制改革调研成果汇编》，第 5~10 页。

④ 参见《政府工作报告（2017 年）》（2017 年 3 月 16 日，中央人民政府网站，http://www.gov.cn/premier/2017-03/16/content_5177940.htm）。

国家人事部、民政部、财政部等部门相继出台系列性社会工作政策，合力推动社会工作发展，充分发挥社会工作人才、社会工作服务的引领、示范作用，不断提升基层社会治理能力。安徽省、合肥市也在不断积极探索社会工作推动基层社会治理创新的实践路径。

1.2　探索社会工作服务体制机制

1.2.1　探索社会工作服务

2007 年 9 月，合肥工业大学社会工作系与合肥市包河区屯溪路小学合作开展学校社会工作实务试点，由社会工作专业大学生为该校 4 年级的部分小学生提供抗逆力小组服务，同时为其他年级有特殊需要的孩子提供个案辅导服务，该服务项目获得了家长和老师的一致好评。

2008 年 4 月，由合肥工业大学社会工作系教师、叶士华等率先发起的安徽省首家社会工作机构——包河区及人社会工作服务社正式成立。该机构成立之初即与屯溪路小学、安徽省图书馆合作开展儿童成长社会工作实务试点，正式设立长期儿童服务项目——“阅趣馆”，该服务项目采用高校社会工作实习生与志愿者共同合作的模式，旨在为 0 ～ 6 岁的学龄前儿童提供免费阅读服务，并为家长提供亲子阅读的公益课堂。“阅趣馆”服务项目的内容包括亲子阅读、话剧表演、亲子泥巴、经典文化诵读、手工坊等。[①] 此后，及人社会工作服务社不断探索将儿童公益阅读服务项目落入社区，先后在蜀山区翠竹园社区、包河区滨湖世纪社区和园小区以及曙光社区分别开设了社区阅趣馆，初步探索出社会工作介入儿童阅读服务项目的社区化服务模式。

2009 年 4 月，合肥市蜀山区民政局与合肥工业大学社会工作系、安徽农业大学社会工作系达成合作协议，将蜀山区琥珀街道作为开展社会工作介入社区居家养老服务的试点，开启了安徽省社会工作介入居家养老服务的先河。2009 年 11 月，合肥市蜀山区民生社会工作服务社成立，成为安徽省首家从事社区居家养老服务的专业社会工作机构。民生社会工作服务社推动建立琥珀街道飞虹社区社会工作服务站，在辖区范围内针对 60 周

① “阅趣馆”公益服务项目获得了香港陈一心家族基金会的资助。

岁及以上老人开展入户摸排调查和家庭访视服务，并依托社会志愿者服务资源，逐步延展出上门维修、理发、送餐、推拿按摩等为老志愿服务。

专业社会工作的深入发展离不开服务平台搭建、社会工作者岗位与服务项目购买、社会组织孵化培育等多元互动体制机制的建立。在蜀山区和包河区试点开展的社会工作介入学校、儿童、老人等社区服务的基础上，合肥市民政局围绕着政策创制、平台搭建、岗位项目购买和组织孵化等方面在全省率先探索建立社会工作服务体制机制，并将其作为发展社会工作的先导。

1.2.2 构建“3+1”社区服务管理平台

为深入推进基层社会治理创新，合肥市相继出台了《关于推进社区网格化建设的意见》《合肥市民政局关于推进社会组织管理工作改革与创新的实施意见》（合办〔2009〕36 号）、《关于推进社区服务管理创新工作的实施意见》（合发〔2011〕16 号）等配套文件，在全市范围内搭建了社区治理创新的政策框架，为社会组织承担社会服务提供了政策支持，为社会工作介入社区服务提供了政策引领和实务发展空间。

2009 年 5 月，在省市民政部门的支持下，合肥市蜀山区民政局、合肥市蜀山区民生社会工作服务社确立了“立足社区，购买岗位，搭建平台，整合资源，开展服务”的专业社会工作服务机制，结合合肥市“网格化”“信息化”“组织化”“服务化”等社区服务管理创新的重点任务，通过设立与社区党建工作、社区居民自治、社区行政管理相适应的社区服务平台，构建出以社区党委为核心、以社区居民委员会为基础、以社区工作站为枢纽、以社区社会工作服务站为支点的“3+1”社区服务管理平台（见图 1.1）。

“3+1”社区服务管理平台是在原有的“社区党委、社区居民委员会、社区工作站”之外推动社会服务平台建设，即建立“社区社会工作服务站”，并下设“居家养老服务中心”“儿童服务中心”“慈善救助服务中心”“家政便民服务中心”等多功能中心；在社区社会工作服务站设置社会工作者岗位，引进专业社会工作机构专门开展社区社会服务。

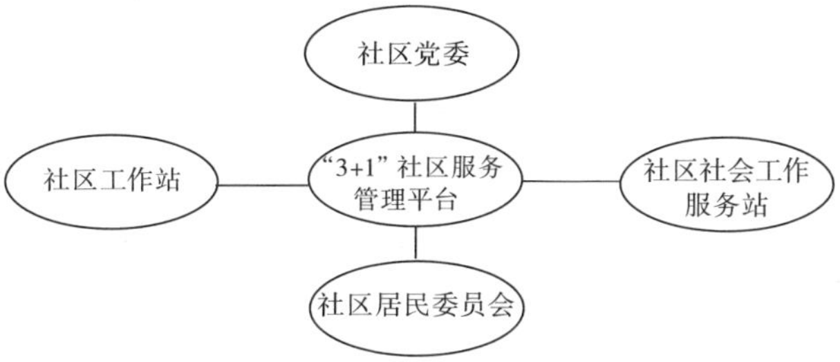

图 1.1　“3+1” 社区服务管理平台

1.2.3　建设街居社会服务平台

2012 年 11 月，合肥市立足蜀山区、包河区在专业社会工作服务机制、基层社会管理创新体制方面的试点经验，积极调研并编制了合肥市“1+4”社会服务政策。依据“1+4”政策，积极推进街居社会服务平台建设。社会服务平台是指以市社会服务综合信息与评估中心为基础，以县（市、区、开发区）社会服务呼叫中心、乡镇（街道）社会服务中心、村（居）社会服务站为依托，统筹开展社会服务工作的网络体系。社会服务平台具有掌握社区居民需求，以及统筹社区公共服务、社区公益服务、便民服务等功能。[①]为社会工作者提供了舞台，对接了需求，整合了资源，强化了力量，落实了项目，成为推动社会工作发展的真实载体，为专业社会工作介入基层社会治理提供综合服务平台。截至 2017 年 11 月 28 日，经合肥市评估验收通过的社会服务平台详情如表 1.1 所示。

表 1.1　合肥市评估验收通过的社会服务平台统计表

平台类型	包河区	蜀山区	庐阳区	瑶海区	新站区	合计
街道社会服务中心	11 个	3 个	9 个	4 个	1 个	28 个
社区社会服务站	67 个	15 个	47 个	50 个	6 个	185 个

① 参见合肥市人民政府发布的《合肥市人民政府办公厅关于印发进一步加强和改进社会服务工作相关配套政策的通知》（合政办〔2016〕5 号），（2016 年 2 月 11 日，合肥市政府信息公开网，http://zwgk.hefei.gov.cn/zwgk/public/spage.xp?doAction=view&indexno=002991856/201602-00031）。

依托街居社会服务平台，结合街居社会服务体系建设的动态进展，紧密围绕街居体制机制创新，结合街居社会服务的重点与难点，以合肥市各个区以夯实社会服务平台为前提，逐步形成了“以购买社会工作岗位为基础，以项目化支持为手段，以第三方评估为保障”的社会工作运作体系。

与此同时，合肥市依托社会服务平台，积极探索“三社联动”以及“两工互动”的社会服务机制。“三社联动”就是指基层社区单位（居委会、工作站、驻地单位）、社会工作、社会组织等力量通过合作、联动的方式，通过构建社区服务体系，解决社区的矛盾与问题，提升社区居民的意识与能力，实现社区治理的目标。“两工互动”是指“社会工作者”与“义工”（志愿者）协作开展社会服务。社会工作者在“三社联动”和“两工互动”机制中承担着设计者、孵化者、统筹者、服务者和倡导者的角色。“三社联动”和“两工互动”服务机制的建立为合肥市社会工作的平台建设、岗位设置、机构孵化、项目发展积累了宝贵的经验，为支持和孵化本土社会工作服务机构发展提供了路径和策略，为社会工作政策创制、实务发展、理论研究奠定了基石，为社会工作服务机构的发展提供了机遇。

1.3　逐步建立社会工作服务政策体系

1.3.1　社会工作政策的顶层设计

自中共中央于 2006 年提出“建设宏大的社会工作人才队伍”的目标任务后，我国的社会工作“专业化”正经历着前所未有的高速发展。2006—2016 年是社会工作快速发展的 10 年，同时，社会工作也逐步完成了顶层制度设计。

1.3.1.1　社会工作人才队伍建设政策

2006 年，国家人事部、民政部出台了《社会工作者职业水平评价暂行规定》（国人部发〔2006〕71 号），规范和提升社会工作者的职业行为和专业能力。[①]2011 年，中共中央组织部、中共中央政法委员会、教育部、财政部等 18 个部委和群团组织联合出台了《关于加强社会工作专业人才队伍建设的意见》（中组发〔2011〕25 号），明确了加强社会工作人才队伍建设的重大战略意义，提出了大力加强社会工作专业教育培训、积极推动社会工作专业岗位开发和专业人才使用、推进社会工作专业人才评价和激励等战略举措。[②]2012 年，中央组织部、中央政法委、中央编办、国家发改委等 19 个部委和群团组织联合出台《社会工作专业人才队伍建设中长期规划（2011—2020）》，针对社会工作专业人才队伍建设急需加强的薄弱环节，提出重点实施好 10 项重点工程，从社会工作教育与研究人才培养、社会工作管理人才综合素质提升、民办社会工作服务机构孵化等

① 参见民政部发布《社会工作者职业水平评价暂行规定》（2006 年 7 月 20 日，民政部网站，http://sw.mca.gov.cn/article/zcwj/200710/20071020002534.shtml）。

② 参见民政部发布《关于加强社会工作人才队伍建设的意见》（2013 年 4 月 8 日，民政部网站，http://sw.mca.gov.cn/article/zcwj/201304/20130400441038.shtml）。

方面全面推动社会工作的发展。[1]2016年，民政部出台《关于加强社会工作专业岗位开发与人才激励保障的意见》（民发〔2016〕186号），提出通过明确社会工作专业人才配备要求，规范社会工作专业岗位聘用等措施加快社会工作专业岗位开发；通过合理确定社会工作专业人才薪酬待遇，加大社会工作专业人才表彰奖励力度等措施做好社会工作专业人才激励保障工作。[2]

1.3.1.2 推动民办社会工作机构健康发展的政策

2009年，民政部出台了《关于促进民办社会工作机构发展的通知》，以进一步加强民办社会工作机构登记管理工作，并从人才、资金、设施等方面提出了相应的支持措施，以促进民办社会工作机构的健康发展，推进社会工作及其人才队伍建设。[3]2014年，民政部出台了《关于进一步加快推进民办社会工作服务机构发展的意见》（民发〔2014〕80号），以进一步加强民办社会工作机构的登记管理工作和能力提升建设。

1.3.1.3 政府购买社会工作服务相关政策

2012年，民政部、财政部出台了《关于政府购买社会工作服务的指导意见》（民发〔2012〕196号）。2013年，民政部、财政部出台了《关于加快推进社区社会工作服务的意见》（民发〔2013〕178号），进一步拓展了社会工作人才和社会工作机构的发展空间。

此外，《中华人民共和国反家庭暴力法》《社会救助暂行办法》等法律法规确立了社会工作的法定作用，《中共中央 国务院关于打赢脱贫攻坚战的决定》和《中华人民共和国国民经济社会发展第十三个五年规划纲要》等

---

① 参见民政部发布《社会工作专业人才队伍建设中长期规划（2011—2020）》（2012年4月26日，民政部网站，http://www.mca.gov.cn/article/zwgk/jhgh/201204/20120400302325.shtml）。

② 参见民政部发布《关于加强社会工作专业岗位开发与人才激励保障的意见》（2016年10月14日，民政部网站，http://xxgk.mca.gov.cn:8081/newgips/contentSearch?id=84388）。

③ 参见民政部发布《关于促进民办社会工作机构发展的通知》（2009年10月19日，民政部网站，http://sw.mca.gov.cn/article/zcwj/200910/20091000039648.shtml）。

百余个国家政策文件对发展社会工作提出了明确要求。同时，我国社会工作已从民政工作领域逐步拓展到社会救助、救灾应急、老年服务、青少年事务、残障帮扶、医疗服务、农村服务、社区矫正、妇女服务、职工帮扶、禁毒戒毒等多个领域，初步建立了社会工作制度框架。

1.3.2 省市区推动社会工作发展的政策

在国家整体社会工作制度框架不断完善的背景下，安徽省、合肥市也积极推动区域性社会工作政策的发展，从探索社会工作服务体制机制、完善社会工作服务政策体系、健全社会工作协会组织、建设社会工作人才队伍、培育专业社会工作机构、凝练社会工作服务品牌等多个方面协调推进，大力推动社会工作介入基层社会治理，并取得了积极成效。

1.3.2.1 初步建构基层社会治理体系政策框架

安徽省相继出台了《中共安徽省委、安徽省人民政府关于加强和谐社区建设的意见》(皖发〔2007〕6号)、《安徽省关于扩大社区管理体制改革试点的指导意见》《安徽省社区服务体系建设规划(2011—2015)》《安徽省开展社区公共服务综合信息平台建设的实施意见》等一系列政策，提升了社区治理和社会服务水平，建构了基层社会治理的政策框架体系。

1.3.2.2 以“三社联动”整合推进社会工作发展的政策

在国家推动社会工作发展的系列政策的引导下，安徽省通过不断完善政策支持体系，充分发挥“以社会工作专业人才为支撑，以社会组织为载体，以社区为平台”的三社联动机制。

在社会工作专业人才队伍建设方面，安徽省民政厅出台了《安徽省“十二五”社会工作专业人才队伍建设规划》(民办字〔2012〕160号)，提出要建立和完善社会工作专业人才培养机制、人才评价机制、人才使用机制、人才激励机制等，并提出了社会工作人才建设的“六大工程”。[①]安徽省委组织部、

① 参见安徽省民政厅发布《安徽省“十二五”社会工作专业人才队伍建设规划》(2012年8月7日，安徽省民政厅网站，http://220.178.31.148:8080/xxgkweb/blue/showView.jsp?newid=1510)。

省民政厅等19个部门联合出台《安徽省关于加强社会工作专业人才队伍建设的实施意见》(民办字〔2012〕246号),提出"应充分发挥社会工作专业人才在组建团队、规范服务、拓展项目、培训策划等方面的专业优势"。[①]安徽省印发《关于加快推进社会工作者与志愿者联动服务的实施意见》(民办字〔2014〕172号)提出,积极构建社会工作者与志愿者联动服务的制度体系。[②]

在培育扶持民办社会工作服务机构发展方面,安徽省民政厅先后出台了《关于加快培育发展民办社会工作服务机构的指导意见》(民人字〔2012〕129号)、《关于进一步加快推进民办社会工作服务机构发展的通知》(民办字〔2014〕94号),通过降低门槛、简化程序、充分调动高校社会工作教师和持证人员创办机构,并鼓励现有的公益慈善类、服务类社会组织向民办社会工作机构转型。[③]

在推进社会工作服务发展方面,2014年8月,安徽省民政厅、财政厅联合出台了《关于政府购买社会工作服务的实施意见》(民办字〔2014〕129号),提出"按照'受益广泛、群众急需、服务专业'的原则,重点围绕城市流动人口、农村留守人员、困难群体、特殊人群和受灾群众的个性化、多样化社会服务需求,组织开展政府购买社会工作服务"。[④]2014年12月,安徽省人民政府发布关于贯彻落实《社会救助暂行办法》的实施意见,并于2015年9月25日出台了《关于加快推进社会救助领域社会工

---

① 参见安徽省民政厅发布的《安徽省关于加强社会工作专业人才队伍建设的实施意见》,文件内容参见安徽省民政厅社会工作处提供的政策文件。

② 参见安徽省民政厅发布的《关于加快推进社会工作者与志愿者联动服务的实施意见》,文件内容参见安徽省民政厅社会工作处提供的政策文件。

③ 参见民政部发布的《安徽民办社会工作服务机构增至80家》(2015年6月4日,民政部网站,http://www.mca.gov.cn/article/yw/shgzyzyfw/mtgz/201506/201506008296049.shtml)。

④ 参见安徽省民政厅发布的《安徽省民政厅安徽省财政厅关于政府购买社会工作服务的实施意见》(2014年8月29日,中国政府采购网,http://www.ccgp.gov.cn/gpsr/zcfg/201408/t20140829_4629173.htm)。

作发展的实施意见》（皖民办字〔2015〕115 号）。在此背景下，全国首个政社合作模式下的社会救助专项基金“乐助常青”成立，由合肥市爱邻社会工作服务社开展服务救助、关怀救助的多元救助渠道。

合肥市也积极探索推动社会服务体系建设，创新基层社会治理的系列政策。2013 年 8 月 12 日，合肥市政府召开第 13 次常务会，研究制定出台“1+4”社会服务政策（见表 1.2），该政策被安徽省民政厅列为 2013 年度全省社会组织十件大事，为专业社会工作发展确立了平台、岗位、组织、项目等基本条件，初步建构起“依托社会服务中心（站）等基层社会服务平台，以职业社会工作团队为核心，统筹开展辖区内各类社会服务项目，孵化培育和组织支持其他各类基层社会组织开展服务工作”的社会服务体系建设格局。

表 1.2　合肥市“1+4”社会服务政策[①]

政策名称	文件号	核心内容
《中共合肥市委办公厅合肥市人民政府办公厅关于进一步加强和改进社会服务工作的意见》	合办〔2013〕23 号	大力开展社会服务；壮大服务主体；打造服务平台；完善供给方式；培训和引进社会服务平台
《合肥市加快培育发展社会组织办法（试行）》	合政办〔2013〕39 号	规定了社会组织的基本原则，登记管理办法等，成立市社会组织发展基金会，建立市、县（市、区）社会组织孵化园，成立社会组织评估委员会，引入第三方评估机构，开展社会组织分类分批等级评估，规定社会组织奖补资金等内容

① 政策文件来自合肥市政府网站，2013 年 12 月 2 日，http://www.hefei.gov.cn/xxgk/17502/17660/17671/17675/201312/t20131202_1113183.html。

续表

政策名称	文件号	核心内容
《合肥市社会服务人才队伍建设办法(试行)》	合政办〔2013〕39 号	规定了建立完善市、县(市、区)、乡镇(街道)三级培训体系;实行社会服务人才分类培训制度;鼓励社会力量创办社会服务人才中介机构;建立社会服务人才的评价和激励机制等
《合肥市社会服务平台认定与补助办法(试行)》	合政办〔2013〕39 号	规定了市、区、街道和社区各级社会服务平台的基本功能,认定条件和补贴标准
《合肥市政府购买社会服务办法(试行)》	合政办〔2013〕39 号	规定了购买服务方式和范围,购买服务工作流程、资金保障、实施流程和评估机制等

注 2016 年,合肥市政府进一步修订了《关于进一步加强和改进社会服务工作相关配套政策》。

合肥市“1+4”政策的制定与实施带来了全市社会工作机构的井喷式发展，其表现为合肥于全省范围内率先开展政府购买社会工作者人才服务岗位 104 个，建立专业社会工作机构 58 家(截至 2016 年 12 月 31 日)。以合肥市爱邻社会工作服务机构为例，“1+4”政策出台后，机构的社会工作者数量由 2011 年的 3 名社会工作者增长到 2016 年的 49 名，承接政府购买服务项目 42 个。

在合肥市“1+4”社会服务政策的推动下，合肥市包河区首次尝试依托基层社会服务平台，以街道(乡镇)为主体，采取“岗位 + 项目 + 孵化”的方式，形式了特色购买社会工作者岗位的方式，形成了“街道—社工机构—社会工作人才”的政府购买社会工作服务体系。2014 年，合肥市爱邻社会工作服务社在包河区承接了 6 个街道的社会服务平台，执行 12 个政府购买服务项目。

2012 ～ 2013 年，合肥市包河区连续出台了《包河区社会工作专业人才队伍建设实施意见》(包河办发〔2012〕42 号)、《关于〈区民政局增设内设机构〉的通知》(包河编字〔2012〕35 号)、《包河区社会工作机构行为规范指引》(包民〔2013〕145 号)、《关于成立街(镇)社会工作协会的通知》(包社协〔2013〕2 号）、《包河区社会工作者守则》（包社协〔2013〕8 号）、《包河区社会工作行业投诉处理规范（暂行）》（包社协〔2013〕9 号）、《包河区社区公益服务项目资金管理办法（试行）》（包政办〔2013〕73 号）、《印发包河区开展企业社会工作实施方案的通知》（包政办〔2013〕49 号）、《包河区社会工作专业人才队伍建设试点工作实施意见》等系列文件①，从人才建设、购买服务、行业建设、行业规范、社会工作者实务等多个方面完善社会工作政策体系。

2013 年 5 月，合肥市蜀山区先后出台了《关于加强社会工作专业人才队伍建设的意见》（合蜀办〔2013〕33 号）、《关于加强社会工作者、义工建设工作方案》《蜀山区社会工作人才教育培训意见》等系列文件。率先在全市范围内建立了社会工作教育培训机制，率先在全省建立了区级社会工作人才培训基地。2012 年以来，组织了近千名社会工作人员参加社会工作培训和考试，282 人通过全国社会工作者职业水平考试，其中 103 人取得中级社会工作师资格，179 名取得助理社会工作师资格。近两年来，取得社会工作师资格的人员增幅较大，如图 1.2 所示。

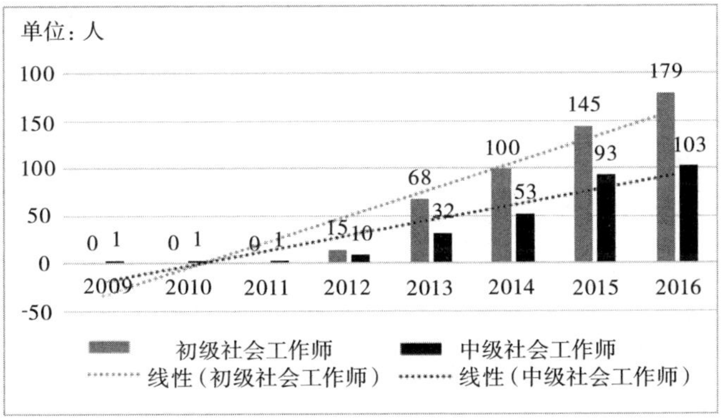

图 1.2　蜀山区社会工作师资格人数统计 (2009—2016 年）

① 政策文件资料来自于合肥市包河区民政局。

1.3.3 省市区社会组织发展政策

为深入推进全省“三社联动”机制的健康发展，完善基层社会治理体系，安徽省、合肥市及各区逐年出台了培育孵化社会组织的系列政策。

1.3.3.1 登记管理政策

为了规范发展社会组织，提升组织服务能力，安徽省委办公厅、省政府办公厅发布《关于〈转发省直有关单位支持合芜蚌自主创新综合配套改革试验区建设的意见〉的通知》（厅〔2009〕10 号），提出切实推进社会组织社会化，降低登记门槛、简化审批程序，实现审批登记制度的新突破。[①]2013 年，安徽省委办公厅、省政府办公厅出台《关于加强和创新社会组织建设与管理的意见》，提出改革登记管理体制，推进社会组织社会化。[②]

合肥市委办公厅、市政府办公厅《关于转发〈市民政局关于推进社会组织管理工作改革与创新的实施意见〉的通知》（合办〔2009〕36 号）提出，实行社会组织审批登记制度改革，推进社会组织社会化，为社会组织编列支持政策，扩大了社会组织的体量。[③]

合肥市直接登记社会组织 626 个，登记的社会组织 4346 个，依法登记备案社会组织 3624 个，其中社会工作机构共计 58 家，极大增加了社会组织体量，为社会组织参与服务奠定了基础。

---

① 参见安徽省委办公厅、省人民政府办公厅发布的《关于转发省直有关单位支持合芜蚌自主创新综合配套改革试验区建设的意见》（2010 年 10 月 11 日，http://www.ahcxb.gov.cn/xgzc/sjzc/webinfo/2010/10/1285811635991389.htm）。

② 参见安徽省委办公厅、省人民政府办公厅发布的《关于加强和创新社会组织建设与管理的意见》（2013 年 5 月 6 日，民政部网站，http://www.mca.gov.cn/article/zwgk/dfxx/201305/20130500461097.shtml）。

③ 参见合肥市政府发布的《市民政局关于推进社会组织管理工作改革与创新的实施意见》（2009 年 5 月 26 日，北大法宝网，http://www.pkulaw.cn/fulltext_form.aspx?Gid=17081638）。

1.3.3.2 购买服务政策

2013 年，省政府出台了《安徽省人民政府办公厅关于政府向社会力量购买服务的实施意见》（皖政办〔2013〕46 号），将社会工作者服务作为政府购买服务的内容之一，明确了社会组织作为政府购买服务的承接主体之一。[①]2014 年，安徽省财政厅出台了《安徽省财政厅关于印发〈安徽省政府向社会力量购买服务指导目录〉的通知》（财综〔2014〕100 号）、《安徽省财政厅关于印发〈安徽省政府向社会力量购买服务流程规范（暂行）〉的通知》（财综〔2014〕235 号），为政府向社会组织购买社会工作者服务提供了更为具体的实施细则。

2014 年，合肥市政府出台了《关于深入推进政府向社会力量购买服务的实施意见》（合政办秘〔2014〕101 号），提出将社会工作者服务、社区事务等作为购买服务的内容之一，并明确了购买服务机制的实施细则。[②]

随着社会组织数量和承接政府购买服务项目数量的剧增，合肥市民政局出台了《合肥市社会组织评估管理办法》，通过引入第三方对社会组织及其服务项目进行评估，旨在贯彻落实“1+4”社会服务工作要求，为社会组织查漏补缺、量体裁衣，促进社会组织规范化建设。评估达到“3A”级以上的社会组织将获得市财政专项资金奖补，优先承接政府购买服务项目，实现“以评促管、以评促建”。

为深入推进合肥市社会组织健康发展，完善全市社会服务体系，2014 年 7 月 17 日，合肥市社会组织发展基金正式成立，这是安徽省首家市级社会组织发展基金会。该基金会成为推动全市社会组织和社会服务发展的公益平台，开展公益创投成为其重要支持手段。在市级层面，连年出台《关

---

① 参见安徽省人民政府办公厅发布的《安徽省人民政府办公厅关于政府向社会力量购买服务的实施意见》（2014 年 7 月 3 日，安徽省人民政府网站，http://www.ah.gov.cn/UserData/DocHtml/1/2014/7/3/3485761347592.html）。

② 参见合肥市人民政府办公厅发布的《关于深入推进政府向社会力量购买服务的实施意见》（2014 年 7 月 11 日，中国残疾人服务网，http://www.cdpsn.org.cn/policy/dt104l40161.htm）。

于开展2015年公益项目征集实施活动的通知》（合社基〔2015〕1号）、《关于开展2016年公益项目征集实施活动的通知》（合社基〔2016〕2号）、《关于开展2017年公益项目征集实施活动的通知》（合社基〔2017〕4号），以提升社会服务水平，鼓励引导社会组织向社会提供公益服务。[①]

同时，各区县也积极开展购买社会组织服务工作。其中合肥市包河区已连续进行了三届社区公益创投，将购买服务项目与基层社会治理创新相结合。2013年，包河区民政局出台《包河区社区公益服务项目资金管理办法（试行）》（包政办〔2013〕73号）。2014年出台《关于印发〈包河区首届社区公益创投活动实施方案〉的通知》（包公益〔2014〕3号），社区治理、社区营造、专业服务等40个公益项目获得支持。2015年出台《包河区第二届社区公益创投活动实施方案》（包公益〔2015〕2号），培育孵化、能力建设、社会治理、专业服务、志愿服务等61个公益项目获得支持。[②]2015年，新站区正式启动社会创新创投项目，截至2017年1月，已连续开展两届创报项目。2015年，肥西县开展政府购买社会工作服务项目，涵盖了老年人群、社区矫正、戒毒康复及社区综合性服务。合肥市蜀山区也积极推动公益创投工作，2017年，合肥市蜀山区西园街道开展了社区社会组织微公益创投项目，促使社区各类社会组织的“微公益”尽快在社区落地生长，将专业社会工作机构服务与社区社会组织服务紧密结合，满足社区居民多样化需求。[③]

1.3.3.3 社区社会组织政策

2013年5月6日，安徽省委办公厅、安徽省人民政府办公厅联合发布《关于加强和创新社会组织建设与管理的意见》，提出“下放管理权限，创新组织形式。继续实行城乡基层社会组织登记和备案并行的双轨制，探索

① 资料由合肥市社会组织发展基金会提供。

② 政策文件来源于合肥市包河区民政局。

③ 蜀山区招商局．蜀山区“微公益创投”促进民生工程多元发展 [Z/OL].（2017-1-10）.http://www.hfss.gov.cn/DocHtml/1/17/01/00018917.html.

建立城乡社区枢纽（联合）型社会组织，增强社区自治服务功能”。[①]

为加强新型社会组织和社区社会组织、社区枢纽型社会组织建设，合肥市民政局相继出台了《合肥市社区社会组织备案管理办法（试行）》《关于培育发展社区社会组织的指导意见》《关于社区枢纽型社会组织规范化建设的意见》等一系列文件，指导和规范社区枢纽型社会组织建设，全面推进社区枢纽型社会组织实现全覆盖。[②]此外，合肥市财政统筹安排社会管理与公共服务专项财政资金，对新登记的公益慈善类和城乡社区服务类社会组织、新登记的社区社会组织联合会给予2万元和5万元的一次性开办补助。

2017年，合肥市民政局又安排100万元社会组织联合会竞争性奖补资金，对发挥培育孵化和桥梁纽带作用、成绩突出的社区社会组织联合会给予奖补，打造“百强”社区社会组织联合会。[③]

截至2017年2月，合肥市共建成区、街道孵化园15个，已入驻和孵化社会组织143家，建立社区枢纽型社会组织（社区社会组织联合会）408家，[④]基本实现城市社区的“全覆盖”。以合肥市包河区为例，2013年4月底，包河区首家枢纽型社会组织——望湖社区社会组织联合会正式成立。联合会共计有58个社区社会组织，其中社区协会类组织14个、社区五类公益组织38个、社区专业服务类组织6个。[⑤]联合会通过整合优化辖区社会组织资源，提高了公共服务质量，丰富了居民的文化生活。

1.3.3.4 社区服务政策

2010年以来，安徽省委、省政府先后出台了《中共安徽省委、安徽

---

① 参见安徽省委办公厅、省人民政府办公厅发布的《关于加强和创新社会组织建设与管理的意见》（2013年5月6日，http://www.mca.gov.cn/article/zwgk/dfxx/201305/20130500461097.shtml）.

② 政策文件由合肥市民政局提供。

③ 合肥市民政局.合肥市1167万元资金助力四类社会组织蓬勃发展[Z/OL].（2017-5-17）. http://smzj.hefei.gov.cn/9157/9159/201705/t20170517_2215360.html.

④ 统计数据来自合肥市民政局民管处。

⑤ 统计数据来自合肥市包河区民政局。

省人民政府关于加强和谐社区建设的意见》《关于加强和改进新形势下城乡社区服务工作的意见》《关于进一步加强新形势下城市社区居民委员会建设工作的意见》《关于扩大社区管理体制改革试点的指导意见》《安徽省社区服务体系建设规划（2011—2015）》《关于进一步加强农村社区建设的意见》《关于深入推进农村社区建设试点工作的实施意见》《关于加强城乡社区协商的实施意见》《关于开展社区公共服务综合信息平台建设的实施意见》《关于进一步开展社区减负工作的通知》等一系列政策文件，积极推进全省社区建设。社区基础设施建设实现了较快发展，社区服务体系逐步完善，社区自治功能进一步增强。[①] 从社区基础设施配套、社区工作人才培养、社区自治功能提升等方面不断提升基层社会治理水平。

合肥市也以“1+4”社会服务政策为基础，积极推动社区服务发展。《合肥市社会服务平台认定实施方案》（合政办〔2013〕39 号）提出，以社区网格化管理、标准化示范社区建设为基础，建立社会服务中心、社会服务站。2014 年，合肥市委组织部、市财政局、市民政局等部门出台了《关于印发〈合肥市城市社区服务群众专项经费使用管理办法〉的通知》（合财行〔2014〕1197 号）。2015 年，合肥市民政局出台的《合肥市政府购买社区“老少活动家园”活动实施方案》（合民〔2015〕165 号）提出，在全市已设立“老少活动家园”的 336 个城市社区推进为期 1 年的政府购买服务项目，规定承接主体为已在各级民政部门登记备案的社会工作服务机构，通过市级认定的社会服务中心（站），社区社会组织联合会或其他已登记备案的社区服务类社会组织。[②]2016 年，《合肥市政府购买社区“老少活动家园”活动服务实施方案》（合民〔2016〕138 号）提出，在全市 496 个城市社区推进为期 1 年的政府购买服务项目。[③] 通过政府购买社区“老少活动家园”项目，满足社区居民多样化的社区服务需求，提升社会组织的服务能力。

---

① 政策文件来自于安徽省民政厅。

② 合肥市民政局 . 合肥市政府购买社区“老少活动家园”活动实施方案 [Z/OL].（2015-5-8）.http://smzj.hefei.gov.cn/9140/9155/201603/t20160311_1946099.html.

③ 合肥市民政局 . 合肥市政府购买社区“老少活动家园”活动实施方案 [Z/OL].（2016-4-21）.http://smzj.hefei.gov.cn/9107/9113/201604/t20160422_1976963.html.

1.4　健全规范社会工作行业协会

2004 年 7 月，安徽省社会工作协会成立，以组织化的方式推动全省社会工作专业化、职业化、行业化建设。2012 年 4 月，在安徽省民政厅、合肥市政府及安徽省社会工作（者）协会的积极推动下，合肥市社会工作协会成立。合肥市社会工作协会自成立以来，通过健全组织网络、强化培训教育、搭建服务平台、凝练项目品牌，努力朝着专业化、职业化、行业化、本土化的方向发展，形成了独具合肥特色的社会工作协会发展模式，推动了合肥社会工作的快速发展。

2012 年 8 月 31 日，合肥市首家县区级社会工作者协会——庐阳区社会工作协会成立，到 2013 年 4 月 7 日，全市 4 县 4 区 1 市均成立了社会工作协会。2012 年 6 月 13 日，合肥市首家街道级社会工作者协会——蜀山区西园街道社会工作协会成立，到 2013 年 7 月，庐阳、包河、瑶海、蜀山 4 个主城区的街道全部成立了社会工作协会。到 2013 年年初，合肥市包河区以“1+10+x”的方式，成立了 1 个区级社会工作协会、10 个街（镇）社会工作协会、若干个社区社会工作协会，2013 年年底实现区域内社会工作协会的全覆盖。[①]

当前，合肥市已形成了市、区（县）、镇（街）社会工作协会网络化体系，社会工作者行业组织三级全覆盖的“合肥模式”，为专业社会工作人才培养、专业社会工作机构培育奠定了扎实的行业组织基础。行业协会通过为社会工作服务机构和从业人员提供政策咨询、规划指导、项目推介、信息发布、能力建设、合作交流、继续教育等服务，推动形成了“政府主导、社会参与、社团运作”的社会工作新格局，促进了社会工作的专业化、职业化、规范化建设。

① 统计数据来自于合肥市社会工作协会。

1.5 推动建设社会工作人才队伍

社会工作服务体系的建设离不开社会工作人才队伍。中共中央组织部、中共中央政法委员会、民政部、教育部、财政部等部委和群团组织联合出台了《关于加强社会工作人才队伍建设的意见》（中组发〔2011〕25号）、《社会工作专业人才队伍建设中长期规划（2011—2020）》。国家《“十三五”推进基本公共服务均等化规划》指出：实施社会工作专业人才服务贫困地区计划、农村留守人员社会保护计划、城镇流动人口社会融入计划、特殊群体社会关爱计划，推进社会工作者专业化、职业化，力争到2020年社会工作专业人才总规模达145万人[①]。以上文件均为社会工作的专业化进程设定了战略性目标。安徽省委组织部、省民政厅等部门相继出台《关于印发〈安徽省“十二五”社会组织建设发展规划〉的通知》（民管字〔2012〕156号）、《关于印发〈安徽省“十二五”社会工作专业人才队伍建设规划〉的通知》（民办字〔2012〕160号）。2012年9月，合肥市民政局决定在全市范围内开展社会工作专业人才队伍建设试点工作，明确要求民政服务机构、乡镇街道、城乡社区、基层社会组织积极开展岗位设置、教育培训、实务应用、宣传推广等试点工作，以此开始探索实施社会工作人才专业化管理模式，不断加强社会工作人才队伍建设。

1.5.1 专业社会工作者岗位的开发与设置

为全面推进社会工作人才队伍建设，合肥市提升和完善“合肥模式”社会工作创新做法，实施“社会工作专业人才素质提升”和“高层次社会工作专业人才引育”两项工程以及“5+2”人才配置计划（党群组织、基层自治组织、公益慈善服务类事业单位、社会工作服务机构、企业5类组织

---

① 国务院关于印发《“十三五”推进基本公共服务均等化规划》的通知[Z/OL].（2017-7-19）. http://www.gov.cn/zhengce/content/2017-03/01/content_5172013.htm.

至少配备 2 名社会工作专业人才）。同时，规范了基层社区社会工作者服务岗位设置，社会服务中心设 1 名社会工作者管理岗、1 名社会工作者督导岗，社会服务站设 1 名职业社会工作者岗，每 300 户居民设 1 名社会服务信息网格员，所需资金列入县（市、区）财政预算。[①]

1.5.2 持证社会工作者队伍不断壮大

合肥市积极推动在基层建立社会工作人才教育与培训基地。2013 年，在蜀山区西园街道成立了“爱邻社区教育学院”，面向社区工作者开展社会工作理论与实务培训，不仅扩大了社会工作的宣传和影响，也直接推动了社会工作在实际工作中的探索和应用。在社会服务管理人员持证上岗制度的引领与推动下，积极整合人社、农委、工会、共青团、妇联等培训力量，组织开展社会工作师资格考试考前培训、继续教育培训、业务技能培训；与此同时，创新建立社会工作者学历职业考试费用补助机制（报名培训补贴、专业岗位补贴）。包河区、蜀山区对已取得社会工作职业资格证的社区工作人员给予每月 100 ～ 200 元不等的奖励，部分街道针对通过考试的人员给予考试报名费和培训费全额报销，鼓励基层社区工作者参加社会工作者资格考试，激励社区工作者运用社会工作理念与方法提升社区工作能力，提升基层社会治理水平。仅 2012—2013 年，接受培训人数就达到 1000 人。截至 2016 年年底，全市共有 2669 人通过全国社会工作者职业水平考试，其中 614 名取得中级社会工作师资格，2055 名取得助理社会工作师资格，近两年增幅较大（见图 1.3）。

---

① 资料来自于合肥市民政局。

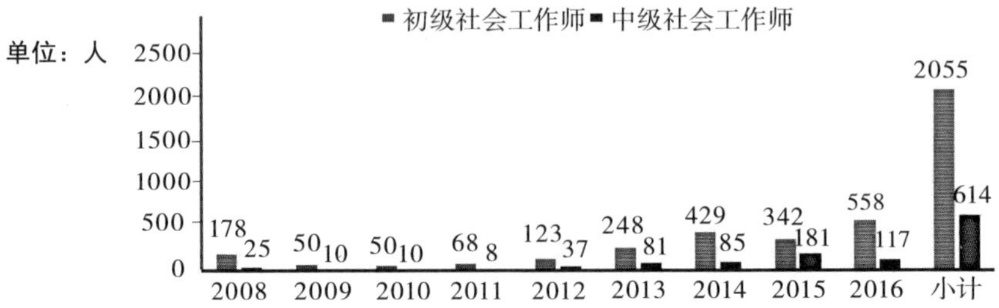

图 1.3　合肥市社会工作师资格人数统计（2008—2016 年）

1.5.3　推进专职社会工作者的福利水平及激励机制

社会工作服务机构是吸纳社会工作人才的重要载体。合肥市不断提升专职社会工作者的福利水平，从 2010 年的每岗位每人每年 3 万元到 2016 年在试点街道按照每岗位每人每年 6 万元的标准向社会工作服务机构购买职业社会工作者岗位，专职化社会工作人员薪酬待遇不断提升，专职社会工作者人才数量也逐渐增加（见图 1.2）。2013 年出台的《合肥市社会服务人才队伍建设办法（试行）》（合政办〔2013〕39 号），明确了以社会工作为核心的各类社会服务人才队伍的建设，在专职人才的吸引与激励上做了政策引导与落实。其中，针对社会工作专业、在社会服务机构内从事社会工作者服务的应届毕业生给予每人 1000 元的奖励；支持社会服务组织申报设立市级社会服务人才见习（实训）基地，对正常开展工作，评估、考核合格的，每个基地一次性补助 5 万元，用于项目建设和管理；对到合肥市社会组织社会服务人才见习（实训）基地实习的大学生，每年实习时间在 3 个月以上的，按每个基地不超过 10 人、每人每月 1500 元标准，给予实习经费补贴。[①] 合肥市爱邻社会工作服务社、合肥市蜀山区民生社会工作服务社作为社会工作机构在基地与见习（实训）补贴方面都获得了相应的补助资金，为机构人才储备做了资金保障。2016 年修订的“1+4”政策中就社会服务人才队伍建设加大了系列奖补措施力度，就社会服务组织吸纳

① 政策文件由合肥市民政局提供。

社会工作专业毕业生就业给予 9000 元 / 人的社保补贴。2016 年，合肥市光明养老护理院等 18 家社会服务组织设立社会服务人才见习（实训）基地建设获得一次性奖补 5 万元 / 家，共计 90 万元。合肥市蜀山区民生社会工作服务社等 6 家社会服务组织吸纳 35 名社会工作专业毕业生就业获得社保补贴，每人每年 9000 元，共计 31.5 万元。①

1.5.4 发挥社会工作服务人才引领作用

为充分发挥社会工作服务人才的引领示范作用，合肥市民政局鼓励社会工作从业人员积极申报国家、省级的行业荣誉称号，并同时在市级层面举办“优秀社会工作者”的评优、评比，以此鼓励从业人员，并发挥行业引领示范作用。自 2012 年以来，合肥市的专业社会工作者先后获得国家、安徽省相关荣誉称号的有 20 多人。其中合肥市爱邻社会工作服务社和蜀山区民生社会工作服务社的专业社会工作者先后获得“全国社会工作领军人才”2 名、“中国社会工作优秀人物”1 名、“中国最美社工”5 名、“江淮优秀社工”3 名。②

① 合肥市人力资源和社会保障局．关于 2016 年度合肥市社会服务人才队伍建设奖补项目的公示 [Z/OL]（2016-11-22）. http://www.ahhfld.gov.cn/zxzx/5275/201611/t20161122_2103487.html.

② 统计资料来自于合肥市民政局。

1.6 凝练社会工作服务品牌

通过一线社会工作者的艰辛探索与努力，合肥市社会工作实务工作取得了长足发展，依托社区服务平台，立足服务需求，不断创新开拓，目前涵盖的领域除了老人、儿童、家庭和残障失能、流动人口外，还开拓了司法矫正、人口计生领域的社会工作服务，社区发展、社区社会组织能力建设、督导、研究、培训、街道级基地孵化也是重点探索领域。在服务策略和服务模式上，以运作社区服务平台为抓手，以构建社区服务体系为目标，以推动居民参与、居民自治为方向，以“三社联动”“双工互动”为服务模式，注重整合在地资源，注重社区发展，积极培植服务品牌。例如，以合作养老为核心理念开展的老年服务包括“爱心观察员”“老人集体生日会”“‘耄耋小屋’升级计划”；儿童“平台+”社区成长支持中的“童心义卖”“周末观影”“妈妈帮微课堂”“小树苗成长学堂”；计划生育特殊家庭关怀项目的“互惠成长帮”[①]；社区矫正项目的“时间银行”；社区发展中的居民自治服务的“楼长计划”“亲情六敲门”“社区治理学院”等具有一定的知晓度和影响力，服务受到服务对象的普遍好评，服务的持续性较好，响应社会需要度较高。通过购买岗位和购买项目的方式,结合“三区计划”“大爱之行”“江淮社工行动”等国家级、省级社会工作重点服务项目，积极回应农村留守人员、计生失独家庭、贫困人群、青少年群体、受灾群众等紧迫需求，安徽省先后打造了“怡养家园”“共享阳光”“成长相伴”“同舟共济”等知名社会工作服务品牌。据不完全统计，社会工作专业服务已覆盖安徽全省 16 个市 58 个县区，累计受益人数逾 16 万人次。

① “互惠成长帮”是借助小组工作的“互惠模式”而来的，通过联结社会系统和个人系统的互动关系实现个人与社会的适应。

1.7　社会工作发展前瞻

在合肥市社会工作快速发展的基础上，需要进一步拓展思路，进行体制机制上的创新、加大投入力度与宣传力度，以快速推动专业社会工作发展，有效支持社会治理创新工作。

一是强化社会工作主管部门力量。社会工作专业人才应用面非常广，是社会治理创新的主要人才支撑。因此，应加大人才建设推进力度，提升人才建设统筹能力。应参照国家、省 19 个相关部门文件，迅速出台市级文件，并建立社会工作专业人才建设领导小组或社会工作委员会，成立专门办公室负责统筹牵头建设领导与推进工作。另外，推动市民政部门、区（县）民政部门设立社会工作发展主管机构，配备专业工作人员开展相关工作。

二是加快推进社会工作服务平台建设。按照“三社联动”理念，依托社会组织培育、社区服务体系建设，加快推进社区社会工作服务中心（站）、企事业单位社会工作服务平台的建设，力争实现“一街道一中心、一社区一站、一站一社会工作者、一单位一社会工作者”，确保对各类特殊人群的主体实现全覆盖，搭建社会工作专业人才工作与成长的阵地。

三是加快落实政府购买社会工作服务政策。结合合肥市社会服务“1+4”政策的贯彻落实工作，统筹考虑、科学设计政府购买社会工作服务项目，尤其是老年社会工作、儿童社会工作、救助社会工作、司法社会工作、医务社会工作、学校社会工作、社区社会工作、企业社会工作等方面。通过购买专业社会工作者服务，提升社会工作专业人才能力，打造一批专业社会工作服务品牌，真正起到引领示范作用。

四是加大社会工作实务能力教育培训。结合合肥市各类特殊人群的保障、服务等民生工作重点，针对行政机关、高等院校、企事业单位、基层社区、社会组织等各类组织单位的社会政策研究岗位、社会行政岗位、社会服务岗位，加快社会工作实务能力培训与督导，充分发挥社会工作专业人才的专业作用。

第 2 章
多元合作养老

我国当前正处于老龄化加速发展的时期，据推算，到2020年，我国65岁以上老龄人口将达到1.67亿，约占世界老龄人口总数的24%，届时全世界每4位老人之中就有1位来自中国。[①]我国人口老龄化具有规模大、来势猛、城乡倒置、未富先老、区域不均衡、不健康老人多、家庭小型化导致养老功能弱化等特征。[②]单纯依靠家庭力量应对老龄化发展已然不可行，为此，如何充分调动社会力量共同参与养老事业发展已成为当前我国社会治理体制机制创新中的重要课题。社会工作作为社会治理的主体之一，在国家社会化养老体系的发展战略中究竟应如何承担相应的职能呢?

2013年出台的《国务院关于加快发展养老服务业的若干意见》规定：建立健全以居家为基础、社区为依托、机构为支撑的养老服务体系。2015年，李克强总理在政府工作报告中指出，要加强和创新社会治理，包括支持群团组织依法参与社会治理，发展专业社会工作、志愿服务和慈善事业。鼓励社会力量兴办养老设施，发展社区和居家养老。2017年6月12日，《中共中央 国务院关于加强和完善城乡社区治理的意见》[③]中指出，要统筹发挥社会力量协同作用。鼓励和支持建立社区老年协会，搭建老年人参与社区治理的平台。

---

① 中国老龄化数据惊人[N]. 中国日报·中文版，2014-08-01.

② 马駇，秦光荣，何晔晖，等. 关于应对人口老龄化与发展养老服务的调研报告[J]. 社会保障评论，2017(1).

③ 《中共中央 国务院关于加强和完善城乡社区治理的意见》，新华网，2017年6月12日，http://news.xinhuanet.com/politics/2017-06/12/c_1121130511.htm。

2.1 居家养老合作社服务模式

2.1.1 背景分析

党的十八届五中全会以来，我国进入了积极应对人口老龄化发展的新时期，各级政府相继出台了促进养老服务业发展的政策文件，北京、青岛、长春、杭州、合肥等地积极开展居家养老服务的创新实践。安徽是中部人口大省，根据安徽省 2010 年第六次全国人口普查数据显示，[①] 全省常住人口为 5950.1 万人，其中 65 岁及以上人口为 605.7 万人，占 10.18%。与 2000 年第五次全国人口普查相比，65 岁及以上人口的比重上升 2.73 个百分点。作为安徽省省会城市的合肥，65 岁及以上人口约 90.6 万人，占总人口的 11.6%。[②] 面对日益增多的老年人口数量，构建何种养老模式使庞大的老年人群得以安心养老，成为摆在家庭、政府和社会面前的一道无法回避的难题。

2.1.2 问题分析

"多子多福""养儿防老"的中国传统养老观念无不彰显了家庭养老业已深植在中国人的文化基因中，但随着我国人口老龄化进程的发展及社会结构的变迁，正如学者穆宗光所言："家庭规模的小型化、家庭结构的核心化、脆弱家庭的多样化、家庭关系的离散化、家庭问题的复杂化、家庭养老的社会化等趋势纷至沓来，家庭养老的危机既是生育少子化特别是独子化危机，又是孝道文化式危机。孝道文化式危机一方面是孝心问题，过去孝是写在心上，现在孝是写在纸上；另一方面是孝能问题，有孝心无孝

---

① 参见《安徽省 2010 年第六次全国人口普查主要数据公报》（2017 年 6 月 20 日，安徽省政府网站，http://www.stats.gov.cn/tjsj/tjgb/rkpcgb/dfrkpcgb/201202/t20120228_30380.html）。

② 参见《2015 年合肥市 1% 人口抽样调查主要数据公报》（2016 年 3 月 11 日，合肥市政府网站，http://www.hefei.gov.cn/sshf/19294/201603/t20160311_1945946.html）。

能问题比比皆是，现代社会要同时做个孝顺子女和成功人士，在时间上、精力上、能力上非常不易，差不多是鱼与熊掌不可兼得。”[①] 因此，单纯依靠传统家庭养老显然已经无力应对来势汹涌的“银发浪潮”。

随着我国的养老模式逐渐从家庭养老向社会养老转变，机构养老成为可供选择的一种新型养老方式，然而从老人养老方式的选择来看，机构养老并不是首选的养老方式。首先，老人入住养老机构的意愿较低。以合肥市包河区为例，从 2013 年开展的全区六类特殊老人养老需求现状调查报告显示，“在选择何种养老方式上，被调查者有 341 位老人选择机构养老，占有效数据的 28.8%。”[②] 相比较家庭养老、居家养老等养老方式，机构养老的选择人数是比较少的。其次，一定程度上养老机构的数量难以满足养老需求。根据民政部数据显示，截至 2015 年，各类养老床位 672.7 万张，比 2014 年增长 16.4%，即每千名老年人拥有养老床位 30.3 张。[③] 与此同时，民办养老机构也面临着缺少明确定位、硬件设施不符合相关规范要求、养老用地不足、护理人员专业水平有待提高、服务提供匮乏、重护理和膳食服务而轻精神需求服务等问题。[④] 因此，机构养老是一种高成本、低准度的养老方式，很难在全国范围内普及推广。

社区作为衔接家庭和社会的中间地带，社区养老在没有专业养老力量介入之前，由社区工作人员以提供服务为辅、完成行政任务为主开展社区养老服务，不可避免地出现社区养老服务形式流于表面、服务质量不高、服务周期不持续等不足之处。随着我国社会治理创新的稳步推进，政府转变职能，引入包括社会工作服务机构在内的专业养老力量积极探索居家养老服务模式。

① 穆光宗，文化养老的指向. 新华网，2017 年 6 月 10 日，http://news.xinhuanet.com/politics/2016-05/09/c_12897019.1htm。

② 参见合肥市包河区六类特殊老人养老需求现状调查情况汇报。

③ 参见《2015 年社会服务发展统计公告》（民政部网站，2017 年 7 月 13 日，http://www.mca.gov.cn/article/sj/tjgb/201607/20160700001136.shtml）。

④ 参见《民办养老服务机构评估报告》（合肥民政官网，2017 年 7 月 11 日，http://smzj.hefei.gov.cn/9121/9127/201510/t20151019_1893442.html）。

综上所述，无论是家庭养老还是机构养老抑或社区养老都无法依靠单一的力量支撑养老服务业，中国现阶段的经济社会发展水平决定了中国的养老问题解决方式必须走以居家养老为基础、以社区服务为依托、以机构养老为补充的社会化养老模式。2013 年 7 月 1 日正式实施的《中华人民共和国老年人权益保障法》规定，国家建立和完善以居家为基础、社区为依托、机构为支撑的社会养老服务体系。①

居家养老服务是指以家庭为基础，在政府主导下，以城乡社区为依托，以社会保障和社会服务制度为支撑，由政府提供基本公共服务，企业、社会组织提供专业化服务，基层群众性自治组织和志愿者提供公益互助服务，满足居住在家的老年人社会化服务需求的养老服务模式。② 居家养老服务在一定程度上融合了家庭养老和社会养老的优势，一方面老人可以在不搬离原本熟悉的社区环境中安度晚年；另一方面也能获得来自家庭之外的养老资源支持以提高生活质量。

居家养老服务一方面能弥补家庭养老的薄弱环节，另一方面又强调社会力量的共同参与。因此，居家养老服务对社会资源的协作能力提出了比较高的要求。社会工作介入居家养老服务相比较其他专业力量而言，能充分发挥社会工作的专业优势，社会工作者从最初充当着直接服务的提供者、支持者、倡导者和服务协调者角色，再到间接服务的管理者、资源筹措者、政策影响者和研究者角色，角色的多元让社会工作介入居家养老服务发挥着不可取代的作用。

2.1.3　服务思路

居家养老合作社是合肥爱邻社会工作服务社在社会工作介入居家养老服务领域的有力探索，是本土社会工作服务机构在总结和发展社会工作介入居家养老服务过程中形成的具有本土特色的居家养老服务模式，由社会工

① 《中华人民共和国老年人权益保障法》，2017 年 7 月 5 日，http://www.mca.gov.cn/article/zwgk/fvfg/shflhshsw/201302/20130200418213.shtml.

② 马駇，秦光荣，何晔晖，等. 关于应对人口老龄化与发展养老服务的调研报告 [J]. 社会保障评论，2017（1）.

作服务机构及社会工作者进行主导，将老人家庭及其子女、亲属、社区、街道、志愿者、具体养老资源提供方如家政公司、维修店及餐饮企业等融合，搭建和完善虚实结合的合作养老服务平台，拓展合作养老和文化养老的养老服务特色发展方向。在居家养老合作社中社会工作机构及社会工作者充分发挥经纪人、倡导者、协调者等合并服务的角色。

2.1.3.1 服务理念

居家养老合作社遵循着“需求为主导，多元参与为主体，资源协作为路径，合作养老和文化养老为目标”的养老服务理念，发挥社会工作的专业优势，让社会工作者、老人及其家属、邻里、社区和社会共同建构虚实融合的居家养老合作平台。

1. 需求为主导

社会工作服务秉承“需求为本”的理念，以服务对象需求为主导，从服务对象需求出发设计服务项目。在居家养老合作社中，社会工作者树立“需求为主导”的理念体现在两个方面：

一方面，需求评估是一个持续的动态过程，在服务项目的开展初期、中期和后期均开展阶段性需求评估，从收集服务对象需求到甄别需求，再到需求聚焦，始终体现以需求为主导。

另一方面，以服务对象需求为基础，关注其家庭成员对服务对象需求的认知。在对老人需求进行全面综合评估的过程中，使老人的家庭成员在与社会工作者探讨老人的服务需求过程中增进对合作养老的认知与认同。在居家养老合作社中，通过对老人的需求建立动态化的管理，将有同类质服务需求的老人集合为一个小型的合作社进行服务管理，有助于社会工作服务机构提供个性化、有针对性的服务项目，提升养老服务项目的精细化管理水平。

2. 多元参与为主体

社会学家费孝通先生在研究中国乡村的亲属关系结构时指出，在差序格局下中国的“家”字最能伸缩自如，“好像把一块石头丢在水面上所发生的一圈圈推出去的波纹。每个人都是他社会影响所推出去的圈子的中心。被圈子的波纹所推及的就发生联系。每个人在某一时间某一地点所动用的圈子是不一定相同的。”[①] 在居家养老合作社中，以社会工作服务机构为代表的正式关系要进入以老人为核心的差序格局中，需要取得老人的充分认可和信任，才有可能深入地了解与回应老人的服务需求。社会工作者通过专业的家庭访视等服务方法逐步建立与老人的工作关系，然后将社会工作服务机构链接到的多元服务主体输送到有需要的老人及其家庭。在社会工作者的引导下，其他服务主体可以节约与老人建立服务关系的时间成本，实现高效的参与服务效益。这类参与主体包括政府、社区居民委员会、社区志愿者、涉老服务类社会组织、养老服务企业、社会志愿者等。因此，在居家养老合作社的多元参与主体中，社会工作者发挥了主导作用，承担着合作社平台的服务提供者、支持者、倡导者和管理者等多重角色。

3. 资源协作为路径

在居家养老合作社中，来自家庭、社区和社会的多方养老资源在社会工作者的链接协调中形成养老服务合力，积极回应社会养老服务需求的多样化。社会工作者在资源协作的路径中尤其注意以下两点：

第一，依托社区这一服务场域，在众多服务资源中社会工作者更加注重挖掘和整合社区内资源，以实现养老服务资源的属地化和可持续化。以家政服务为例，社会工作者在专业的家政服务公司和社区资源中优先选择培养社区本土力量如“四零五零”待就业人员组成志愿服务队，同样是给老人做家政服务，社区志愿服务队虽然在专业服务水平上不及专业家政工作人员，但是社区志愿服务队的成员基本是本社区及附近居住的居民，在提供服务的便利度和可持续性等方面具有优势。

第二，注重契约精神，社会工作者通过签订服务协议的方式与各个服务资源主体达成合作，从而实现资源协作的规范化。在服务协议中，社会工作者与服务资源主体就所提供的服务种类和方式等内容进行详尽说明，规

① 费孝通 . 乡土中国 [M]. 北京：生活 · 读书 · 新知三联书店，2013：9.

范双方的权利义务，提升服务资源协作的效率。同时，老人及其家庭成员也需要与社会工作机构签订服务协议，明确双方权利与义务，才能成为养老合作社的社员，享受到合作社提供的服务。

4. 合作养老和文化养老为目标

居家养老合作社的目标是要通过合作养老的服务模式并最终实现文化养老的社会养老氛围。一方面，社会工作者在居家养老合作社中践行政策倡导，政府搭建养老服务平台，社会力量参与服务，实现多元主体的合作养老局面；另一方面，学习娱乐文化、健康养生文化、志愿服务文化、孝道传承文化、生命关怀文化等文化元素最终通过居家养老合作社迸发并辐射更大范围，在社会中营造文化养老的环境生态，构建老年宜居环境。例如，在合肥本土社会工作机构的实践中，社会工作者通过联动多元合作力量参与到老人的生日会活动中，以老人的生日聚会为服务载体，将老人的家人、社区居民、志愿者等参与主体聚集在一起，宣传和弘扬孝道文化，营造社区孝老、敬老的氛围。

2.1.3.2 服务策略

1. 以契约方式规范多元参与主体

原有的居家养老服务多以输出性、给予式服务为主，老人及其家庭容易对服务产生依赖。在居家养老合作社中，社会工作者通过与老人及其家庭成员签订服务协议，协议以服务项目告知书等形式展现，明确老人及其家庭可以享受的服务和应该承担的义务，社会工作者在这一过程中不仅仅是与老人建立服务关系，更重要的是与老人的家庭成员建立契约关系，让老人的家庭成员对居家养老合作社有明确的认知。同时，凡是加入居家养老合作社中的其他各服务主体也要签订入社协议，尤其是提供基础养老照顾服务如家电维修等服务的服务机构，协议中规定了更加具体的服务方式以保证服务质量。居家养老合作社参与主体（社会工作机构、服务商、其他社会组织）签订的服务协议既具有一定的法律约束，也具备伦理道德的社会约束，对保障服务质量具有一定的功能与价值。

2. 以个案管理聚焦需求提供个性化服务

个案管理是一种服务提供的方式，它是由专业社会工作者评估服务对象及其家庭的需求，并安排、协调、监督、评估和倡导一种包含多种项目的服务，以满足特定服务对象的复杂需求。[①] 在居家养老合作社中，社会工作者通过提供高频率、常态化的家庭访视与社员建立工作关系后为他们建立服务档案，通过个案管理的方法重点链接和整合各种养老服务资源，满足社员的个性化服务需求，在提供直接服务的同时不断给社员老人充权[②]，最终实现他们管理自己的老年生活，提升自身的老年生活质量。因此，个案管理是一个有创意的、协作的过程，涉及运用初始评估、沟通、协调、咨询、教授、示范和倡导等技巧强化服务内容，使其最大限度地发挥社会功能并对机构有积极的作用。[③] 运用个案管理的方法，社会工作者对社员建立了动态化的服务支持系统，不仅仅关注社员本身，也是关注社员所在的家庭环境，经过初始评估、制订计划和落实 3 个阶段为社员提供整合性服务，满足个性化服务需求。

3. 促进多元参与主体合力提升参与层次

从系统视角出发，每个人都处在社会的复杂大系统中，其所面临的困难或问题不仅仅来自个体生理或心理层面，也来自其所处的生活环境或社会环境等宏观层面，因此，社会工作实践的目的就是要改善服务对象与其系统间的相互作用的形态和性质。系统视角下的社会工作“注重运用社会资源，包括正式和非正式的社会网络资源，帮助个人、群体、组织和社区

---

① 王思斌 . 社会工作综合能力：中级 [M]. 北京：中国社会出版社，2010：145.

② 充权是指在社会工作的个案管理过程中尊重服务对象这个人，基于其拥有的长处和兴趣开展工作，知晓他或她的文化背景，让他或她担当合作伙伴角色，让他或她迈向自力更生。（玛丽安娜·伍德赛德，特里西娅·麦克拉姆著，随玉杰等译，《社会工作个案管理社会服务传输方法》第四版，北京：中国人民大学出版社，2014 年，第 26 页）。

③ 玛丽安娜·伍德赛德，特里西娅·麦克拉姆 . 社会工作个案管理社会服务传输方法 [M]. 第四版 . 随玉杰等，译 . 北京：中国人民大学出版社，2014：6.

解决问题，满足需要。”[①] 在居家养老系统建构中，居家养老合作社在社会工作者的统筹引领下将老人、家庭、邻里、政府、涉老服务类社会组织和社会力量连接起来，分层发挥不同主体在居家养老服务中的功能，构建一个以“居家养老合作社”为载体的合作养老服务体系。家庭作为合作养老的主体，从社员入社开始就由社员家庭成员明确家庭养老责任，为社员带来精神关怀和物质支持；邻里是互助养老的重要力量，邻里的参与通过社会工作者举办的小组、社区活动让邻里群体从单纯参加活动到认同互助养老并自主参与实施互助养老服务，实现从参加到参与的转变。政府和社会发挥着养老保障的功能，社会工作者成为养老保障的桥梁，将养老保障政策通过合作社输送到服务对象及其家庭。

4. 以宣传倡导营造合作养老的社会氛围

在居家养老合作社中，社会工作者要发挥宣传倡导功能，以服务为基础，不仅在宣传单页及服务协议等载体上宣传合作养老理念，让老人及家庭、邻里、政府和社会认识居家养老合作社并认同合作养老；更重要的是社会工作者联动多元力量向更广泛的范围推广宣传，发挥宣传倡导作用，呼吁社会各个力量关注养老议题，关注合作养老，最终实现家庭、政府和社会三位一体的综合养老系统，以从容应对老龄化趋势。

2.1.4 服务路径

2.1.4.1 搭建居家养老合作社

在“合作养老”的理念指导下，社会工作机构通过建构居家养老服务平台，搭建居家养老合作社的整体框架。

1. 搭建街道——社区居家养老合作社平台

由于居家养老合作社需要承担服务和办公的功能，因而需要一定的服务场地。以合肥市包河区为例，在合肥市“1+4”政策推动下，自 2013 年

① 王思斌 . 社会工作综合能力：中级 [M] 北京：中国社会出版社，2010：5.

以来逐步建立起覆盖全区的社会服务平台体系。在此基础上，居家养老合作社有了实体化的服务场地。如包河区芜湖路街道建立了以街道居家养老合作社为核心点，十个社区居家养老合作社[①]为卫星点的布局形势，形成了体系化的居家养老合作社的平台架构。社会工作者在街道—社区居家养老合作社平台上以项目化方式运作养老服务项目，使得居家养老合作社有了实践基础。

2. 明确多元参与主体

社会工作者将参与到居家养老合作社的多元参与主体分为两类并定义为“个体社员”和“团体社员”。“个体社员”包括社区内的老人、他们的家人或照顾者、邻里、亲友、社区志愿者、其他社会热心人士等以个体力量作为居家养老服务的参与者。“团体社员”包括街道办事处、志愿者组织、具体养老资源提供方等助老服务参与方。

3. 评估“个体社员”的多元需求

作为居家养老合作社的重要组成部分，“个体社员”中的老人是合作社的直接服务对象，社会工作者通过服务对象需求评估表的筛选将老人分为特殊老人和普通老人，特殊老人又可以分为 6 类，分别是高龄独居老人、高龄空巢老人、孤寡失独老人、残障失能老人、重病大病老人和低保特困老人。[②]

由于社区特殊老人服务需求的急迫性和重要性，社会工作者将加入

---

① 芜湖路街道下辖十个社区，每个社区建立一个社区级居家养老合作社。

② 高龄独居老人：指年龄达 75 岁以上且一个人居住，老人有子女，但子女不跟老人一起居住。

高龄空巢老人：指年龄达 80 岁以上且与配偶一起居住，有子女且不与子女同住的老人。

孤寡失独老人：指年龄达 55 岁以上，无配偶或丧偶且无子女或独生子女死亡的老人。

残障失能老人：指年龄达 60 岁以上，肢体或听力、视力等身体机能受损后导致的失去基本生活自理能力的老人。

重病大病老人：指年龄达 60 岁以上，患有重大疾病并由医院出具相关病例证明材料的老人。

低保特困老人：指年龄达 60 岁以上，无经济来源或经济来源每月低于合肥市最低生活保障线（从 2014 年 1 月 1 日起，合肥市市区城乡居民最低生活保障标准调整为每户月人均 460 元）的老人。

合作社的特殊老人作为“核心社员”，通过进一步的需求评估，将“核心社员”的服务需求汇总为5个方面，分别是：① 缺乏生活照料，如家政服务、就餐服务、出行陪伴、代购代送等；② 缺乏医疗康复，如寻医问诊、病后康复、日常保健等；③ 缺乏社会交往，如亲子互动、朋友互助、邻里守望等；④ 缺乏文体娱乐，如兴趣爱好、户外活动等；⑤ 缺乏生命关怀，如生命教育、生命记录、临终关怀等。

特殊老人以外的普通老人加入合作社即成为“普通社员”，社会工作者通过需求评估将“普通社员”的需求汇总为：① 心理疏导的缺失，表现为老人面对社会角色的转变、身体机能的退化等多方面尚未做好心理准备或者迟迟未能适应；② 自我发展的需要，表现为老人对新兴事物或尚未体验过的事物抱有好奇心，希望不断进步以跟上社会发展节奏；③ 家庭关系的调解，表现为老人在隔代教育、婆媳关系等方面与家庭中其他成员发生矛盾时需要调解；④ 实现自我价值的需要，表现为老人期望分享或记录自己的人生阅历，发挥自身拥有的社会关系资本，为社会做出贡献。

4. 合力定位社员的功能

在“个体社员”中值得强调的是老人的家庭成员，由于社会发展和家庭结构的转变，作为主要照顾者的家庭成员主要面临两个问题，即照顾能力不足和照顾精力有限。在合作社中，社会工作者重视老人家庭成员对合作社的认知和关注，每个入社的老人基本都需要家庭成员与合作社签订服务确认书，承担家属应当承担的责任。此外，邻里、社区居民等“个人社员”则主要以关注和参与等多种形式融入合作社中，以宣传倡导孝老文化为主。

社会工作者对加入合作社的“团体社员”通过签订合作协议的方式，规定了“团体社员”在合作社中可以提供的服务，不同主体的“团体社员”发挥功能如下：

(1) 街道、社区等基层组织。提供场地支持、硬件设施支持、政策支持等；支持、监督、评议社会工作机构工作；关注、参与、支持、监督、评议养老合作社服务运行；完善政府购买服务机制，为社员购买托底服务，提供养老合作社的资金支持，保证养老合作社前期工作的顺利开展。

（2）志愿服务资源。社会工作者积极引进志愿服务资源，签订为老服务协议，稳定和丰富养老服务资源；根据志愿服务资源类型，进行分类管理，设计具有针对性、持久性的公益养老项目，支持养老合作社的服务开展，满足社员多元化的养老服务需求。社区社会组织是重要的志愿服务主体，社会工作者立足社区资源，通过孵化和培育社区社会组织，引导和支持组织开展各类助老服务，实现志愿服务资源的本土化和持续性。

（3）具体养老资源提供方。具体养老资源提供方包括家政公司、家电维修商、餐饮企业等。社会工作者联系整合社会养老资源，与之建立合作关系，并与之签订相关协议，规范信息传递流程，建立服务反馈机制，从而在一定程度上满足老人的生活照料需求，使得居家养老合作社能最大限度地借助养老资源提供方的专业力量提升社员们的生活质量，实现社会资源的整合效益。

2.1.4.2 输送多元服务项目

在社会工作者的统筹管理中，以个体社员的服务需求为本，居家养老合作社提供以下服务项目：

（1）生活照料类：家政保洁、便民维修、就餐服务、出行陪伴、代购代送、适老性住房改造（如“耄耋小屋”升级计划）等。

（2）健康康复类：家庭健康计划、社区义诊、健康讲座等。

（3）心理情感类：爱心观察员探访（如“公益摆渡”项目的爱心观察员）、专业心理疏导等。

（4）社会支持类：集体生日会（如耄耋老人集体生日会）、友好访问员等。

（5）文体娱乐类：手工制作小组、乐学长者俱乐部等。

（6）生命关怀类：爷奶故事会等。

（7）宣传倡导类：孝道行社区、养老话题大家谈、敬老标语比赛等。

2.1.5 服务历程与成效

2.1.5.1 合作养老服务历程

2009 年 4 月，合肥市蜀山区民政局与合肥工业大学社会工作系达成合作协议，于蜀山区琥珀街道开展社会工作介入社区居家养老服务试点，招聘专职社会工作者 2 名，分别从事个案访视服务和文体康乐服务。

2009 年 7 月，建立琥珀街道飞虹社区社会工作服务站，在飞虹辖区内开展入户摸排调查，成立了第一个社区文体康乐活动中心，为社区行动能力较强的普通老人提供电影戏曲放映、文体团队活动支持、健康与法律知识讲座、老年书报阅读等文体、康乐服务。

2009 年 11 月，合肥市蜀山区民生社会工作服务社（简称“民生社工”）完成民办非企业单位所有注册程序，成为安徽省首家从事社区居家养老服务的专业社会工作机构。

2010 年 3 月至 12 月，民生社工先后在琥珀街道安农社区和北苑村社区、芜湖路街道曙光社区、三里庵街道竹荫里社区设立社会工作服务站，并在竹荫里社区筹建较完整的社区居家养老服务项目。

2011 年 11 月，经合肥市民政局登记注册成立合肥市爱邻社会工作服务社（简称“爱邻社工”），长者服务是爱邻社工的主体服务业务之一，以立足社区、面向人群、助人自助、爱邻乐群为服务宗旨，致力于推动社会工作介入社会养老等领域的服务。

2011 年 12 月，包河区社区居家养老服务中心建成，其是由政府委托爱邻社工负责运营的综合居家养老服务平台。以老人信息采集与养老需求调查为基础，以服务项目设计开发、服务资源整合（市场服务加盟与公益服务加盟）为重点，以服务呼叫派单、服务回访评估为抓手，构建区、街、社区三级居家养老服务体系，为老人提供近 20 类居家养老服务。

2012 年 1 月，爱邻社工与安徽移动公司合作，面向包河区辖区约 50 名卧床失能老人开展缓压照护、上门康复训练、家政保洁等居家养老服务项目（每人 200 元 / 月）。其中，家政保洁等服务主要由加盟服务单位提供，缓压照护、上门康复训练等服务主要由爱邻养老特护服务中心提供。

2012 年 7 月，包河区政府就优抚老人、一类低保老人出台居家养老购买服务项目。

2012 年年底，包河区老龄办联动包河区慈善协会启动二三类低保老人的居家养老购买服务项目，服务对象近 350 人，服务内容包括心理慰藉、生活照料、健康康复、照顾护理、生命关怀、文体娱乐等。其中，心理情感与社会支持服务、生命关怀服务主要由爱邻社工派驻各个街（镇）的职业社会工作者提供，上门理发、上门康复训练、缓压照护主要由爱邻社工的特殊项目服务人员提供，其他服务均由加盟服务单位提供。

2013 年 4 月，爱邻社工与安徽省社会工作协会、合肥市社会工作协会合作，面向合肥市包河区、蜀山区、瑶海区、庐阳区等主城区约 400 名失独老人开展居家养老服务项目。其中，心理情感与社会支持服务、生命关怀服务主要由爱邻、民生的项目社会工作者提供，上门理发、上门康复训练、缓压照护主要由爱邻社工的特殊项目服务人员提供，健康体检由安徽医科大学第一附属医院、安徽省立医院提供，其他服务均由加盟服务单位提供。

2014 年 7 月至 2015 年 12 月，爱邻社会工作服务社与民生社会工作服务社分别申报和实施了民政部“大爱之行”项目，其中爱邻社会工作服务社执行的“居家养老合作社——社会工作介入特殊老人社区照顾服务项目”属于重点示范项目，民生社会工作服务社执行的“幸福夕阳里——高龄空巢老人社区照顾服务”属于小额创新项目。

2.1.5.2　合作养老服务成效

1. 搭建居家养老服务平台

2010 年 4 ～ 10 月，依托社会工作服务站的平台，在蜀山区、包河区共建有 4 个社会工作访视服务中心、3 个便民服务中心、4 个文体康乐服务中心、1 个送餐服务中心、1 个康复服务中心。[1] 截至目前，居家养老服务项

① 数据来源于《合肥市蜀山区民生社会工作服务社 2010 年年报》。

目已覆盖 11 个社会服务中心和 37 个社会服务站，累计服务 2153 位老人。①

2. 初步形成核心服务内容

在积累了丰富的实务经验基础上，民生社会工作服务社确定了6类核心服务项目——个案访视服务、生活照料服务、文体康乐服务、医疗康复服务、长期照顾服务、生命关怀服务。爱邻社会工作服务社面向合肥市辖区内（主要是包河区）约 800 名 6 类特殊老人（高龄独居、高龄空巢、孤寡失独、低保特困、残障失能、重病大病）提供 5 类居家养老服务项目（心理情感与社会支持、生活照料、健康康复、照顾护理、生命关怀）。在此基础上形成了“爱回家·周末探亲”“适老性住房改造”“友好访问员”“银发岁月·圆梦”“老来伴·空巢老人情感关怀”等品牌服务项目，逐步探索社会工作介入居家养老服务的服务标准及规范，推动居家养老服务体系的完善。

3. 推动政策倡导，参与服务标准化制定

2012 年 7 月，爱邻社会工作服务社策动包河区政府在全合肥市率先实施政府购买居家养老服务，合肥市于 2013 年 10 月正式出台合肥市政府购买居家养老服务政策。2016 年 2 月，爱邻社会工作服务社参与到“老年社会工作服务指南”② 的制定工作，推动老年社会工作服务的标准化进程。

2.1.6 经验总结和反思

合作养老是合肥本土社会工作机构在政府够买居家养老服务的实务基础上对社会工作介入居家养老服务的探索，在模式完善、运作机制、宣传推广等诸多方面仍需进一步拓展，具体表现如下。

---

① 数据来源于《合肥市蜀山区民生社会工作服务社 2016 年年报》和《合肥市爱邻社会工作服务社 2016 年年报》。

② 参见民政部发布《老年社会工作服务指南》行业标准（2017 年 7 月 27 日，中华人民共和国民政部，http://www.mca.gov.cn/article/zwgk/tzl/201602/20160200880380.shtml）。

2.1.6.1 合作养老模式的内涵有待拓展

居家养老合作社主要是在政府购买居家养老服务的政策框架下搭建的，可以说是政府与社会组织的合作供给养老模式，随着社会治理理念的深入发展，政府与社会组织的合作将突破二元结构，“公私合营”的“PPP”模式进入居家养老服务领域。PPP 全称“Public-Private Partnership”，意为公私合作制或公私伙伴关系。PPP 模式是指政府与营利、非营利的私人部门签订长期协议，共同建设、运营、管理公共基础设施，并向公众提供公共服务的公私合作模式。[①] 如何把握和利用当前快速发展的“PPP”模式以进一步丰富和完善合作养老模式将变得更具挑战性。

2.1.6.2 运作机制需要进一步完善

在政府购买居家养老服务框架下，居家养老合作社在运行机制上更多地依附于政府资源和阶段性任务，社会工作机构整体仍然缺乏对市场、社会汲取资源和建立专业威望的能力。其中，社会工作者与专业养老服务力量之间如何实现无缝合作，能否权责清晰，最大效率地推进合作养老，这些问题都需要合作社中的参与主体不断探索和完善。

2.1.6.3 宣传推广工作需要进一步加强

合作养老理念还没有得到广泛认知和认同，需要社会工作机构积极发挥宣传倡导的作用。社会工作者可以链接更多的服务资源进行宣传推广，通过组织开展合作养老相关主题论坛、养老服务品牌展示会等多种方式不断扩大合作养老模式的社会知晓度，提升合作养老模式的社会影响力。

① 范柏乃，胡超虎．地方治理理论视域下 PPP 模式在中国的运行困境及优化路径．[J]．中共杭州市委党校学报，2011(6)．

2.2 顾奶奶的晚年生活

——情绪分析理论介入个案服务[①]

居家养老合作社——社会工作介入特殊老人社区照顾服务项目旨在通过建立“社会工作者 + 社会服务团队 + 社区特殊老人”的“一一五零”模式，为社区内的100户特殊老人建立完善的社区照顾体系和关怀服务体系，以满足社区特殊老人的基本养老需求，包括生活照料、医疗康复、社会交往、文体娱乐和生命关怀等方面。此个案中的服务对象为“大爱之行”服务对象，由社会工作者在项目执行过程中根据服务对象需求与实际情况发展成为个案服务。

2.2.1 案例背景

本案例中的服务对象顾奶奶，77岁，丧偶，目前独居。顾奶奶由社会工作者在家庭访视过程中，根据服务对象需求评估纳入个案管理。

2.2.1.1 健康状况

案主身体较为健康，具有自理能力，并没有疾病方面的困扰。

2.2.1.2 行为表现

案主喜欢寻求以社区工作人员和社会工作者为主的他人帮助，向邻居索要废弃的旧家电和一些其他生活用品，在寻求帮助和索要过程中，案主首先表达自己的困难，然后再用诚恳的态度获得他人的帮助，但是频繁地寻求帮助和索要物资给社区工作人员和邻居带来了一定的困扰。

---

① 本案例来自合肥市爱邻社会工作服务社申报实施的民政部“大爱之行”项目中的“居家养老合作社——社会工作介入特殊老人社区照顾服务项目”，项目落地于合肥市包河区芜湖路街道和包公街道辖区范围内。项目周期：2014年7月至2015年12月。

2.2.1.3 人际关系

（1）与子女关系紧张，子女极少来看望，有一个女儿居住在合肥，偶尔会有联系。

（2）与亲朋好友之间关系疏远，鲜有联系。

（3）与邻居保持基本邻里关系，但邻里关系并不是很深入。

（4）与社区工作人员关系较为亲密，社区工作人员经常会给予一些帮助。

2.2.1.4 情绪状况

案主负面情绪较为严重，时常表现出对自己生活不幸的悲观情绪，而且喜欢反复向他人诉说这种不幸。

2.2.1.5 支持网络

（1）社区——为案主提供申请抚恤金服务，并且帮助案主解决一些生活困难。

（2）邻里——为案主提供精神层面的支持，但邻里关系不深入，因此支持较弱。

（3）子女——为案主提供住房。

2.2.2 问题需求分析

2.2.2.1 与子女关系亟须改善

案主由于中年再婚，传统的农村观念导致自己的亲生儿女很少来看望。再婚老伴过世后，老伴的子女在情感上并不是十分认同案主的身份，所以也对案主不甚关心，导致案主现独居，生活存在困难。案主需要改善与子女之间的关系，从而促进家庭环境的改善。

2.2.2.2 经济困难

案主年轻时主要从事家政服务类工作，并没有基本保障，经济来源主要依靠老伴过世后的政府抚恤金，每月 600 元左右，除此之外并没有其他收入来源，子女也没有给予其赡养费用，经济上存在一定困难。案主需要外部经济支持从而改善当前的生活质量。

2.2.2.3 邻里关系薄弱

由于案主所居住的小区为单位小区，年轻时在本小区做家政服务，后来与照顾对象结婚，导致小区内的原单位人员对案主从心理情感上并不十分认同，使案主人际关系薄弱。案主需要与邻里构建更加深入 、和谐的邻里关系，满足其精神较为空虚的状态。

2.2.2.4 自身情绪悲观

案主负面情绪较为严重，时常表现出对自己现在生活不幸的悲伤以及对未来生活充满绝望的情绪，并且喜欢反复向他人诉说这种不幸。因此社会工作者需要疏导案主当前的悲观情绪，使案主能够积极面对生活。

2.2.3 理论基础分析

情绪 ABC 理论认为激发事件 A 只是引发情绪和行为后果 C 的间接原因，而引起 C 的直接原因则是个体对激发事件 A 的认知和评价而产生的信念 B。情绪 ABC 理论的创始者埃利斯认为：正是由于我们常有的一些不合理的信念才使我们产生情绪困扰。如果这些不合理的信念存在，久而久之还会引起情绪障碍。人的很多不适当的行为和情绪在很多情况下是非理性的。它使人逃避现实，自怨自艾，不敢面对现实中的挑战，当人们长期坚持某种不合理的信念时，会导致他不良的情绪体验；当人们接受理性的信念时，其焦虑和不良情绪就会得到缓解。所以改变行为需要从改变理念开始[①]。

本案的案主不能正视自己再婚所造成的子女赡养问题，明知子女不对自己进行赡养义务，但由于案主自身觉得自己再婚对子女有所亏欠，所以并不通过正规途径维护自己的合法权益，要求子女履行其赡养义务。此外，

① 许莉娅 . 个案工作 [M]. 第二版 . 北京：高等教育出版社：204 ~ 205.

由于案主的老伴过世较早，案主自身并没有养老的基本保障，仅仅依靠老伴的抚恤金生活，生活相对贫困，家里的家用电器、家具等生活物品都已呈现相当老化的状态。由于居住环境和经济状况的影响导致案主悲观情绪严重，常常为自己以后的生计所担忧，所以喜欢对社区工作人员诉说自己贫困的生活现状。当案主发现自己生活中的一些小困难在得到社区工作人员的帮助下能够得以解决时，她便开始依赖社区工作人员，进而产生了因为我很贫困，所以你们就应该帮助我的想法，一有困难就去寻找社区工作人员反复诉说，并且表达自己所需要的帮助，还把这种情绪带入邻里关系中，会向邻里索要一些家里不用和准备废弃的生活家电用品。案主的这一行为也给社区工作者和邻里带来了一定的困扰。因此，社会工作者需要帮助案主重建对自身和他人帮助的认识，从“理性”的角度梳理目前的状况，共同诊断问题的症结，寻求解决办法。

2.2.4 服务设计

2.2.4.1 服务目标

（1）寻求居家养老服务资源，在一定程度上为案主提供生活照顾。

（2）协助案主处理与子女的关系，解决案主的赡养问题。

（3）帮助案主理性认识自己的现状以及对自我 、对他人的正确认识。

（4）消除案主对自己将来养老的顾虑，提高案主的自信心，正面、积极地面对未来。

2.2.4.2 服务策略

（1）帮助案主链接居家养老服务资源等其他外部支持网络资源，以缓解她目前生活困难的状态，促进其基本生活的改善。

（2）帮助案主分析目前的家庭状况，促使案主意识到子女有赡养自己的义务，促进案主积极处理与子女的关系，获得子女的关怀。

（3）协助案主理性认识自我现状并学会自我情绪调整，帮助其积极改善邻里关系，为其搭建和谐的社区邻里文化环境。

2.2.4.3 服务流程

（1）接案并与案主建立专业关系。

（2）对案主的问题与需求进行预估。

（3）制订服务计划，介入干预并且进行结案评估。

（4）结案。

2.2.4.4 服务计划实施过程

1. 接案并建立专业关系

社会工作者通过兰亭社区工作人员介绍了解案主的简单情况，在社区工作人员的陪同下，社会工作者上门做进一步的评估，了解案主的基本生活情况。案主今年 77 岁，独居，老伴过世已久，唯一的经济来源是老伴的抚恤金，经济条件较差，生活困难。案主对社会工作者的上门表示非常欢迎，认为自己将会受到政府照顾。社会工作者在了解案主基本情况后，评估案主基本生活困难，社会支持体系较弱，个人情绪悲观消极，需要社会工作者进行个案辅导。因此，社会工作者向案主详细介绍了自己的工作性质并且在帮助案主链接资源的基础上定期对其进行个案辅导。由于此次社会工作者上门有社区工作人员进行陪同，因此取得了案主的信任，与案主建立了良好的专业关系。

2. 对案主的需求与问题进行预估

在访视过程中了解到，案主由于中年再婚，使她自己的子女对这件事有一定的意见，所以她的子女很少照顾她，也没有尽到赡养的义务。而案主老伴的子女认为由于案主曾在他们家做过家政服务，为了一定的经济利益才嫁给自己的父亲，因此对她也是不管不问，但是还是把父亲的房子留了下来给案主居住。由于案主目前所居住的房屋属于老旧小区，家里的家电、线路等都已老化，而案主并没有经济能力进行维修，因此家电极少使用。由于案主喜欢向社区工作人员以及邻里寻求帮助，频繁地请求他人帮助也给他人带来了一定的困扰，加之案主非同单位小区的退休人员，社区融入困难，邻里关系相对薄弱。因此，案主的需求主要集中在基本生活改善、子女关系改善、搭建社区支持网络和情绪疏导等几个方面。

3. 制订服务计划，介入干预并且进行结案评估

首先，社会工作者针对案主生活经济条件困难这一方面，为其寻找外部资源支持，通过链接“大爱之行”居家养老合作社项目为其提供居家养老服务资源，通过服务券的使用可以解决送餐、家政保洁、便民维修、健康监测等方面的服务。同时，社会工作者反复教案主如何呼叫和使用服务，直到案主能够独自呼叫服务并使用服务券。案主当前生活环境存在线路老化等安全隐患，且卫生间设计极不合理，易造成案主摔倒损伤。为此，社会工作者链接外部资源为案主进行了家里的线路改造、家电维修和适老性住房改造，为案主改善了居住环境，缓解了她的生活压力。

其次，案主与社会工作者的专业关系更加深入后，告诉社会工作者她有一个女儿居住在合肥，她偶尔也会到女儿家去住一至两天，但是次数较少。社会工作者通过案主与她的女儿取得联系，在交流过程中，案主女儿表示，随着年纪增长，她也可以理解母亲当年的做法，但是她目前的经济条件也有限，自己本身也没有工作，所以对于母亲的赡养问题心有余而力不足。对于案主的其他子女由于不居住在本市，所以社会工作者很难与其取得联系。在社会工作者与案主女儿沟通后，其女表示以后愿意多关心案主。

最后，社会工作者在案主所在社区开展社区活动和小组活动，拉近案主和小区内邻里的关系。社会工作者在组织社区活动和小组活动时有意识地将案主与对她排斥性较小的其他服务对象分为一组，先让部分人接纳案主，改善她们之间的邻里关系，然后带动其他人接纳案主。在活动中，案主楼下的蔡奶奶与案主的关系渐渐得到改善，在参加活动时会等案主一起出发，同时小区的其他服务对象和案主关系也有所缓和。社会工作者在与社区内其他服务对象沟通的同时，也与案主进行访谈，在访视过程中，社会工作者跟案主沟通其他邻居家里有不用的旧家电，案主最好不要去主动索要，一方面，那些旧家电使用寿命已经达到年限，案主再继续使用很可能会有安全隐患；另一方面，万一出现安全问题，也会造成邻居的不安。同时告诉案主，家里有维修师傅的电话，如果以后家里水电出了问题，案主可以自行联系师傅进行维修，这样可以尽快解决问题。社会工作者也明确告诉案主，她去社区寻求工作人员帮忙，工作人员也只是帮她联系师傅，并不会因为她经济条件不好而帮助她支付维修费用，反而会耽误维修时间。案主表示多次麻烦社区工作人员也很不好意思，有了师傅的联系方式，以后就方便了。

4. 结案

社会工作者逐渐减少了对案主的访视频率，并告知案主即将结案。案主表现出依赖的情绪，并且不想结束个案辅导。社会工作者告诉案主，虽然社会工作者对她的个案工作已经结束，但是她作为“大爱之行”项目的服务对象所享受的服务并没有结束，在结案之后，社会工作者仍然会继续为她提供社会工作者关怀服务和居家养老服务，案主才接受即将结案的事实。同时，社会工作者帮助案主回顾了她接受个案辅导以来的成长和变化，并强调了外部支持网络的健全，鼓励案主要积极面对生活，对未来要充满信心。

2.2.5 服务评估与反思

2.2.5.1 目标效果评估

根据预期目标来看，目标基本都已达成。例如，帮助案主申请居家养老服务，缓解案主前期生活困扰。而在介入过程中，社会工作者利用理性情绪疗法，使案主能够慢慢理性看待周围邻居和社区工作人员的帮助行为，积极面对生活。但是关于案主与非婚生子女的关系改善以及他们对案主的赡养方面并没有达到很好的效果，后期仍需跟进。

2.2.5.2 服务满意度评估

案主对于社会工作者的帮助非常满意，认为社会工作者切实帮助她解决了实际问题，并给她的生活环境、居住环境带来了一定的改善。由于案主之前并没有接触过社会工作者，通过此次个案辅导对社会工作者有了一定的认识。

2.2.5.3　服务反思

建立良好的专业关系始终是个案服务开展的基础与核心，良好的关系能让案主产生心理上的安全感，从而开放自我，达成有效沟通，本案例中虽然案主态度良好，喜欢与社会工作者谈论自己的生活，但是在访视过程中，谈话内容是经过筛选的，案主对社会工作者是有一定保留的。在社会工作者与案主形成良好的专业关系之后，案主逐渐愿意深入谈论自己的家庭情况，开始慢慢正视自己的问题。但是由于社会工作者能力有限，所以在案主与子女关系改善的问题上效果甚微，后期还要继续跟进。

2.3 “伴夕阳·爱传承”

——耄耋老人集体生日会[①]

2.3.1 案例背景

合肥市包河区常青街道淝南家园社区是一个回迁小区，于2012年年底回迁，由原凌大塘、油坊岗、淝南3个社区合并而成。回迁后的社区总人口约8000人，其中老年人口约800人，占总人口比例约10%；其中80岁以上的高龄老人达96人，占老年人口数量的12%。回迁后，老年人原有的社会支持网络被打破。面对全新的生活环境，很多老年人，特别是高龄老年人，不愿走出家门、走进社区，精神状态很差，很多老年人甚至患上了抑郁症。虽然社区也存在一些助老服务组织，但仅限于部分热心居民的参与，服务缺乏常态化。社区居民整体助老意识不强，社区归属感较差。

作为新回迁小区，社区现有养老服务体系不完善，各类养老服务设施不健全，仅有的老年活动中心也处于建设阶段。由于回迁小区整体经济状况较好，政府关注相对较少，除合肥市统一购买的居家养老服务外，无其他专门针对高龄老人的服务，特别是精神关怀类服务。

2014年年底，合肥市爱邻社会工作服务社立足社区高龄老年群体，重点是高龄空巢、独居、贫困、残疾等老年群体需求，以基础服务、友好访问、生命关怀、社区活动、宣传倡导五大养老关怀服务为框架，开展回迁小区高龄老人社会化服务。其中“伴夕阳·爱传承”——耄耋老人集体生日会项目作为生命关怀服务的一项重要内容，其服务对象主要为淝南家园社区80周岁及以上老年群体，重点是高龄空巢、低保、残疾人群体。

① 项目来自包河区第一届公益创投“助巢计划”——高龄空巢老人社区关怀计划项目。

2.3.2 问题需求分析

2014 年 4 月，合肥市爱邻社会工作服务社正式入驻常青街道淝南家园社区，开展回迁小区社会化服务。在前期调研中，社会工作者发现作为村改居社区，老年人养老面临如下困境：身体机能不断退化，参与社会互动能力弱化，很多人想走出家门却又无能为力；原有的社会支持网络被打破，新的社会支持网络尚未建立，老年人缺乏社区归属感；家庭养老功能弱化，子女对老年人的情感关注越来越少；新的邻里关系尚未建立，居民孝亲助老意识不强，各类助老志愿服务组织不健全，缺乏常态化服务；社会对于回迁小区高龄老年人精神层面关注较少。社区老年人，特别是高龄老年人养老需求难以得到满足。

2.3.3 服务设计

2.3.3.1 服务目标

（1）立足淝南家园社区高龄老年群体现状，通过举办耄耋老人集体生日会，丰富老年人生活，为老年人提供精神关怀与支持。

（2）增强老年人社会参与积极性，为其搭建与家人、朋辈、邻里的互动平台。

（3）营造社区助老氛围，强化社区及家庭对老年人的关注与关怀，构建多维度的支持网络，践行合作养老理念。

2.3.3.2 服务策略

项目采用“职业社会工作者 + 服务对象家庭 + 本土志愿者 + 大学生志愿者”的“1+3”服务主体模式，通过定期开展集体生日会的方式，由职业社会工作者统筹，重视老人家庭的参与，挖掘和培养本土核心志愿者团队，链接大学生志愿者，提升社区居民助老意识，为社区高龄老年群体，重点是高龄空巢、低保、残疾老年群体，解决社会支持体系不健全、家庭关系破损、社会融入障碍以及精神养老需求紧迫等问题，让高龄老年人感受到来自家庭、邻里、社会的关爱，为真正实现高龄老人的社区关怀与照顾奠定基础。

2.3.3.3 服务流程

（1）探索阶段：链接专业资源，通过第一期生日会开展，为老年人提供精神关怀，了解老年人对生日会的需求及期望，探索如何有效开展生日会。

（2）平台搭建：通过开展生日会，为老年人参与社区活动搭建平台，提升老年人参与社会互动能力，培养其主动参与意识。

（3）构建支持网络：以生日会为平台，引导老年人家人、朋辈、邻里参与，增强与老年人互动，构建并扩展老年人的社会支持网络。

（4）助老倡导：在服务过程中培养居民的主动助老意识和组织能力，成立本土助老志愿团队，确保服务常态化、规范化开展，宣传合作养老理念。

2.3.3.4 服务计划实施过程

项目在实施的过程中立足回迁小区老年群体的特点，以社会工作专业理论为基础，以不同形式的主题生日会为平台，分阶段有步骤地开展服务。

1. 探索阶段

2014 年 9 月，在泗南家园社会服务站的统筹下，泗南家园社区迎来了第一期耄耋老人集体生日会。本期生日会的主要目标是链接专业资源，为老年人提供精神关怀；了解老年人对生日会的需求及期望；探索如何持续、有效地开展生日会。在生日会现场邀请了专业养生专家为老年人开展养生讲座，链接高校资源，进行现场互动。在服务过程中，社会工作者发现回迁小区老年人参与意识不强，活动过程中只是一味接受服务，积极性不高。社会工作者意识到，要想有效地开展生日会，首先，必须调动老年人本身参与的积极性和主动性，提升参与意识，增强社会互动；其次，在前期入户的过程中，社会工作者发现老年人家庭、邻里或是朋辈，对老年人关注较少，在活动前期，社会工作者也积极邀请老人家属及社区居民参与，但活动现场除了寿星外，并无其他社区居民参与。因此，为老年人与家人、朋辈、邻里互动搭建平台，构建与扩展老年人社会支持网络也必然成为生日会的重要目标之一；最后，由于回迁小区居民社区归属感不强，社区融合度较差，在服务的过程中，社会工作者应不断加大宣传力度，提升居民助老意识，引导居民参与助老服务，培养一支稳定的助老志愿服务团队，确保生日会长期稳定开展。

2. 平台搭建阶段

活动理论认为老年人应该积极参与社会，只有通过参与，才能使老年人重新认识自我，保持生命的活力。[①] 社会工作者不仅要在态度和价值取向上鼓励老年人积极参与他们力所能及的一切社会活动，而且更需要为老年人的社会参与提供更多的机会和条件。

通过第一期生日会的开展，社会工作者了解了老年人对生日会的期望，明确了生日会各阶段的目标。为了更好地引导老年人参与社区活动，提升参与意识，增强老年人的社区归属感，社会工作者以第二期生日会为平台，通过链接社会资源，进行节目表演，根据老年人的特征精心设计小游戏等形式，不断引导老年人参与互动，并及时给予鼓励和帮助。在社会工作者的引导下，老年人积极地表达了参与的感受。在活动的现场，老年人露出了久违的笑容。在与老年人的交流中发现，其实老年人内心是渴望参与的，同时他们也希望自己被关注，希望自己的生日会能够像孩子们的一样，有更多的人参加。除了生日会，社会工作者也积极引导老年人参与日常活动。渐渐地，很多老年人愿意走出家门、走进社区，老年人社区参与的积极性也不断提高。

3. 构建支持网络阶段

良好的社会支持网络可以帮助老年人面对生活的挑战，能够给予他们积极参与社会的自信和勇气，保持积极正面的社会形象。[②] 社会工作者一方面，要利用已掌握的社会资源为服务对象提供直接的帮助，以满足受助

① 张恺悌，郭平．老年社会工作实务 [M]. 北京：中国社会出版社，2008：34.
② 张恺悌，郭平．老年社会工作实务 [M]. 北京：中国社会出版社，2008：32.

人当前较为紧迫的需求；另外，要对案主在原有社会支持网络评估的基础上，帮助案主补充和扩展社会支持网络，提高建立和利用社会支持网络的能力。

在服务的过程中，社会工作者发现因为村改居，绝大多数老年人原有的社会支持网络被打破，老年人养老缺乏社会支持。随着生日会的不断开展，服务的目标也不断提升，在服务的过程中，社会工作者逐步重视对服务对象的朋辈、邻里、家属的引导，让更多的居民关注高龄老年群体。在第四期生日会上，社会工作者邀请老年人朋辈、邻里共同参与，通过播放老年人喜爱的庐剧，引导老年人之间互动交流；在第五期生日会上，社会工作者为老年人与子女互动搭建平台，通过为老年人拍摄全家福、子女陪伴老年人完成简笔画《爱的抱抱》，在互动中回味过去，感受亲情；在第六期生日会上，不仅老年人朋辈、邻里、家人自发地来到生日会的现场，生日的前期我们还收到了来自社区社会组织、邻里、家属等各方的祝福视频，整场生日会充满了温馨与感动。生日会的开展，不仅让老年人感受到了来自各方的关爱，生活中有了更多的欢声笑语，同时也为其与朋辈、邻里、家人互动交往提供了平台，逐步构建与扩展了老年人的社会支持网络。

4. 助老倡导阶段

随着服务的不断推进，生日会的影响力也逐步增大，社区居民对老年人的关注度也越来越高。很多居民和家属自发地加入生日会的志愿服务中来。社会工作者也逐步由服务的提供者转变为统筹者和引导者。在服务的过程中，成功培育了一支本土助老志愿服务团队，为生日会的常态化开展奠定了坚实的基础。同时，在社会工作者的引导下，生日会成功地走出了社区。2016 年 7 月，在社区志愿者们的精心准备下，“伴夕阳・爱传承”耄耋老人集体生日会走进常青街道敬老院，在这里为敬老院的老人过了一场特殊的生日。生日会的开展也引起了社区及社会的广泛关注。在社区的支持和媒体的宣传报道下，在各个传播媒介中加入合作养老的宣传元素，让更多的社会力量参与到关注高龄群体的服务中来。

2.3.4 服务评估与反思

2.3.4.1 服务评估

生日会自 2014 年 9 月实施以来，共开展 12 期，服务社区高龄老人 200 人次以上。在服务的过程中，社会工作者不断通过问卷调查、入户走访、现场互动等方式进行服务效果跟踪与评估。生日会的开展不仅赢得了服务对象的一致好评，也有效地引起了社会对于高龄老人的关注。生日会取得的具体成效如下。

1. 为社区老人提供精神关怀服务

生日会的开展，有效地为服务对象提供了精神关怀和生命回顾；老年群体社区参与和互动能力增强，很多老年人愿意走出家门、走进社区，使其生活更为丰富，社区归属感增强。

2. 搭建了社区为老服务网络

随着生活节奏的不断加快，老年人也逐步被边缘化。生日会的开展，为高龄老人与家人、朋辈、邻里互动搭建了平台，为构建与扩展高龄老年群体社会支持网络奠定了坚实的基础。生日会的开展引起了浬南社区范围内的居民对高龄老年群体的关注，为高龄老年群体的社区养老提供了更多的资源与支持。

3. 培育社区为老服务志愿队伍

居民敬老助老意识增强，参与助老服务热情提高，并成功培育出一批社区本土助老志愿服务骨干，确保了生日会作为一种社区传统常态化开展。

2.3.4.2 服务反思

“伴夕阳 · 爱传承”——耄耋老人集体生日会在取得良好成效的同时也存在一定的不足，如服务侧重于高龄老年人，对社区其他老年群体的关注较少；生日会作为一种常态化服务，更多的是为老年人提供精神层面的支持，无法满足老年群体对基础照顾的紧迫需求；很多高龄大病、失能老人无法参与到活动中来等。在日后，社会工作者将不断完善回迁小区老年人服务体系，满足不同老年群体的多样化服务需求。

为了让高龄老人得到更多的关注，为了让“常回家看看”变成一种行动，在未来，在合肥市爱邻社会工作服务社的指导下，淝南家园社区社会服务站将充分发挥统筹者职能，不断拓宽专业服务领域；链接更多专业资源，为更多的高龄老年人搭建与子女欢聚的平台，提供精神关怀与基础照护；同时也将呼吁更多的社会力量加入到助老的队伍中来，“让陪伴成为一种潮流，让助老成为一种习惯”。

2.4 “公益摆渡”

——爱心观察员团队服务[①]

2.4.1 案例背景

社会工作者在社区走访中逐渐发现，琥珀街道辖区内居住着众多高龄空巢老人，而社区内的热心居民具备社区环境熟识、地理条件优越、人文信息获取快速便捷等多种优势。于是，社会工作者与街道及各社区对接，由各社区推荐出几位有爱心的社区居民担任爱心观察员。这些爱心观察员大多是退休后仍在社区内奉献自己一分力量且与社区居民熟识的居民，他们也期望能通过为社区内贫困、孤寡、独居老人提供力所能及的服务，让他们感受到社会的关怀，获得精神上的慰藉。

2.4.2 问题需求分析

琥珀街道内居住着众多高龄空巢、独居等特殊困难老人，社会角色的转换使得许多老人的子女逐渐走出原生家庭，建立自己的家庭，并承担起新的社会角色。老人在子女离开家庭后，精神上出现空虚感和失落感，并且部分老人难以处理生活上遇到的突发事件。

2.4.3 理论基础分析

社区照顾模式是指社区中各方成员组成的非正式网络与各种正式社会服务系统相配合，在社区内为需要照顾的人士提供服务与支持，促成其过正常的生活，加强其在社区内的生活能力，达到与社区融合，并建立一个具有

① 项目来自琥珀街道社会工作中心执行的“安馨家园”项目。

关怀性的社区。[①] 社区照顾模式的实施策略分为在社区照顾、由社区照顾、对社区照顾、整合式社区照顾等。[②] 社区照顾模式强调将社区内的正式照顾资源和非正式照顾资源实现整合，合力解决社区内有需要人群的问题。

社区特殊老人群体作为社区照顾模式的重要服务人群，为社区特殊老人照顾提供持续的家庭、亲友、邻里、志愿者服务资源，是合作养老的重要路径。爱心观察员的成员分别来自各个社区，长期居住在社区内，并积极参与和承担社区内的社会性事务，与社区内的各类居民较熟识，掌握着各类老人的基本情况。他们大多已退休，有充足的时间、精力以及奉献的意愿，可以为社区内的各类老人提供探访慰问、需求反馈等服务，以满足老人的需求。一方面，“爱心观察员”团队可以运用服务对象原来熟悉的正常化的环境和方式向其提供照顾，减少服务对象对外来环境的不安和不信任感，更利于建立良好的服务关系；另一方面，“爱心观察员”团队成员多居住在服务对象周边，以其对服务对象基本生活情况的了解，更清楚服务对象的实际需求，能为服务对象提供更实际、更有效的服务，从而建立良好的社区社会支持网络和社区互助，最终建立互相关怀的社区。

2.4.4 服务设计

2.4.4.1 服务目标

（1）为琥珀街道辖区内特殊老人提供家庭访视、探访慰问等精神慰藉服务，缓解老人的精神孤独感。

（2）各爱心观察员在本社区内及时观察与六大类老人相关的社区服务和政策事宜，及时了解老人需求问题，及时反馈，及时解决问题，满足需求。

（3）帮助、协助社会工作者发现、整合社区内部资源（包括人力、财力、物力），为老人提供资源链接，以建立良好的社区社会支持网络和资源互助服务。

---

① 张忠杰，张琼丹．社会工作综合能力（中级）[M]．北京：知识出版社，2016：198.

② 张忠杰，张琼丹．社会工作综合能力（中级）[M]．北京：知识出版社，2016：199.

2.4.4.2 服务流程

（1）招募志愿者：团队成立前，主要通过社区工作人员推荐社区内活跃的退休居民参与，或社会工作者在日常访视中挖掘与老人接触较多、有爱心的居民参与。

（2）前期培训：通过组织新加入的成员参与会议，互相认识，并明确爱心观察员职责、对接服务对象信息、发放日常访视登记表格及说明表格填写方式。

（3）开展服务：根据对接的服务对象名单，每位爱心观察员每月至少探访一次服务对象，填写访视登记表格。遇到紧急的突发情况，需及时联系社会工作者，及时处理。

（4）爱心观察员会议：每个季度至少召开一次会议，提交访视登记表格、就访视期间每位服务对象的生活情况和需求进行总结、反馈，社会工作者根据反馈的情况说明后期跟进服务（见图 2.1）。

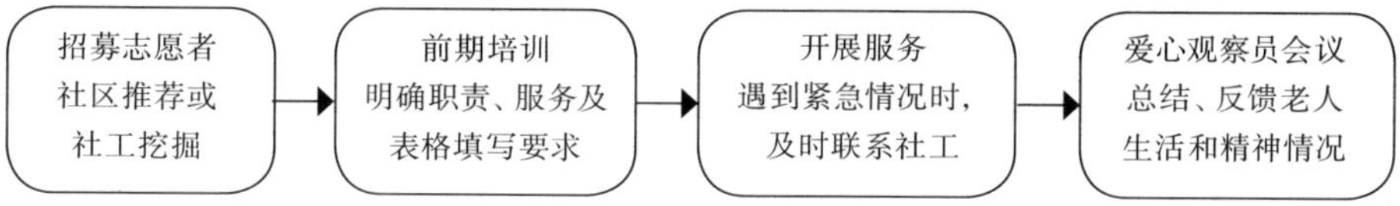

图 2.1 爱心观察员招募与服务流程

2.4.4.3 服务实施

自 2014 年 4 月成立“爱心观察员”团队以来，每位爱心观察员践行职责，及时反馈服务对象需求，与社会工作者一起致力于为老人提供合适的公益服务。此外，成员们还参与部分大型的传统社区活动，为需要关注的老人提供精神慰藉。具体的服务实施情况详见附录 1。

2.4.5 服务评估与反思

2.4.5.1 服务评估

1. 打造“爱心观察员”为老服务团队

打造“爱心观察员”为老服务团队，为社区老人提供日常访视、探访慰问等精神慰藉服务，减少了老人因陌生而产生的不信任感，在累积的服务中与老人建立了良好的服务关系。

2. 初步形成“老人—爱心观察员—社会工作者”服务模式

在服务开展过程中，逐步形成“老人—爱心观察员—社会工作者”服务模式，老人在遇到问题时，有主动联系爱心观察员反馈问题的意识，社会工作者可根据爱心观察员的反馈跟进，满足服务需求。

3. 初步形成多方养老资源互动的合作养老模式

在多项服务中，整合“爱心观察员”、邻里互助社志愿者与社居委资源，实现多方资源互动，提供更有效的服务。

2.4.5.2 服务反思

（1）爱心观察员服务期间，项目社会工作者成员变动较大，出现重复熟悉服务及与爱心观察员建立关系的过程，需要消耗一定的时间和精力，不利于服务往前推进。

（2）爱心观察员服务单一化，单一地提供访视、慰问等服务，不利于成员在服务过程中成长，使团队朝着组织化、独立运作方向发展，后期出现成员陆续退出状况。

（3）成员整体年龄结构为 65 ～ 70 岁，对于服务的精力有限，缺乏团队领袖，需要社会工作者统筹整体服务。

社会工作机构应当从以下两个方面推动爱心观察员团队建设。

一是优化志愿者团队结构。招募低龄老人志愿者，增加团队人数和规模，成员年龄结构由中龄转向低龄，培育团队领袖，使团队组织化。

二是进一步明确各方的角色。“爱心观察员”团队内部角色分工明确，服务上参与老人项目其他服务中，使服务多样化，并逐渐学习独立开展服务，实现社会价值，社会工作者角色则由统筹向协助转变。

2.5 “耄耋小屋”升级计划

——社会工作介入老年宜居环境改善服务

2.5.1 案例背景

据2016年安徽省合肥市《关于我市政府购买居家养老服务情况调研报告》数据显示：到2014年年底，合肥市60周岁及以上老龄人口122.7万人，占户籍人口数的17.27%，高于全省0.27个百分点。其中80周岁以上老年人口为17.8万人，占老年人口的14.51%。总体来看，合肥市人口的老龄化、高龄化、空巢化呈不断加快发展的态势，呈现以下几个鲜明的特点：总量大、速度快、不平衡、基础弱，形势严峻。[①] 在全市老龄化的大背景下，琥珀街道于2009年5月率先引入合肥市蜀山区民生社会工作服务社（以下简称“民生社工”），在全市试点探索老年社区居家养老服务。2014年，民生社工获得民政部李嘉诚基金会“大爱之行——全国贫困人群社会工作服务及能力建设项目”支持，成立“夕阳幸福里——高龄空巢老人社区照顾服务”项目（以下简称“夕阳幸福里”项目），针对琥珀辖区内高龄独居空巢老人开展社区居家养老照顾系列服务，协助高龄空巢家庭重塑家庭养老功能，构建社区和社会支持网络，探索社区居家养老照顾模式。

“夕阳幸福里”项目主要以琥珀街道辖区内居住的年龄在80周岁以上，身边无子女共同生活的490户高龄空巢独居老人为主要服务对象，其中偶居高龄空巢老人385人，独居高龄空巢老人92人，孤寡高龄空巢老人3人，失独高龄空巢老人10人。该群体因为个体生理机能的退化以及心理方面的变化，家庭结构的变化、家庭功能的减弱，受传统文化和观念影响，以及机构养老承载的不力与服务理念问题等，选择了社区居家养老的方式。

---

① 合肥市.关于我市政府购买居家养老服务情况调研报告[R/OL]（2016-02-01），http://renda.hefei.gov.cn/8521/8524/201602/t20160201_193391（2）html.

“夕阳幸福里”项目社会工作者在长者入户访视服务和需求摸底过程中，发现部分高龄空巢老人居住环境与条件不便于自身生活，或现有的居住条件影响老年人的生活质量。“耄耋小屋”升级计划通过积极链接附近房屋改造团队资源、高校志愿者资源，协助老人设计改造居住条件，改善老人的家居生活环境，增强其居家安全与生活质量，营造社区老人宜居环境。

2.5.2 问题需求分析

“耄耋小屋”升级计划的服务对象主要居住在老旧小区，房屋整体规划不利于老人居家养老，屋内空间缺乏适合老年人的必要安全设施，如无安全扶手、防滑设施不全、屋内光照不足等，且一些服务对象经济较为紧张、生活比较节俭，喜欢存储生活物品，屋内“障碍物”过多。“耄耋小屋”升级计划实施之前，服务覆盖辖区内曾有 3 位老人因住所内的不安全因素发生过跌倒事件。

为老人安装室内安全辅助装置、修葺房屋和归纳整理房屋空间，打造适合老人居住的家庭环境，营造安全的老年宜居环境成为其迫切需求。

2.5.3 理论基础

马斯洛需求层次理论将人类需求从低到高按层次分为 5 种，即生理需求、安全需求、社交需求、尊重需求和自我实现需求。其中生理需求、安全需求和感情需求是低级的需求，通过外部条件就可以满足。老年人的需求与老年的身体变化紧密相关。[①] 进入老年期，个人的生理机能退化，老年人自我生活能力减弱，其低级需求的满足面临各种限制。“耄耋小屋”升级计划为老人安装室内安全辅助装置、修葺房屋和归纳整理房屋空间，开展家庭居住环境改善服务，打造适合老人居住的居住环境，减少老人居家养老面临的安全隐患，增强其住所的安全性，满足老人居家安全需求。

---

① 亚伯拉罕·马斯洛．动机与人格（第三版）[M]. 北京：中国人民大学出版社，2007.

2.5.4 服务设计

2.5.4.1 服务目标

（1）整合辖区房屋维修资源，帮助服务对象改造居住空间，协助服务对象营造安全的居家环境。

（2）通过帮助老年人营造安全的居家环境，传递老人居家安全知识，增强老人居家安全意识。

2.5.4.2 服务策略

1. 设定服务对象标准

“耄耋小屋”升级计划本着服务对象自愿报名参加（见附录 2）、共同参与改造的原则，以琥珀街道辖区范围内 80 岁及以上独居、空巢、失独、孤寡、重大病、失能的老人为服务对象，其家庭居住面积低于 80 平方米，家庭月经济盈余低于 1000 元。

2. 设计老人家居环境评估指标

社会工作者在机构督导的支持下，确定老人家居环境评估指标如下：

（1）客厅：室内照明光线、沙发或桌椅的高度、软硬度和新旧程度、取物是否需要梯子和凳子或者轮椅。

（2）卧室：床边是否有床头灯开关、室内照明条件。

（3）厨房：排风扇和窗户通风情况、常用厨房用具方便取用情况。

（4）卫生间：地面是否平整、排水通畅程度、马桶是否安装扶手。

（5）门窗：门把锁是否老旧、门窗户通风性及安全性。

确定评估指标之后，结合评估标准，社会工作者设计《“耄耋小屋”升级计划需求评估表》（见附录 3），用于评估老人居住安全情况。

3. 社区义卖资金与“义基金”配比保障改造经费

“耄耋小屋”升级计划涉及社区老人居住空间的改造，服务过程中产生的经费由项目专项经费、社区义卖筹资和合肥市发展基金会配比经费三方共同支持。社会工作者通过开展社区义卖活动，一方面增加了“耄耋小屋”升级计划的服务经费，另一方面调动社区居民对为老服务的关注。此外，采用 1∶1 的配比方式，调动基金会力量参与，形成资金保障的合力。

2.5.4.3　服务流程

“夕阳幸福里”项目在前期服务调研和服务开展过程中，社会工作者对高龄空巢老人的居家环境进行了初步评估，发现部分高龄空巢老人居住环境与条件不便于服务对象的老年生活或者影响老年人的生活质量及安全。部分服务对象向社会工作者直接表达了居家环境需要改善的需求。

在初步评估的基础上，社会工作者通过督导支持，明确“耄耋小屋”服务计划的服务对象和程序，并设计居家环境评估表，联合志愿者和社区资源共同开展服务。该计划具体实施过程如图 2.2 所示。

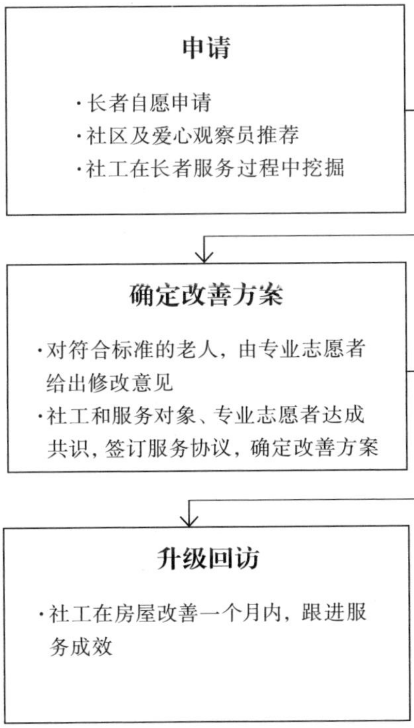

图 2.2　“耄耋小屋”升级计划服务流程

1. 以项目化方式管理运营服务

"耄耋小屋"升级计划为有需要的老人提供居家环境改善服务，社会工作者采用项目化理念，将此服务作为独立服务项目运作，评估确定辖区老人居住环境改善需求，明确服务目标，形成服务方案。社会工作者整合民生社工老年服务领域督导、老年服务人员、辖区房屋修葺专业志愿者和大学生志愿者及社区志愿者，组建项目团队，与志愿者签订项目志愿者协议，确保团队服务的持续和稳定。

2. 社区宣传和重点对象推介并重

为了让辖区老人及家庭了解"耄耋小屋"升级计划服务，社会工作者将服务标准、评估内容和服务流程转换成居民易于理解的话语，并制作服务宣传海报和易拉宝。依托琥珀社会工作中心宣传栏和中心社区活动，独立设计和开展"耄耋小屋"升级计划社区宣传活动，向辖区宣传介绍服务内容。在社区大范围宣传的同时，社会工作者依托中心老人周末探亲、爱回家等服务，和志愿者一起，向家庭居住面积低于 80 平方米、家庭月经济盈余低于 1000 元的 80 岁及以上独居、空巢、失独、孤寡、重大病、失能的服务对象入户介绍。同时，社会工作者每月与琥珀街道社区社会工作服务站负责人员对接，以便服务中及时了解和掌握老人居住环境和需求动态。

3. 联动志愿者和社区筛选评估

在老人居家环境评估过程中，社会工作机构整合安徽省农业大学社会工作专业学生资源和社区志愿者，成立大学生探亲服务队和居民爱心观察员团队，评估和服务同步开展。为了确保能够真实地了解到社区老人的居住状况和居家安全改善的需求程度，社会工作者对所有参与评估的志愿者进行访视培训，帮助志愿者了解"耄耋小屋"升级计划的服务目的和标准，掌握访视评估的方法技巧，保障志愿者共同参与提高为老服务的质量。

4. 签订协议，确定评估方案，升级小屋

根据评估志愿者的评估结果和意见，对符合标准的老人，初步纳入"耄耋小屋"升级计划。然后社会工作者和专业志愿者上门核对信息(见附录 4)

并与服务对象签订服务协议（见附录5）。专业志愿者根据服务对象实际情况给出改善意见，并征求服务对象意见。社会工作者、专业志愿者和服务对象达成共识，形成小屋升级服务方案，由专业志愿者根据服务方案对服务对象居住环境进行改善。在服务开展过程中，社会工作者或评估志愿者定期跟进房屋改造情况。在房屋改造结束一个月内，社会工作者采用电话和上门的方式跟进改造效果和对服务对象居家生活的影响。

对不符合标准的老人，社会工作者通过电话或上门告知原因，并根据老人初步评估结果推荐其他适合的社会工作的服务。

2.5.5 服务评估与反思

2.5.5.1 服务评估

“耄耋小屋”升级计划服务结束后，社会工作者在一个月内跟进服务效果，所有直接服务对象反馈改造之后生活便利很多。“夕阳幸福里”项目周期内，“耄耋小屋”升级计划共服务16户长者家庭，直接服务23人。为了解到项目服务开展的真实情况，掌握服务项目是否真正地解决了服务对象问题并满足其真实需求；同时，帮助社会工作者及时掌握服务对象的动态需求，不断提高服务质量，爱邻社会工作服务社和民生社会工作服务社联合成立大爱项目老年调研组（以下简称“调研组”），采用抽样调查方式，随机抽取40名直接受益对象，对其进行满意度调研。抽样对象中，接受家庭居住环境改善的所有对象表示此项服务实实在在地解决了他们的生活问题，全部表示很满意此项服务，90%以上的调查对象表示此项服务能够很好地杜绝经济困难老人家庭的养老安全隐患。

2.5.5.2 服务反思

“耄耋小屋”升级计划坚持共同参与、合作养老的理念。从服务的评估到服务的提供，整合了社区资源，调动了社会力量的参与。但是街道社区力量参与不足，在以后的服务中可以邀请社区老年服务中心共同评估和跟进评估服务效果。通过本服务发挥了社区在地志愿者的优势，但是忽视了老人家属、亲人和邻里这部分非正式支持网络，后续服务可以加强家人、亲人和邻里的参与力量，尤其是可以将老人的居住安全隐患评估结果告知老人及其家人，引起他们对居住安全的更多重视。

第 3 章
“平台 +”儿童成长

中国是全球的人口大国，占世界总人口的20%。据国家统计局2013年发布的《中国儿童人口状况——事实与数据（2013）》，中国儿童人口位居世界第二，占世界儿童人口比例的15%。儿童的生存、保护和发展成为全球发展的需要和人类进步的组成部分。1989年，第44届联合国大会通过了联合国《儿童权利公约》，明确规定世界上每一个儿童都应平等地享有生存、发展、受保护和参与的权利。作为缔约国之一，中国政府也积极以《儿童权利公约》精神来指导和推动本国儿童事业的发展，并为此制定《中国儿童发展纲要》，为儿童提供必要的生存、发展、受保护和参与的机会和条件，最大限度地满足儿童的发展需要，发挥儿童潜能，为儿童一生的发展奠定重要基础。

家庭、学校和社区是儿童成长的“三驾马车”，其中尤其是家庭环境和社区支持体系对儿童的品格养成、身心健康和社会行为能力影响巨大。随着中国社会治理体系的快速发展，以儿童及其家庭为中心的社区治理创新模式迎来了历史的机遇，在儿童与成人之间、家庭与家庭之间重新建立健康和谐的关系，不仅是培育社会未来栋梁的坚实基础，也是幸福社区建设的殷实土壤。

社区可以为儿童提供无数新鲜的体验，包括游戏、健康、娱乐和教育等多方面，例如社区的游戏场、商业中心、图书馆、美术馆、公园等。社区的服务空间越多，服务内容越丰富，儿童（和成人）与其他儿童（和成人）接触的机会越多。因而公共性水平或社会资本就越高。对儿童而言，社区服务空间介于家庭和学习之间，是一个在私人和公共空间之间的重要范围，是儿童参与到社会和社区生活中的场域或平台。

家庭是儿童生活成长的第一环境，学校是儿童学习知识、增长智慧的摇篮。然而，儿童的真正“任务”，例如玩耍、学习、试验、提问、创造和探索，不仅仅是在家庭和学校完成的。当前的状况下，儿童生活空间是围绕“家—学校”，甚至是“家—学校—补习班”展开的，割裂了儿童与社区的亲密接触。

社区是儿童走出家门探索社会的第一环境，是他们开始与家庭之外的世界相遇之处，是他们未来融入社会大环境的基础。从这里开始与家庭成员之外的人进行社会交往，是他们构建“朋友圈”与社会资本的开始。不仅如此，儿童对社区敏锐的理解、细致的观察、积极的信赖都有利于儿童对其居住的社区做出更多的贡献，或者提出更多的好建议，甚至有些是成年人的视角所难以发现的。

为此，社会工作机构借助平台优势，调动整合社区和社会资源，通过社会工作者运用社会工作专业方法和技巧，介入社区儿童成长支持，丰富其内涵和形式，以在社区环境中创建儿童健康发展的环境，以及引导儿童及其家庭与社会形成良好互动，将有利于促进社区儿童全面发展。

3.1 “平台+”社会工作介入社区儿童成长支持服务模式

3.1.1 服务背景

儿童的健康成长关系到儿童自身的发展、家庭的和谐、社会的发展、国家和民族的未来。儿童期是一个人处于初始社会化时期，也是人生发展的关键时期。儿童的成长与发展离不开家庭、学校及其所在社区的支持、教育与影响。

家庭、学校、社区是每一个孩子成长都离不开的教育场所。近年来，家庭教育和学校教育相提并论，备受关注，而家庭教育和学校教育中延伸不到甚至被忽视的问题，需要通过社区教育的方式来解决。我国的社区教育起步于20世纪80年代初，在总结原有学校教育、家庭教育、社会教育相结合的经验的基础上，借鉴国外和先进地区的社区教育经验，逐步发展起来的。①

近年来，随着专业社会工作的发展以及儿童和家庭对社区服务需求多元化、专业化的发展，政府积极转变服务理念和手段，购买社会工作组织提供专业服务。作为安徽省最早成立的两家社工机构——合肥市爱邻社会工作服务社和合肥市蜀山区民生社会工作服务社自2012年开始进驻社区，通过基层政府购买服务的形式陆续在包河区、蜀山区部分街镇社区开展儿童服务，立足社区，运用专业理论和技巧，有效整合社会服务资源，为儿童社区教育带来新的思想和活力。②2014年，儿童社区教育服务推广到合肥市新站区部分社区。社会工作者依托其驻点的社会服务中心/站，面向

---

① 资料来自百度“社区教育”词条.https://baike.baidu.com/item/%E7%A4%BE%E5%8C%BA%E6%95%99%E8%82%B2/7454388?fr=aladdin#6。

② 吴伟伟.社会工作介入儿童社区教育探究——以A社工机构为例.[J]安徽大学学报，2016.

辖区学龄以上的儿童（部分街区以流动儿童、困境儿童为重点），开展学习支持服务、素质教育服务、亲子关系教育服务和社会参与服务，有效解决儿童成长、亲子教育、社会参与等问题，促进儿童健康快乐成长。

3.1.2　服务模式

“平台 +”服务模式是指社会工作者立足社区，建立儿童成长各类平台，充分发挥平台优势，挖掘、调动、整合社区和社会资源，运用社会工作专业方法和技巧，推动儿童社区教育服务规范化、科学化、专业化发展，为儿童创造良好的社区教育环境，引导儿童及其家庭在与社会形成良好互动的同时，促进社区儿童全面发展。

具体而言，“平台 +”指社会工作服务机构依托其在街道 / 社区成立的社会服务中心 / 站，搭建儿童在社区的学习支持、素质教育、亲子关系、社会参与等教育服务平台，在平台服务的基础上通过深化服务内容，构建社区儿童服务体系。

3.1.2.1　“平台 +”类型

（1）学习支持平台：以儿童的课业辅导、课业兴趣、学习习惯、学习不良行为为主要内容建立的平台。例如向阳花小课堂、彩虹桥小课堂、向日葵小课堂等。

（2）素质教育平台：以儿童的兴趣爱好、思想品质、生活能力、社会规则习得等为主要内容建立的平台。例如阅趣馆、晨曦阁书法班、巧巧手手工班、棋艺小组等。

（3）亲子关系平台：以家长与儿童之间交流、互动的方式、技巧、形式等为主要内容建立的平台。例如亲子手工坊、妈妈帮课堂等。

（4）社会参与平台：以儿童参与社区活动、社区服务和社区文化，创造有利于儿童参与的社区环境，鼓励儿童表达意见，吸纳儿童意见为主要内容的平台。例如小观影团队、小报童、绿娃娃志愿者服务队、小螺号记者营等。

3.1.2.2 服务团队及分工

“平台 +”的服务运作模式是以社会工作者（督导）+ 其他专业服务人员 + 志愿者 + 社区社会组织 + 家庭成员等构成的多元团队，团队成员分工明确，相互协同，具体如下：

（1）社会工作者（督导）由社会工作者和督导构成，主要职责为设计项目与服务，推动各类平台成立，统筹和协调服务资源，支持各类服务开展，督查服务质量；挖掘社工专业需求，提供专业服务，并制定服务标准，推动服务专业化、标准化水平。

（2）志愿者主要以社区居民志愿者为主，以高校志愿者为辅，辅助社会工作者、其他专业服务者提供有关服务。

（3）社区工作人员和儿童服务教育专家构成了其他服务人员。社区工作人员提供信息支持、沟通支持以及宣传工作。儿童服务专家负责儿童教育专业服务工作，如阅读专家、护理专家、营养师、心理咨询师等。儿童服务教育专家是儿童社区教育服务的重要合作伙伴，他们是社区内挖掘到的重要人力资源，大多数来自企业等。

（4）社区社会组织主要以儿童组成社区社会组织和为儿童服务的社区社会组织为主，负责协助社会工作者开展儿童服务和活动。

（5）家庭是儿童社区服务的组成部分，让家庭参与，发挥家庭潜能，并给予家庭支持。

3.1.3 服务原则[①]

3.1.3.1 优先原则

社会工作者在儿童的服务计划制订、资源配置和服务提供等方面，优先考虑儿童的利益和需要。

3.1.3.2 利益最大原则

社会工作者以儿童为中心，从儿童身心发展特点和利益出发，提供专业服务，最大限度地保障儿童权益。

3.1.3.3 伤害最小原则

社会工作者在工作中如果无法避免造成伤害，尽量选择对儿童造成最小伤害的方案，或者是最容易从伤害中恢复的方案。

3.1.3.4 平等参与原则

社会工作者创造公平的环境，确保儿童不因民族、种族、性别、家庭出身、宗教信仰、教育程度、财产状况、居住期限受到任何歧视，保障所有儿童享有平等的权利与机会。社会工作者鼓励和支持儿童参与同自身利益相关的服务活动，尊重其在权利和能力范围之内的自我决定和行动。

3.1.3.5 生态系统原则

社会工作者重视家庭的作用，运用生态系统的观点，从儿童自身及其与家庭、朋辈群体、社区、学校、服务机构等的互动关系中分析儿童问题，识别所需资源，提供专业服务，促进儿童发展。

① 民政部. 儿童社会工作服务指南（MZ/T 058-2014）[R/OL].（2014-12-24）.http://www.mca.gov.cn/article/zwgk/tzl/201412/20141200752310.shtml.

3.1.4 服务内容

3.1.4.1 学习支持服务

社会工作者链接政府、社会组织、志愿者服务团队等资源，搭建儿童课业学习的平台，在社区成立向阳花小课堂、彩虹桥小课堂、向日葵小课堂、四点半课堂等，免费为儿童提供课业辅导等服务平台，为儿童提供学习支持服务，帮助儿童克服学习障碍，培养良好的学习习惯，激发儿童学习兴趣。

1. 实务理念

“学习支持服务”依托社区儿童的课业辅导，这往往使新入职的儿童社工和家长形成“学习支持服务 = 课业辅导”的刻板印象。因此，在开展项目服务时，注重课业辅导与成绩提升的产出，迎合了部分家长对教育功利性的诉求，在实际运作中容易偏离方向和目标。社会工作者应坚持任务目标和过程目标相结合，充分发挥“学习支持服务平台 +”优势，以发展为导向，协助儿童培养学习兴趣、养成良好的学习习惯、习得规范的学习行为。

2. 实务路径

根据各社区的儿童需求及特点、场地状况，建立服务平台，如前面所提及的“向阳花小课堂”等，面向社区招募符合条件的学员，根据学员需求进行评估并分组，招募志愿者队伍并开展培训，开展志愿者和学员匹配对接工作，实时开展课业辅导工作；社会工作者以行动研究者身份参与到课业辅导平台中，并与儿童互动，观察记录孩子学习中的问题与需要，深化延伸的服务内容，运用个案工作、小组工作、社区工作等多种方法开展社会工作专业服务，解决儿童的个性化和同质性问题。

3.1.4.2 素质教育服务

素质教育要求儿童在德、智、体、美、劳诸方面都得到全面发展，既具有一定的知识结构，又要有健康的体魄、良好的心理素质和社会适应性、坚强的意志力以及完整的行为能力、高尚的道德水平。

社会工作者通过社区广场宣传、社区调查、家长和儿童焦点小组、专家咨询等多种方式了解儿童的兴趣爱好、生活习惯、社会规则、行为能力方面的需求，在社区开设书法课堂、绘画班、趣味手工、绘本阅读、经典诵读、儿童生活馆等常规服务，并根据儿童的成长特性设计“小小演说家”“安全你我他”等小组活动，引导儿童多元正向发展。

1. 实务理念

立足儿童多元化的兴趣爱好和成长需求，推动社区素质教育服务多样性，并且推动社区热心居民、居民骨干和社区社会组织参与服务。

2. 实务路径

建立社区素质服务平台，如书法课堂、绘画班、趣味手工、棋艺小组、阅趣馆、读书郎等服务平台；发掘、培养、整合社区热心居民、家长志愿者和社区社会组织辅助服务，链接社会资源，建立服务专业标准，支持服务团队成长，协助提升服务水平。

3.1.4.3 社会参与服务

儿童从诞生那一刻起，就是一个活生生的独立个体，有自己独立的意愿和个性，有自己的种种需要和权利。我们要尊重儿童的参与权利，相信每个孩子都有巨大的自我发展潜力。儿童社会参与具有推动少儿素质全面提高的优势，是孩子们喜欢的一种娱乐活动，也是开展素质教育的良好手段。

社会参与是儿童对社会生活各方面(如政治、经济、文化等方面)的现状与活动的关心、了解与行为投入。儿童的社会参与即儿童参与社会生活，通过职业体验、活动参与、公益志愿服务、意见表达等感受社会公共生活，了解社会整体构成及活动的过程。

为此，社会工作者面向儿童开展各式的社区认知、社会体验以及公益志愿服务，使他们能够全身心地沉浸在活动中，并逐渐培养他们自主学习的态度与行为，提升儿童的社区归属感、社会参与意识和社会参与能力。

1. 社区认知

社会工作者围绕儿童及其家庭对社区环境的认知以及社区文化生活的认知，开展了社区寻宝、社区地图、社区绘画大赛——我眼中的社区、社区绿植认养等活动。儿童进行自己喜欢的探究、发现活动，在这样的活动中，儿童的积极性、主动性得到了充分发挥，有利于儿童学习社交技能和策略，促进其社会行为向友好积极的方向发展，具有非常积极的意义。

2. 社会体验

儿童职业体验是最主要的方式，提供给儿童一个“学习 + 课外实践”的多元基地，不仅能培养儿童对未来职业规划、适应社会竞争的教育重任，还能通过角色扮演，巧妙地将学习与实践结合起来，鼓励孩子勇于尝试新事物，让他们努力挑战自我，最大化地挖掘自身潜力，提升自己的应变、应对能力。多种职业的体验，也为儿童创造了展现自己才能的机会。

3. 公益志愿服务

儿童通过志愿服务参与社区活动，用实际行动践行社区公益，并通过自身的行动影响家人或周边的邻居，促进了儿童更好地认识他人，收获自信、安全感、归属感，形成良好的自我认同。

3.1.5 服务历程

3.1.5.1 搭建学习支持服务平台

2012 年，在发展初期，根据《合肥市社区“老少活动家园”建设实施方案》（合民〔2012〕103 号），结合《社区“老少活动家园”建设实施指导标准》，社会工作者进驻社区，利用社区“老少活动家园”服务平台，秉持“以人为本，立足需求，整合资源”的理念，从帮扶社区最有需要的特殊困难儿童（单亲家庭儿童、困难家庭儿童等）出发，通过招募高校志愿者，开展学习支持服务，为儿童提供课业辅导服务。

3.1.5.2 逐步拓宽服务领域

1. 服务对象逐步扩大

在发展初期，集中主要精力、集中优势资源大力优先为困难儿童及其家庭提供服务，后来逐步拓展到社区一般家庭的儿童，并随着项目来源的多元化发展，服务范围也覆盖到流动儿童及其家庭。

2. 服务范围不断扩展

在发展初期，主要在社会服务中心 / 站为有需要的儿童提供服务。随后发展为以社会服务中心 / 站作为基点，将服务辐射到整个社区。如淝南家园社会服务站，从依托“彩虹桥小课堂”提供课后支持和辅导服务扩展到在社区里开展社区教育、社区体验、社会参与服务等。儿童服务在地域上也从合肥市包河区、蜀山区扩展到新站区。

3.1.5.3 深化服务内涵

在服务设计上，社会工作者通过学习支持服务满足儿童的基本需求，并观察儿童的行为表现，挖掘儿童的深层次需求。以兴趣性和发展性服务为基础，为辖区内儿童及其家庭提供图书借阅、趣味手工、象棋、书法、家庭教育（家长课堂）等开放式服务，扩大服务的覆盖面和受惠面。

同时，为有需要的儿童及其家庭，尤其是特殊困难儿童及其家庭，提供支持性服务。例如，为特困家庭的儿童提供生日会服务，为流动儿童及其家庭提供城市融入服务，为有成长烦恼的儿童提供情绪辅导服务，为有亲子沟通困难的家长提供支持辅导服务等。

3.1.5.4 创新服务形式

根据儿童及其家庭的需要和社区的特点，先后打造出多个服务品牌。

（1）“家庭学习环境助力计划”旨在改善社区内 5 ～ 12 岁流动儿童和困难儿童家庭的学习环境，为孩子提供书桌、椅及课外阅读书籍，给他们提供一个良好的学习氛围，和孩子一起制订学习计划。

（2）“小报童”由社会工作者组织开展，进行义工培训，鼓励儿童参与，学会关心身边的人和事，在活动中获得成长。

（3）“绿娃娃志愿者服务队”以儿童为切入点，用“一小带一家，一家带万家”的形式，在社区倡导低碳理念。通过环保宣传、手工制作、时装秀展示等活动加强孩子的环保意识，并将低碳环保理念传递给每一个人。

（4）“妈妈帮家长课堂”作为儿童服务的一部分，旨在从家长教育的角度解决儿童的问题及需求，主要通过链接专业教育资源，围绕家长平时在儿童教育中遇到的共性问题，结合家长们的时间特点，通过微课堂、专题讲座、家长小组、主题沙龙等不同形式展开，从家长教育的角度解决儿童的问题，立意新颖，打破了以往服务主体单一的常规思路。

3.1.6 服务成效

3.1.6.1 丰富儿童社区教育内容，满足儿童多样化成长需求

立足社区建立社区平台，依托平台开发和延伸服务。以社会工作者为主导，以志愿服务和专业服务人员为补充，动员社会组织和爱心人士积极参与，丰富社区各类服务，为社区儿童创造安全良好的成长环境，促进社区内儿童健康快乐成长，有效回应了社区儿童的需求。

3.1.6.2 激发社区活力，促进儿童的社区归属感

社区是儿童活动的重要场所，通过在社区开展儿童成长教育服务，对社区里的社会交往能起到一种催化剂的作用，帮助形成强有力的邻里社区互动，积累的社会资源越大，社区支持网络越强大，儿童的归属感越强。通过调动社区活力，促进社会和谐。

3.1.7 服务反思

3.1.7.1 加大社会工作宣传

社会工作者在开展儿童服务的初始阶段经常被误以为是老师或者是社区的工作人员，儿童及家长对社会工作者的身份认识比较模糊。为此，社

会工作者应在工作中加大社会工作的宣传，明晰角色定位，增强社会工作的知晓度和认可度。

3.1.7.2 加强个案管理

对存在问题和具有多样化需求的儿童及其家庭进行个案管理服务，共同确立服务目标，建立服务计划，进行整合性服务。

3.1.7.3 促建自主互助服务平台

社会工作者在服务开展过程中发现儿童家长大部分都有一技之长，通过不断引导，发挥其优势和潜力，使其能够进行自主、自助服务，最终建立自主互助服务平台。

3.1.7.4 大力培养儿童服务多元化团队

儿童社区教育服务具有综合性特点，注重服务团队的多元化建设，建立服务团队的分工与协作，加强团队建设，凝聚团队力量，提升团队的专业化、规范化能力，推进政府重视儿童社区服务人员成本的投入，建立可持续发展机制。

3.2 光影心陪伴，欢乐度童年

——儿童社区教育成长之周末观影服务

3.2.1 案例背景

学龄期（7～12岁）是儿童身心迅速成长的重要阶段，同时其生活范围也在逐步扩大，思考方式也更加客观、全面，对道德的判断也逐渐开始参考社会的基本道德准则并以此调节自身行为。电影作为一种新型的社会传播及影响媒介，已经日渐渗透到人们的生活中，它通过动态的影像和主题内容的呈现，激发视听体验、情感体验及价值导向等。爱因斯坦说过："电影作为一种对人类精神幼年时期的教育方法，是无与伦比的。因为电影可以使思想剧情化，这就比用任何其他的方式更容易为儿童所接受和理解。"电影作为一种有效的教育方式，对于儿童来说，优秀的儿童电影会让孩子们在欢笑愉悦中潜移默化地受到启发。

本案例以蜀山区五里墩街道家家景园社区儿童为对象。家家景园社区位于蜀山区中心地带，现有人口13000余人，学龄期儿童共有2667人，[①]约占总人口的20%，且辖区内多为商品房住宅小区，双职工家庭多，父母多忙于工作，疏于对儿童多层面的引导。基于儿童友好社区的打造，社会服务站立足社区，打造周末观影平台，以社区教育途径多元化的方式，促进社区儿童在视野、正向文化、自主自信等方面的成长和发展。

① 数据来源于2014年家家景园社居委计生数据。

3.2.2 问题需求分析

3.2.2.1 需求分析

社会工作者自2013年入驻社区以来，以辖区内学龄期的儿童及家庭为主要服务对象，以素质教育和社会参与类的社区教育服务为主，与儿童和家庭建立了良好的互动关系。辖区内儿童及其家庭的特性及需求表现总结如下。

1. 儿童层面

学龄期的儿童在生理、心理等方面都不成熟，但对周围事物保持有新鲜感和好奇心，此阶段儿童的课业任务一般，课余时间充足，是儿童增长知识，开阔视野，形成价值观、是非观等的关键时期。在儿童学龄期阶段，同伴之间的交往使儿童有机会进行社会性交往的练习，从而有助于提高其交往技能，影响儿童未来的个性、行为发展以及身心健康。

2. 家庭层面

社会工作者通过对社区的观察及调查发现，50%以上的儿童照顾者由于工作忙碌，无法抽出较多的时间陪伴儿童成长，影响到亲子之间的良性互动及缺乏对儿童身心等方面的科学教育管理。

3. 社区层面

社区教育作为家庭教育与学校教育的补充力量，基于儿童友好社区的理念，除必要地提供相应的服务空间外，更应该在服务形式上不断创新，以促进儿童在社区更好地玩耍和健康地成长。

3.2.2.2 理论支持

1. 社会学习理论

儿童社会行为的形成依赖于对他人行为模式的观察和学习。儿童通过观察某一行为，在认同这一行为的基础上进行模仿，并在未来类似情境中实践该行为；若行为获得相应的强化刺激，则能够保持下来并逐渐熟练掌握。[①]

电影作为大众媒体的一种常见手段，对儿童的行为以及价值观等有着很深刻的影响，通过优秀电影的播放和社会工作者对于电影中价值观等的引导，让儿童在观影之余学会明辨是非的能力，培养责任心和良好品质。

2. 社会化理论

社会化是指个体由最初的生物存在，通过知识、技能和社会规范的学习，成长和发展成为一名合格的社会成员，能够参与社会生活和社会文化活动、履行社会责任的过程。[②]儿童自出生后，就开始通过模仿和学习，逐步习得必要的生活知识和劳动技能，形成一定的价值观、人生观，遵守并内化各种社会规范，认识自己的地位、角色并尝试较好地实践该角色。从社会化的内容来看，儿童所要接受的社会化包括性别角色社会化、道德社会化、政治社会化、职业社会化和民族社会化等。

3.2.3 服务设计

3.2.3.1 服务目标

（1）以社区为本，整合资源，以周末观影这一行动策划为服务切入点，为儿童视野的拓展、良好行为规范的习得及遵守、心智人格的健全、同辈群体的交往等搭建了一个学习及社会化的服务平台，促进儿童不断地习得良好的行为规范及正向的价值文化等。

（2）以周末观影为载体，通过节日性活动及亲子互动活动，为儿童及其家庭增加沟通的渠道，促进亲子间的良性互动。

（3）以儿童自主、互助、自信、责任担当等方面的建立为导向，挖掘儿童的服务潜能，以社区社会组织的培育为最终成果，培育及发展儿童志愿服务类组织。

---

① 黄晓燕．儿童社会工作实务 [M]. 北京：中国社会出版社，2015：28.

② 黄晓燕．儿童社会工作实务 [M]. 北京：中国社会出版社，2015：31.

3.2.3.2 服务策略

1. 周末观影平台的建立

利用社区内两所小学，即凤凰城小学及颐和佳苑小学，以及社区微信、QQ 等公众平台，宣传服务内容，吸引服务对象参与。整合社区内场地资源，确定利用三楼会议室，每周六下午播放电影。

2. 优秀电影甄选

通过线上 QQ、微信平台发布甄选电影通知，线下在观影场地设置海选箱，鼓励儿童及家长参与到周末观影服务中，了解周末观影服务的目的和目标，加深服务对象的参与。同时，在双向作用下，也促使社会工作者能够更深入地了解服务对象的需求，发现社区儿童在成长过程中遇到的最真实、最迫切的问题，从而有针对性地开展服务活动。

3. 优秀电影播放

通过优秀电影播放，潜移默化地对儿童在行为规范、价值观、道德观等方面形成影响，同时在观影后，社会工作者引导儿童表达情感、认识电影中主人公身上的优秀品质。

4. 儿童志愿服务类组织培育

通过小小放映员的招募、培养、自助服务及自我管理等，培养一批有责任心、公益心，且能够支持周末观影服务开展的儿童及家长志愿者队伍。

3.2.3.3 服务流程

1. 初期阶段

（1）服务目标。增加周末观影的知晓度，吸引社区儿童的参与，初步搭建周末观影平台。

（2）计划安排。

方法 1：社区宣传和倡导。

技巧 1：制作、张贴海报，QQ、微信等网络平台宣传等。

方法 2：增加周末观影的趣味性。

技巧 2：通过访谈家长及儿童，选取认同度高的电影，在观影过程中增加趣味游戏。

2. 中期阶段

（1）服务目标。改善加强亲子沟通，实现教育管理的服务目标；加大服务对象参与度，挖掘服务对象潜能，发展志愿者团队。

（2）计划安排。

方法 1：在互动游戏环节、儿童观影感受分享等环节，引导儿童家长共同参与。

技巧 1：在环节设置上强调家长共同参与，在平台上开展其他类别的亲子活动，了解家长对周末观影服务的要求。

方法 2：对参与服务的儿童进行积分奖励。

技巧 2：引导参与观影的儿童承担部分工作，如签到、卫生打扫、秩序维持等，换取额外的积分。

3. 后期阶段

（1）服务目标。对在人际交往、行为习惯等方面遇到问题的服务对象进行支持。

（2）计划安排。

方法 1：在服务中，为有需求的儿童或其家庭提供个案服务。

技巧 1：建立个案服务档案，整合资源，动员家庭、学校等支持网络解决服务对象遭遇的困境问题。

方法 2：针对服务中对象表现的同质性问题提供小组服务。

技巧 2：根据观察以及服务对象反映的问题，开展人际交往、自信提升等小组活动。

4. 延伸阶段

（1）服务目标。挖掘平台内积极的儿童志愿者和家长参与者，为有意愿参与志愿服务的儿童提供机会，搭建志愿服务平台，促进儿童自我服务和对社区的认知和参与。

（2）计划安排。

方法：成立小小放映员儿童志愿服务队伍。

技巧：对小志愿者进行岗前培训，提升其服务能力；通过定期的团队建设，增加儿童的归属感。

3.2.3.4　服务实施

社会工作者组织的社区儿童服务贴近儿童群体，从普通儿童的身心发展需要出发，结合实际开展各类特色服务，力求通过周末观影平台及其延伸服务促进儿童群体发展、能力提升等，帮助他们更好地适应社会，建立良好的社会支持网络。

1. 基础类服务

社会工作者为社区儿童提供了一个朋辈群体交流的平台，让社区儿童有机会、有场所进行同辈学习，并且促进儿童的快乐成长。

（1）观影服务。所有社区儿童均可根据自己的喜好，以及自己的时间、爱好等免费参与观影服务，搭建基础服务平台。

（2）趣味游戏。在周末观影服务中，社会工作者设计了与电影内容息息相关、有助于儿童了解电影内容、提升儿童自信的趣味游戏，如成语接龙、你画我猜等团队游戏，促进儿童彼此熟识，搭建儿童的交流平台，增强儿童的团队协作意识。

（3）手工制作。在周末观影平台，结合电影主题，不定期地开展提升儿童动手能力、激发儿童热情、倡导亲子互动的手工制作活动，如六一制作面具、环保小发明制作等，培养儿童的创造精神，搭建亲子互动平台。

2. 提升类服务

社会工作者在平台服务的基础上，就服务对象表现出的个人或群体同质性问题提供个案、小组等专业社工服务，增强儿童解决问题的能力。

（1）人际交往类小组。对独生子女、性格内向、希望能够扩展人际交往范围的服务对象采用小组的形式，聚焦儿童在人际交往中遇到的如何分享、如何与同辈群体相处等焦点问题，通过游戏、情景剧等，了解在人际交往中受欢迎及不被喜欢的行为举止等。

（2）自信提升类团体活动。自信心缺乏是目前很多儿童面临的问题，社会工作者利用朗诵、唱歌、讲故事等需要在公共场合表现自己的机会，鼓励儿童参与，采取正向奖励的方式，树立儿童自信心。

（3）志愿类服务。目前，大多数的社区服务多为给予式服务，导致居民参与志愿服务的路径较少。社会工作者对平台中表现出有责任心、有公益心的儿童及其家庭提供参与社区服务的平台。通过招募挖掘热心公益的服务对象，以小小放映员的培育及观影平台的自主运营为目的，通过培训提升儿童的服务能力与水平，实现周末观影的自我服务以及小小放映员的自我管理。通过定期的团队建设，解决小小放映员在服务中遇到的困难，提升儿童参与志愿服务的积极性，增强儿童对服务的归属感。

3.2.4 服务评估与反思

3.2.4.1 评估方式

社会工作者通过服务前期调查、服务的满意度调查、每次活动服务对象的参与率、志愿者的招募与使用情况等相关的工具来评估服务执行的效果。

3.2.4.2 目标及成效达成情况

（1）搭建了社区儿童周末观影的服务平台且持续运营，周末观影活动开展以来，获得了社区居民的大力支持，自 2013 年 12 月起，累计播放电影 84 期。

（2）通过周末观影，使社区儿童全面发展。通过每周的观影服务，儿童欣赏到不同世界的人物、风景，开阔了眼界，丰富了知识。电影里的角色也对社区儿童产生了或大或小的影响。儿童在观影中不仅欣赏了优秀的电影文化，还在集体互动中认识了更多的同辈群体，增强了与父母间的互动，得到了双倍的快乐。

（3）志愿者队伍建立并完善，且实现自我管理和运营。社区儿童积极观影，并乐于参与到周末观影活动的放映管理过程中。周末观影不但吸纳了一批忠实的观众，而且还培养了许多敬业的小小放映员。小放映员一方面自我督促，另一方面通过自己影响其他人，使周末观影活动室欢乐却秩序井然。

3.2.4.3　专业反思

1. 如何挖掘服务对象的潜能

在社会工作优势视角下，每个人都具有解决问题的能力、成长的动力和抗挫折的能力。社会工作者在面对服务对象的困境及问题时，首先要找出服务对象的优点和特长，帮助服务对象了解自己的问题、关系网络等，激发服务对象改变的内在动力，树立服务对象的自信心，真正做到助人自助。

2. 儿童参与志愿服务需要注意什么

儿童参与社区志愿服务中，首先要取得家庭的同意及支持。社会工作者也需要对儿童进行全方面的评估，看其是否合适参与到志愿服务中。在参与志愿服务过程中，社会工作者要及时跟进儿童志愿者遇到的问题，及时进行团队经验分享和团队问题处理等，增强儿童参与志愿服务的积极性。

3.3 助力成长“妈妈帮”

——社区儿童家长支持服务①

3.3.1 案例背景

家庭对孩子的成长至关重要，它担负着对孩子的生活起居和健康成长的任务，对孩子的行为习惯、品格养成起着决定性的作用。而对 3 ～ 12 岁的儿童来说，爸爸妈妈对其影响更为重要，良好的家庭关系、融洽的亲子关系都是儿童健康成长必不可少的条件。

笔架山街道社会服务中心②所在的天鹅湖社区 3 ～ 12 岁儿童人数约 2600 名，占总人数的 13%；独生子女家庭占总人数的 98% 以上；“80 后”年轻家庭占辖区总人数的 80% 以上。因生活压力大，父母常年忙于工作，社区内大约 75% 的儿童都由爷爷奶奶或亲属照顾，亲子陪伴、互动不足，对待孩子的教育问题往往功利心较大，物资投入高，情感投入缺乏，注重学习成绩，忽视了身心健康教育。综合分析得出，该社区 3 ～ 6 岁儿童需求主要体现在早期教育、习惯培养、亲子陪伴互动等方面，7 ～ 12 岁儿童的需求主要体现在行为习惯的发展、心理健康支持、人际交往、亲子关系辅导等方面。

社会工作者在天鹅湖社区驻点以来，已经开展了经典诵读、图书与绘本阅读、兴趣培养等素质教育服务。在这些服务平台上，社会工作者发现

① 本案例来自合肥市蜀山区民生社会工作服务社具体负责执行的合肥市社会组织发展基金会项目“笔架山街道社区学院项目”，项目落地于合肥市蜀山区笔架山街道天鹅湖社区，项目周期：2016 年 8 月至 2017 年 7 月。

② 依据合肥市“1+4”文件政策，合肥市蜀山区民生社会工作服务社与合肥市蜀山区笔架山街道于 2014 年 9 月达成合作意向，由街道挂牌成立街道级社会服务中心，并提供相应的服务场地及购买服务经费，民生社会工作服务社派驻专业社会工作者入驻社区开展社区服务。

孩子的很多问题其实来源于家长及家庭教育，所以家长的教育理念、教育方式对孩子的成长非常重要。在服务过程中，社会工作者也接触到很多有想法、有成功教育经验、乐于分享的家长。在此背景下，社会工作者计划在儿童服务的基础上延伸开展家长服务，搭建一个家长支持互助的平台。

3.3.2 问题需求分析

该项服务主要针对社区 3 ～ 12 岁儿童家长，社会工作者主要通过前期儿童服务的开展接触了解儿童的家庭环境和家长教养方式，从中发现有关家长在教育孩子过程中的问题及需求：

（1）家长教育意识不够，学习动机不足。很多父母觉得教育孩子就是花大价钱把孩子送去好的学校、专门的教育机构，狭隘地理解儿童教育。

（2）学习时间不足，家庭成员意见不统一。很多社区双职工家庭，家长忙于工作，没时间参与孩子的教育。社区儿童服务的开展也多半是老人陪同与接送，孩子出现问题，家庭成员之间意见不一致，削弱了家庭教育应有的合力。

（3）学习方式单一，学习内容不系统。部分家长也很关心孩子的问题，希望学习关于孩子教育的方法和技巧。一般通过购买书籍和网上查询资料进行学习，存在病急乱投医的现象。殊不知孩子的问题是系统问题，不能割裂开来。

从以上问题分析来看，发挥家长在孩子成长教育方面的作用，成为开展儿童服务不可或缺的一部分，社会工作者在介入的过程中可根据儿童服务过程的具体需要进行更具针对性的设计。

3.3.3 服务设计

3.3.3.1 服务目标

通过对家长的教育支持解决儿童服务中遇到的共性问题，改善儿童的家庭教育环境，促进社区教育中亲子教育的发展。

（1）从儿童现有的服务平台上挖掘家长教育的问题及需求，通过链接资源、开展各种形式的教育活动来解决问题、满足需求。

（2）搭建一个家长互助自助平台，促进家长之间关于儿童教育、教养经验的分享交流。

（3）培育核心家长志愿者、组织，参与到儿童服务当中。

3.3.3.2 理论基础

1. 生态系统论

生态系统理论认为，人的生态系统可分为微观、中观和宏观 3 种类型，这 3 种系统之间相互联系、相互制约影响。家庭和社区就是中观和宏观系统的代表，社会工作关注人与环境的互动。[①] 社会工作者具有较强的链接资源能力，通过整合社区的各类资源，借助社区服务平台，为社区家庭提供理念及方法上的亲子教育指导。

2. 符号互动论

社会互动是指社会上个人与个人、个人与群体、群体与群体之间通过信息的传播而发生的相互依赖性的社会交往活动。在互动过程中，人们往往从自己所认识到的他人对自己的态度和看法之中来认识自己，形成并修改自我概念。米德认为，人类个体总是不断地进行着自我反省、自我反思、自我控制。[②] 儿童的社会互动开始于家庭，亲子沟通是最原始的社会互动，儿童的行为变化与家长对其行为的评价与态度是密切相关的。家长掌握科学的沟通方式及沟通技巧，在亲子关系的建立与维持中，将会取得事半功倍的效果。

---

① 全国社会工作者职业水平考试教材编写组．社会工作实务．[M] 北京：中国社会出版社，2010：104 ～ 107.

② 田淑梅，刘波平．小组社会工作．[M] 哈尔滨：东北林业大学出版社，2011：44 ～ 45.

3.3.3.3 服务策略

1. 家长小组

以儿童平台服务过程中遇到的问题和困难为出发点，通过小组工作形式，便于家长在实践运用过程中及时反馈达到的成效及新出现的问题，更具针对性地解决与支持。

2. 专题讲座

以知识讲解和技术方法的传授为主，针对家长普遍关注的内容，链接相关领域资深专家、教育工作者，进行全面深入的讲座培训。

3. 家长沙龙

不同于讲座培训，该形式注重以家长的参与为主，沙龙的氛围较其他几种形式更为轻松，带领者鼓励参与的家长既可以提出问题，也可以结合自身的家庭教育经验提供方法和建议。

4. 微课堂

链接专业教育资源，围绕家长平时在儿童教育中遇到的共性问题，通过微信群开展课程分享。语音、文字、图片相结合，形式既简单快捷，又方便记录留存，不受时间和场地限制，受益对象人数更多、更广。

3.3.3.4 服务流程

1. 初期阶段

（1）服务目标。通过已经开展的儿童平台服务接触家长群体；针对人数固定的、阶段性参与的儿童服务，让家长了解孩子在服务参与过程中的状态、行为习惯以及存在的问题，通过小组、讲座等方式让家长参与学习。

（2）计划安排。在儿童经典诵读服务过程中出现的儿童注意力不集中、诵读习惯养成难以持续等问题。针对参与诵读服务的儿童家长开展小组活动及讲座培训，帮助了解诵读理念及科学的指导方法。

2. 中期阶段

（1）服务目标。针对普通的、参与范围广、服务对象人数多的儿童平台服务（例如亲子绘本阅读、学龄儿童阅读等），链接相应领域的专业人员通过讲座培训的形式为家长提供正确的方法和技巧。

（2）计划安排。针对 3 ～ 6 岁儿童家长开展亲子绘本阅读技巧类讲座培训；针对 7 ～ 12 岁学龄儿童家长开展儿童阅读习惯培养、阅读书籍选择等方面的讲座培训。

3. 后期阶段

（1）服务目标。为前期儿童基础服务中接触到的家长群体搭建学习交流平台，挖掘亲子教育、家庭教育方面的共性问题及需求，通过微课、沙龙等形式提供支持互助。

（2）计划安排。

1）通过微信、QQ 等网络平台建立家长群、组。

2）调查家长在儿童教育过程中遇到的问题及需求，进行统计分类。

3）链接相关领域的专业人员，确定课程主题及内容形式，定期开展分享交流。

3.3.3.5　服务计划实施过程

1. 经典诵读儿童家长小组

（1）需求评估：在经典诵读服务开展的中期阶段，服务人员发现了儿童的一些行为习惯及问题反复出现的情况，课堂上的引导已经不足以解决相关问题。

（2）参与对象：经典诵读班儿童家长。

（3）小组目标：通过小组活动使服务对象认识到自己对经典诵读理念的理解偏差对孩子行为习惯可能造成的影响，学习和分享经典诵读理念的成功经验，纠正部分服务对象的理解偏差，更好地培养子女的经典诵读理念。

（4）内容形式：第一、第二节课，专家通过直接讲解让家长了解经典诵读的分阶段原理，尤其是对儿童行为习惯养成的促进作用；第三节课，家长通过孩子在家里的诵读表现，在小组中反映观察到的具体现象，对照诵读分阶段原理分析，找到相应的方法和技巧；第四节课，家长们对所掌握的技巧进行实践后的效果反馈，同时分享自己在陪伴、引导孩子诵读时好的经验。

2. 儿童阅读兴趣培养指导讲座

（1）需求评估：为了推广阅读，社会工作者针对学龄前和学龄阶段儿童青少年搭建了两大图书阅读平台，平台搭建后，引导家长和儿童进行正确地阅读，家长培养孩子的阅读习惯成为新的服务需求。

（2）参与对象：3 ～ 12 岁儿童及家长。

（3）服务目标：宣传阅读理念，让家长了解阅读的重要性；通过分享让家长掌握亲子阅读的技巧及如何培养孩子的阅读习惯；宣传图书阅读平台，吸引更多的服务对象参与。

（4）内容形式：相关主题的讲座有针对 3 ～ 6 岁亲子家庭的“亲子阅读技巧及阅读兴趣的培养”以及针对学龄阶段的“书香童年——家庭式阅读探讨”；形式以老师讲解为主，结合互动演示、PPT 展示及家长咨询。

3.“妈妈帮”微课堂

（1）需求评估：天鹅湖社区的儿童服务宣传重点是线上平台，例如 QQ 群及微信，综合双职工家庭较多、家长平日工作繁忙的特点，讲座及小组沙龙的形式无法满足他们的需求，所以结合微信群搭建交流学习平台。

（2）参与对象：社区儿童家长。

（3）服务目标：为有需要的家长提供便捷的网络学习交流平台；针对平日里家长遇到的各种儿童学习教育、行为习惯养成等方面的问题进行分享交流。

（4）内容形式。

1）微课堂：链接到辖区内情商教育机构的专业老师资源，定期在微信群内开展课程分享，主题是家长平时在儿童教育中遇到的共性问题。例如，如何与孩子有效沟通、儿童抗挫折能力培养、如何给孩子定规矩、如何处理生气情绪等。微信语音分享的形式既简单快捷，又方便记录留存，家长们听分享内容也不受时间和场地限制，受益对象人数更多、更广。

2）每日分享：这一形式是对微课的补充，以文字、图片的形式定期在群内发布主题分享，目的是促进成员之间的交流，在抛出问题的同时引发讨论与思考。

4.“如何处理三世同堂家庭关系”沙龙

（1）需求评估：社区三世同堂的家庭较为普遍，在儿童基础服务过程中，社会工作者也接触到不同的家长，对比孩子在（外）祖父母和父母看护教养下的不同状态，意识到三世同堂家庭的成员在儿童教养观念不同的情况下会产生的一系列问题。

（2）参与对象：三世同堂家庭不同辈分的家长。

（3）服务目标：引导三世同堂家庭中不同辈分的家长认识到家庭教育的重要性，发现问题；促进家长之间加强沟通交流，讨论分享解决问题的办法，掌握处理问题的方法和技巧。

（4）内容形式：以家长为主体，围绕特定主题反映问题、表达感受、分享经验，社会工作者与专业老师进行总结梳理，过程中注重引导成员表达更多内容、防止偏题等。

3.3.4 服务评估与反思

3.3.4.1 评估方法

社会工作者自评与服务对象反馈相结合，过程评估与结果评估相结合。针对不同形式的活动选取以下 4 种方式进行评估：

（1）让参与者填写评估问卷，在问卷设计上，既涉及对活动每一个环节的评价，也涉及对活动整体的评价及对社会工作者态度的评价等内容。

（2）在活动最后的分享环节听取参与者对活动的意见与建议。

（3）社会工作者及志愿者对活动全程进行观察及分析。

（4）通过与参与者进行私下沟通，了解他们对活动的感受、意见、建议等。

3.3.4.2 目标达成情况及成效

（1）通过阅读指导讲座等形式的家长培训，为小天鹅阅趣馆[①]及小天鹅读书吧[②]等少儿服务平台吸引了近300名儿童读者会员，在推广公益阅读理念的同时，也为家长提供了正确的方法指引。

（2）在微课堂和家长专题沙龙中，社会工作者引进专业儿童情商培养机构的教师资源，为200多名家长提供20个有关儿童教育、情绪管理、能力培养等方面的主题课程。所有主题均来自家长在日常生活中遇到的共性问题及需求，且微信语音分享避免了场地和时间限制，便于双职工家庭忙于工作的家长参与进来。

3.3.4.3 专业反思

“妈妈帮”家长支持服务作为天鹅湖社区服务中社会工作者设计的一个子服务项目存在，将家庭亲子教育这块单列出来，形成一个清楚的体系，最终目的还是服务于儿童这一群体，以对家长的教育的角度解决儿童的问题，立意新颖，打破了以往项目主体单一的常规思路。

在家长眼里，孩子的问题产生在于他们自控能力不足，抵制不住诱惑，或者是缺乏学习兴趣的培养。儿童服务对象的主体虽然是儿童，但对于心智尚未健全的他们，家长不应该要求太多。儿童问题的产生在于家长没有真正地倾听、了解他们，作为服务对象主体的影响因素，从家长的角度挖掘问题的根源，相对于以往一味地从孩子身上着手，更具有创新性。

---

① 小天鹅阅趣馆于2014年10月成立，是专为社区3～6岁儿童及其家长提供的以儿童绘本阅读、亲子阅读及经典诵读为中心的公益性社区教育服务。旨在全面提高学龄前儿童（3～6岁儿童）及学龄儿童（6～12岁）的阅读水平，推广早期阅读、快乐阅读和非功利阅读的理念，立足社区教育，培养儿童的阅读习惯、激发儿童的阅读兴趣，提升儿童的阅读能力。

② 小海豚读书吧于2016年4月成立，是针对6～14岁学龄儿童开设的图书借阅分享平台，目前已有会员160人，藏书2000余册，包含儿童文学、科普、艺术等各种类型，旨在为社区学龄儿童打造家门口的图书角；同时还延伸开展儿童志愿服务培育工作，培养儿童作为图书管理员，负责图书借阅、书籍整理、新书推荐等工作，在培养孩子阅读兴趣的同时锻炼儿童的责任意识，将公益阅读理念进一步传播推广。

从服务内容来看，社会工作者针对辖区内儿童家庭的实际情况，采用多种形式结合的方式，使服务受益面更广，每一种形式都有针对性的受益人群。

3.4　一孩一家庭，一家一社区

——儿童社区参与之义卖服务

3.4.1　案例背景

合肥市滨湖世纪社区于 2012 年 12 月经合肥市委、市政府批准设立，区域面积约 6 平方千米，现有常住人口约 12.7 万人。滨湖世纪社区作为一个典型的人口导入型移民新社区，70% 以上的人来自合肥市外，互熟度低，诉求多元，其中大部分人是因为子女入学教育需要移居到此。

滨湖世纪社区在成立的同时引进社会工作者为居民开展服务，儿童社会工作者在前期设计服务活动时，发现学龄前儿童及其家长乐于参加社区活动，因此策划了一系列学龄前儿童服务活动（如环保手工、秋叶贴画、圣诞老人来我家等），设想“一个孩子带动一个家庭，一个家庭带动一个社区”的理念，让学龄前儿童认知社区，结交新同伴，渐渐带动家庭参与社区，融入社区。

在参加服务活动的过程中，基于很多家长和儿童反映生活中废旧二手物品浪费的问题，社会工作者和家长、儿童一起讨论商定以开展“废物利用，儿童义卖”为切入点，一方面可以提高废旧物品的利用率，提升环保意识；另一方面能够满足儿童社区参与，在爱心义卖的过程中培养他们的奉献助人意识，提高对社区的归属感。

3.4.2　问题需求分析

3.4.2.1　问题分析

滨湖世纪社区作为一个外来人口社区，居民来自五湖四海，他们彼此并不熟识，社会工作者前期在设计策划服务活动的过程中，发现学龄期儿童群体开始对周围的事物充满了好奇心，对同伴间的交往以及社区参与、社区认知类的活动有了一定的需求。基于家长反映的家中有很多孩子闲置的玩具、书籍等物品，社会工作者、家长、小朋友一起讨论决定以开展儿童爱心义卖的形式来满足儿童以上几方面的需求。社区儿童爱心义卖活动的参加者主要是滨湖世纪社区学龄期的儿童。学龄期阶段是整个儿童期十分重要的发展阶段。该阶段也是儿童形成正确的价值观、是非观、人生观以及开阔视野的关键时期。同时，在这一阶段，同伴群体对于个体的影响也越来越大。同伴之间的交往使儿童有机会进行社会性交往的练习，从而有助于提高其交往技能，影响儿童未来的个性、行为发展以及身心健康。可见，关注儿童身心健康成长并为其创造一个良好的成长发展环境已经成为社区、家庭的必然需求。

3.4.2.2 理论基础

埃里克森人格发展理论认为，儿童在学龄前这一阶段的重要任务是学习重要的知识、技能和生存技巧，勤奋感超越自卑感。[①] 在爱心义卖活动中，儿童可以获得一种在社会交往中满怀信心地同别人一起寻求各种劳动职业做准备的勤奋感，并学会尊重劳动。

3.4.3 服务设计

3.4.3.1 服务目标

1. 总体目标

通过社区儿童义卖活动调动儿童和家长参与社区公共事务的积极性和主动性，增强儿童的社区认知能力，提高儿童“积小爱，成大爱”的奉献意识。培养 3 ～ 5 名居民骨干，同时组建一支志愿者团队，成立“V 爱行动　爱心义卖”互助组织及善款使用监督委员会。

① 全国社会工作者职业水平考试教材编写组．社会工作综合能力 [M]. 北京：中国社会出版社，2010：75.

2. 次级目标

（1）儿童层面：培养儿童的语言表达能力及与人交往能力；让儿童在活动中更好地体验劳动的艰辛，学会尊重劳动；锻炼儿童的胆量及基本的运算能力等。

（2）家长层面：培养 3 ～ 5 位有能力、愿奉献的居民骨干。

（3）社区层面：由居民骨干牵头成立“V 爱行动　爱心义卖”互助组织及善款使用监督委员会。

3.4.3.2　服务策略

服务策略如图 3.1 所示。

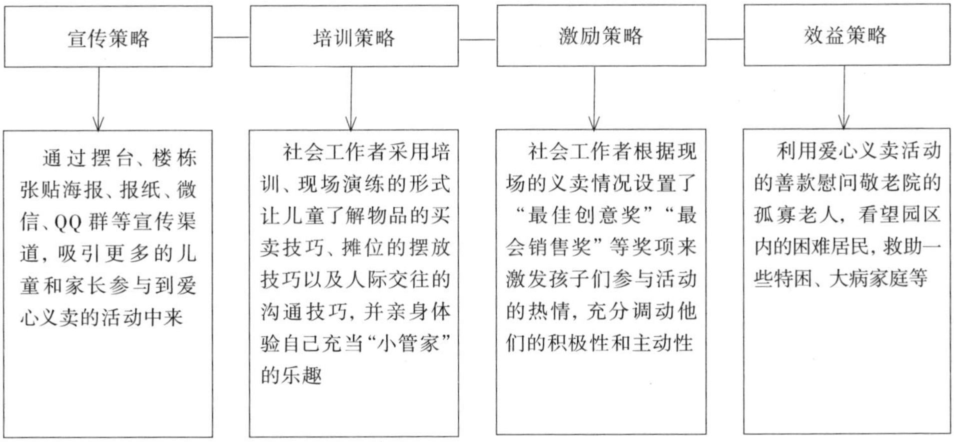

图 3.1　社区儿童义卖活动服务策略

3.4.3.3　服务流程及实施过程

1. 初期阶段——广泛宣传，吸引居民参加

（1）服务目标。社会工作者设计策划爱心义卖的活动，吸引社区儿童及其家长来参加。

(2）计划安排。

1）社会工作者策划宣传爱心义卖的活动，并通过张贴海报、摆台宣传、电话、QQ 群等宣传途径来宣传活动。

2）针对此次活动，社会工作者提前准备好培训的主题，如物品买卖技巧、摊位布置技巧等，通知报名的小朋友来参加。

3）社会工作者搭建活动场地，为前来的小朋友、家长做好准备，叮嘱小朋友按照要求积极投入。

4）义卖的善款由社会工作者和家长一起清点。后期社会工作者提供慰问名单，共同商量资金去向和使用。

5）活动结束后，清理场地。

2. 中期阶段——充分调动，鼓励居民参与

(1）服务目标。在儿童和家长参加活动的过程中，注重发挥他们的积极性和主动性，让他们真正参与到活动中来，并在活动中发掘培养居民骨干。

(2）计划安排。

1）爱心义卖活动的设计与策划由社会工作者带着家长和小朋友一起讨论决定，社会工作者由前期的主导者角色转变为指导者的角色。

2）对于此次活动要培训的内容，社会工作者充分听取家长和小朋友的意见，根据他们的需求来设计策划培训课程。

3）活动开始前，社会工作者召集家长、小朋友召开活动分工会，由大家一起完成活动中的签到、摊位布置与摆放、物品整理与定价等工作。

4）活动中，家长与社会工作者一起用拍照的形式记录孩子成长的过程，家长之间也学会相互分享，同时根据儿童在义卖中的表现评选出“最佳创意奖”“最佳诚信奖”“最会销售奖”等奖项。

5）活动结束后，家长和社会工作者一起清点善款，收拾整理活动场地，搬回活动物资。

6）社会工作者召集小朋友和家长及时召开活动分享会，将前期收集的照片制作成视频，带领大家一起回顾活动中的精彩场景，进一步提高儿童和家长对此项活动的认同感。

7）家长、小朋友根据社会工作者提供的慰问备选名单，共同商量慰问对象，家长自主组织购买慰问物品，在社会工作者协助下探访慰问困难对象。

3. 后期阶段——科学指导，助力居民自治

（1）服务目标。鼓励居民骨干自己设计、策划活动，并引导他们组建一支志愿者队伍，成立“V 爱行动　爱心义卖”互助组织及善款使用监督委员会。

（2）计划安排。

1）由居民骨干提出活动创意，邀请社会工作者给予意见或其他方面的支持，此时的社会工作者由前期主导者的角色、中期指导者的角色转变为后期支持者的角色。

2）对于活动前义卖技巧的培训，居民骨干在征求儿童意见后自己开展，社会工作者则提供场地、技术上的支持。

3）活动前的分工会、活动后的分享会等由居民骨干牵头召开，社会工作者提供场地、技术上的支持。

4）活动后善款的整理及辖区困难群体的救助由居民骨干带着其他家长和小朋友一起完成，在慰问当天还鼓励小朋友现场为救助对象表演节目。

5）通过一系列的服务活动，居民骨干的管理能力、组织能力、沟通交际能力以及自我管理的意识有了进一步提升。社会工作者则引导他们组建一支志愿者团队，成立“V 爱行动　爱心义卖”互助组织及善款使用监督委员会。

4. 延伸阶段

（1）服务目标。爱心义卖筹集的善款除了用于园区困难居民的生活救助外，还可用于敬老院老人的慰问、儿童阅览室书籍的购买、困难家庭子女教育的资助等。

（2）计划安排。

1）提前做好需要救助人群的需求调研，根据他们的实际需求情况给予一定的资助和慰问。

2）对于筹集善款的数额及去向本着公开、公正、公平的原则及时进行公示。

3.4.4 服务评估

3.4.4.1 评估方式及内容

1. 社会工作者自评

社会工作者根据服务活动的目标达成情况、具体开展情况、居民参与情况、专业手法运用情况等撰写自评报告。

2. 活动满意度调查

从服务活动的设计形式、宣传方式以及活动的创意、意义、影响等方面设计成一份活动满意度调查问卷，随机抽取若干名活动参与者进行问卷调查。

3.4.4.2 总体目标达成情况

1. 儿童层面

通过此次活动充分调动了小朋友的积极性，在参与活动的过程中不仅提高了他们的语言表达能力和人际交往能力，锻炼了他们的胆量及基本的运算能力，而且培养了他们“积小爱、成大爱”的奉献意识。

2. 家长层面

在活动中成功培养出 3 名居民骨干。

3. 社区层面

成立了“V 爱行动　爱心义卖”互助组织及爱心义卖善款使用监督委员会。爱心义卖筹集到的善款也真正帮助了那些需要帮助的人群。

3.4.4.3 总结反思

1. 社会工作者角色的转变

在一系列服务活动的开展及社区社会组织孵化培育的过程中，社会工作者的角色转变很重要，由前期社会工作者自己设计策划活动，通知居民参加的主导者，到邀请居民一起参与设计策划的指导者，再到鼓励居民自己设计策划，社会工作者给予意见、建议的引导者和支持者，在这种角色转化的过程中社会工作者要注重引导居民的参与和想法的表达，避免出现居民积极者的焦虑心理。要与居民建立良好的沟通机制，不断引导和培养他们的自治意识和自治能力，让他们在服务活动的过程中能够体现出个人的人生价值。

2. 服务成效及后续跟进情况

社区儿童义卖活动在一定程度上调动了儿童和家长参与社区公共事务的积极性和主动性，增强了儿童的社区认知能力。在服务过程中培养出了 3 名居民骨干，成立了"V 爱行动　爱心义卖"互助组织及善款使用监督委员会。但对于组织后续的发展，以及如何进一步提升居民骨干的自治能力，让组织规范、持续、有效运作，需要社会工作者后期持续地跟踪与支持。

第 4 章
正向三维矫正

社区矫正最早是西方国家推行的一种刑罚执行方式。以往，我国的刑罚制度中虽包含了管制、缓刑、假释等社区矫正的内容，但未使用社区矫正的名称。自20世纪七八十年代以来，随着刑罚制度的创新，社区矫正成为探索和创新的一个重要模式。我国在学习和借鉴国外先进经验的基础上，结合实际国情开展了具有中国特色的社区矫正工作。2003年，我国在北京、天津、上海、江苏、浙江和山东6个省市实行社区矫正试点工作，紧接着又开展了第二批和第三批试点，目前，社区矫正工作已在全国范围内展开。各地区在党委、政府的领导下，由司法行政机关指导并组织实施。

社区矫正对于提高罪犯改造质量，预防和减少重新犯罪，促使其顺利回归、适应、融入社会生活等方面具有重大意义。然而，相比发达国家或地区，这项具有划时代意义的刑罚制度的改革和创新在我国目前尚属起步阶段，仍有大量的理论和实践问题需要探索和研究，集中表现在制度体系的完善性、工作机制的合理性、社区矫正队伍建设滞后性等方面；《社区矫正实施办法》中关于社区服刑人员每月要求的8小时集中教育及公益劳动两项要求的适切性和操作性问题有待解决。

政府推动购买专业社会力量介入社区矫正服务后，社会工作者作为主要力量参与社区矫正工作，并积极整合多方资源开展社区矫正工作，在矫正对象的心理调适、生活帮扶、社区融入、社会适应等方面发挥了重要的作用，与司法干警的分工合作相得益彰。同时，充分联合其他社会力量参与，构建一支架构合理的社区矫正队伍。如何进一步厘清并实现《社区矫正实施办法》中第三十九条指出的各级人民法院、人民检察院、公安机关、司法行政机关应当切实加强对社区矫正工作的组织领导，健全工作机制，明确工作机构，配备工作人员，落实工作经费，保障社区矫正工作的顺利开展，是社区矫正实践中值得反思与探索的问题。

4.1 “1+1+N”社区矫正社会工作服务模式

——“彩虹行动”社区矫正项目服务经验模式

4.1.1 项目背景

4.1.1.1 项目由来

自 2003 年最高人民法院、最高人民检察院、公安部、司法部联合下发《关于开展社区矫正试点工作的通知》以来，社区矫正工作在全国拉开帷幕；2005 年年初，4 部门又联合下发《关于扩大社区矫正试点范围的通知》，安徽省作为第二批试点省份，开始探索社区矫正工作，合肥市是其中试点单位之一；2006 年 5 月，中共合肥市委办公厅、合肥市人民政府办公厅印发了《关于〈合肥市社区矫正试点工作实施方案〉的通知》，开启了合肥市社区矫正工作的新篇章。蜀山区司法局为进一步规范和提升社区矫正工作的专业化与职业化水平，有效推动落实省市推进社区矫正工作的有关要求，有意向引进专业社会工作机构的职业社会工作者介入社区矫正工作，于 2013 年年底与合肥市蜀山区民生社会工作服务社负责人进行首轮洽谈。2014 年 4 月，民生社会工作服务社与合肥市蜀山区司法局达成合作意向，项目计划落点在蜀山区西园街道。

4.1.1.2 介入前西园街道社区矫正工作开展情况

蜀山区西园街道位于蜀山区中部，2008 年 5 月进行区划调整后下辖美虹、光明、安居苑、汉嘉、七里塘、岳西新村共 6 个社区，辖区面积 3.431 平方千米，人口 41158 人。[①]自开展社区矫正工作以来，平均每年社区在矫对象约 40 人。西园街道司法所和其他街道面临同样的问题，由于街道工

① 资料来源：合肥市蜀山区西园街道网站，http://www.hfss.gov.cn/TMP/Nav_zhenjielanmu.shtml?SS_ID=133&catalogId=4.

作人员紧张，仅能指派1名司法干警负责社区矫正人员的日常考核管理，同时还要负责安置帮教、综治维稳及信访等其他方面工作；社区工作人员同样是一肩挑数职，单从时间、精力上看，能确保社区矫正人员“不脱管，不漏管，不虚管”已显得捉襟见肘，很难确保对每个矫正对象具体跟进评估并提供教育帮扶；虽然建有心理咨询中心，配有专业的心理咨询师，但服务机制不健全，一般以矫正对象的主观意愿为主，而客观上心理咨询服务尚未引起大众的足够重视，所以这种主观意愿往往难以变成“主观求助”，实践中接受心理咨询服务的矫正对象比例不高。因此，面对现实困境，社区矫正工作难以确保任务和成效目标并重。

4.1.2 项目运作方式

由蜀山区司法局牵头，西园街道司法所具体负责，街道司法干警主要负责社区矫正日常行政管理工作；教育帮扶等工作委托给专业的社会组织开展，通过政府购买社会组织服务，采取购买职业社工岗位和社工服务项目相结合的方式，探索和创新社区矫正模式。

根据双方达成的协议，西园街道司法所购买专职司法社工1名，蜀山区司法局给予资金支持。至2014年6月，民生社工派驻了1名专职社会工作者负责蜀山区西园街道社区矫正服务项目“彩虹行动”[①]的开展。蜀山区西园街道引进职业社会工作者介入开展社区矫正工作，在全市乃至全省属于首创。

4.1.3 项目基本情况

4.1.3.1 实施范围与服务对象

本项目以蜀山区西园街道为试点单位，服务对象为西园街道辖区内的所有社区矫正对象。自2014年4月至2016年12月，西园街道共接收矫正人员89人，已解矫53人。

① “彩虹行动”是蜀山区司法局和西园街道司法所购买社会工作参与社区矫正的项目名称。

4.1.3.2　项目目标

1. 总体目标

（1）通过购买社会组织的教育帮扶服务，配合社区矫正刑罚执行工作，推动社区矫正对象顺利回归社会、融入社会。

（2）创新社区矫正工作手段，推动社区矫正的专业化、社会化，探索和创新社区矫正模式。

2. 具体目标

（1）通过多种形式，矫正社区矫正对象的不良心理与行为，完善其人格，重新建构生命意义，成为守法公民。

（2）整合社会资源，帮助社区矫正对象解决在就业、生活、家庭、社会回归等方面遇到的困难与问题。

（3）协助提升社区矫正对象感恩他人、回报社会，增强社会责任感，防止重犯，促进社会和谐。

4.1.3.3　项目内容

项目根据前期调研评估，运用社会工作理念与方法对社区矫正对象开展社区矫正教育帮扶工作，具体内容包括：

（1）基本信息采录与更新。

（2）对象探访与综合评估。

（3）生活帮扶与社会救助。

（4）家庭关系协调与辅导。

（5）就业与社会融入辅导。

（6）心理辅导与行为矫正。

（7）感化教育与社会教育。

（8）政策倡导与宣传。

4.1.3.4　项目周期

项目以 1 年为周期。项目运作 1 年周期满后，由西园街道司法所及其委托的第三方评估机构负责评估项目成效，根据项目评估结果，西园街道司法所决定项目继续合作事宜。[①]

4.1.4 主要做法

4.1.4.1 服务理念

尊重接纳、赋权增能、去标签化、协同服务、社区融入。

4.1.4.2 服务阶段与任务

1. 入矫报道

司法干警接收矫正对象材料后，转介给职业社会工作者，共同上门完成核实矫正对象基本情况的任务；社会工作者与矫正对象建立专业关系，并更新与补充矫正对象个人档案，界定主要问题，预估其服务需求。

2. 矫正期间

社会工作者与矫正对象一起制订服务计划，在司法干警的协助下，联合志愿者、心理医生、矫正对象亲友等多方资源开展教育与帮扶工作，如日常走访、个案帮扶；组织开展社区服务及集中教育等集体活动，促进矫正对象积极改变，帮助其顺利度过矫正期。

3. 解矫期间

社会工作者提供矫正对象矫正期间的表现报告作为司法局解矫的参考依据之一，并与司法干警商讨结案事宜（部分提前结案或推迟结案），按照流程结案并出具结案报告；此外，组织解矫互动小组，举办解矫欢送仪式，帮助解矫人员在反思中成长，提高在矫人员警惕性，鼓励他们以更加积极的心态面对过去、现在及未来。

4.1.4.3 服务模式

社区矫正工作是一项综合性工作，需要司法部门、公安干警、社会力量

① 截至2017年6月30日，合同仍在续约中。

的多重结合，项目引入专业社工服务机构，以岗位购买与项目购买的方式推动服务开展；需要基层司法干部、职业社工、专家学者和志愿者等力量的通力合作，项目采取“1+1+N”的运作模式开展服务。具体而言，“1+1+N”的运作模式即以基层司法干部为核心，以职业社会工作者为支撑，以心理咨询等专家、社区、家庭成员等力量为补充，如图 4.1 所示。

1. 街道司法干警

街道司法干警主要负责社区服刑人员的接收、手续办理、走访核查、信息登记等日常管理工作以及监督考察工作；承担职业社会工作者在帮扶过程中的行政支持工作与其他协调工作（初次会谈 / 走访、告知等）。

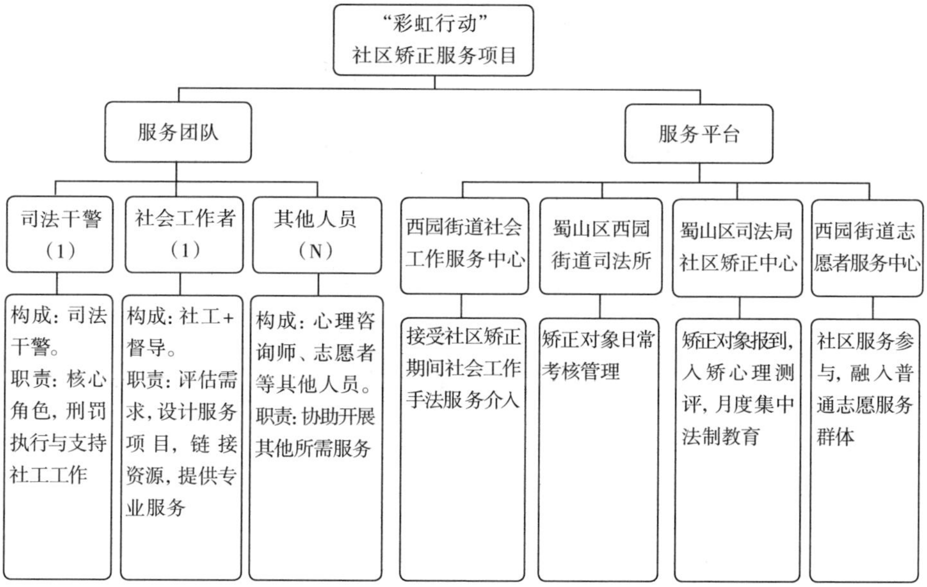

图 4.1　“彩虹行动”社区矫正服务项目模式示意图

2. 职业社会工作者

职业社会工作者的主要职责包括评估社区服刑人员身心、社会关系等综合状况，了解社区服刑人员的困境与需求；制订社区矫正计划方案，运用社会工作理念和方法，整合资源、搭建平台，开展教育、帮扶、环境改善等综合性服务；协助司法行政部门完善社区服刑人员的信息档案，规范整理社会服务记录。

“1+1+N”的运作模式是有望实现管理、服务与教育有机结合模式的探索，对建构适应新形势下社区矫正刑罚执行与教育帮扶体系有着重要意义。

4.1.4.4 服务策略及内容[①]

1. 个案服务

（1）主要对象：社区矫正个案对象。

（2）服务内容：通过访视或会谈等主要方式与矫正对象建立积极的专业关系，根据个案的问题与需要，运用个案社会工作方法与技巧促使其个人在认知、行为以及家庭方面有所改变，促使其更好地适应社会。

（3）服务程序：电话预约时间、地点、人员，按约定计划进行访谈或个案服务的开展。

（4）服务频次：根据问题轻重缓急安排面谈及电话沟通的频次，一般情况下1个月至少安排1次；特殊情况下1～3周不等或紧急处理。

（5）服务要求：每次面谈时长控制在35～40分钟，电话访谈控制在5～10分钟；注重“问题解决视角”思维范式，发掘矫正个案对象的优势；界定社区矫正个案对象的问题，明确个案类型如个案咨询、个案辅导、深度个案；根据不同类型个案的服务流程、服务要求、服务方法与技巧提供服务、评估与结案。

2. 彩虹微行动

根据矫正对象呈现的帮困扶助等方面的具体需要，开展具体的微行动服务，是个案管理具体介入的内容。

根据前期的个案需求评估，为有生活帮扶、社会救助、就业帮扶等个性化需要的矫正对象提供以物质和手段为主的支持与帮助；注重培养矫正对象之间的互助。

① 司法等部门关于社区矫正行政管理工作此处不再赘述。

3. 彩虹感化课堂

（1）服务对象：项目内所有在矫对象。

（2）服务目标：通过多种形式，矫正社区在矫对象的不良心理与行为，完善其人格，重新建构生命意义，成为守法公民；协助社区服刑人员感恩他人、回报社会，培养和提升社会责任感，防止重犯，根据矫正对象具体需求制定的感化课程教育活动。

（3）服务内容：以中国传统文化为主，兼顾法律知识、家庭关系等相关主题，贯穿家庭伦理、人文礼节、相处之道等内容；开展形式多样的课堂教学，包括案例视频、工作坊、外出参观体验、焦点小组以及矫正对象的小组分享会等。历届课程内容中尤以家庭关系、亲子关系主题受到矫正对象的青睐。

（4）服务频次：每月一期。

（5）达成效果：彩虹感化课堂以具体化的平台方式，为矫正对象心理认知、价值倾向、生命意义在理论上的再构与生活中的践行提供了习得的契机与源泉。

4. 彩虹小组行动

（1）服务对象：具有同质问题及需求的小部分矫正对象。

（2）服务内容：专职社会工作者根据矫正对象的共性需求、同质问题、兴趣爱好开展支持性、教育性、兴趣性小组，旨在通过矫正对象组员间的相互影响、相互作用促进他们的改变。

（3）服务频次：视具体情况而定。

（4）达成效果：通过矫正对象组员间的相互影响、相互作用促使他们的改变。

5. 彩虹公益微助服务

公益志愿服务方式，既是司法系统原有公益劳动方式的补充与延伸，也是彩虹感化课堂在实践方面的真实体验。

（1）参与对象："彩虹公益微助志愿服务"小组结合西园街道社会服务中心自有的社区服务项目邀请矫正对象自愿参加。

（2）参与内容：社会工作者根据矫正对象的时间灵活安排参与服务，尽量不占用矫正对象的工作时间，矫正对象可以以法制宣传员、社会爱心人士等身份参与到其他公益服务（如老年项目的“周末探亲”、生日会，法制、安全等社区宣传活动）中。

（3）服务成效：提供服务的同时又提升了矫正对象自我价值感实现/构建的途径。公益志愿者服务实践课堂的真实体验，往往能够让矫正人员在真实的服务氛围、在与他人合作相处等情景中真正感受到自我价值的体现、自我认同价值的提高或转变。

4.1.5 服务成果——彩虹行动“时间银行”

4.1.5.1 服务推介

依托西园街道社会工作服务中心（简称“中心”）的志愿服务需求，组织矫正对象参与西园街道社会工作服务中心的志愿服务，切实发挥他们的人生价值。为矫正对象发放“时间银行”存折，利用存折记录矫正对象的志愿服务时间，与其他普通志愿者一样纳入中心志愿者统一管理，对服务时间进行累加，帮助其树立正确的社会公德意识和社会责任感，实现自我提升及人生转变。此外，矫正对象每月累加的服务时间可与西园街道司法所兑换 8 小时公益劳动时间作为考核依据。

4.1.5.2 服务流程

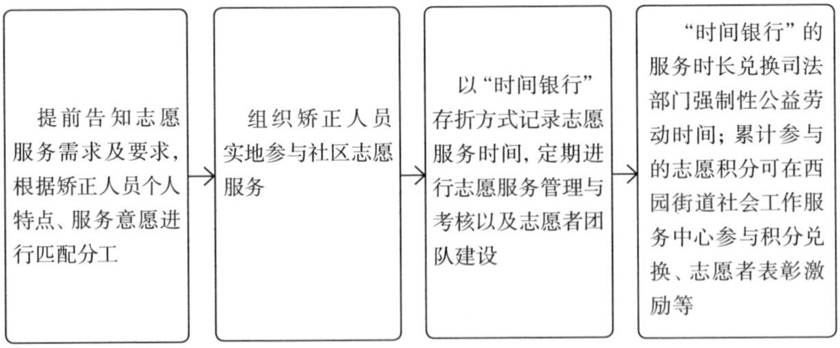

图 4.2 彩虹行动“时间银行”服务流程

4.1.5.3　服务原则

1. 接纳原则

社区矫正对象犯罪有个人、家庭、社会等多方面原因，承认他们有犯罪过失的同时，也要肯定他们每个人都渴望有所改变，也期望通过自身的努力改变现状，接受他们作为社区志愿者是接纳他们的一种方式。

2. 尊重原则

社会工作者在组织安排“彩虹行动”志愿服务时，会不定期发布志愿服务需求，给予不同的志愿服务机会，兼顾到社区矫正人员的空余时间与个人特长，鼓励他们在不影响工作的前提下，根据个人的兴趣与特长积极参与志愿服务。

3. 共享原则

在接纳和尊重原则下，需要有更多的资源和机会让社区矫正对象选择，志愿服务需求资源与志愿参与意愿相匹配，西园街道社会工作服务中心是西园街道社会服务统筹平台，为“彩虹行动”社区矫正对象提供了资源共享的机会，才能实现社区矫正对象参与公益服务的个性化需求。

4.1.6　项目服务模式总结与反思

4.1.6.1　项目化合作是推行社区矫正工作的有效手段

社区矫正服务模式的探索是一项长期的、需要不断改进与完善的工作，结合蜀山区司法局、蜀山区西园街道办事处政府购买服务方式以及项目化运作机制的尝试与经验积累，建议有关部门考虑推广政府购买社会组织服务介入社区矫正的模式，以大项目化的方式，即服务项目购买加岗位购买的方式，按照一定的人群比例购买与配备职业社会工作者，协同参与到基层司法干警的工作中去，探索集管理、教育、服务、发展于一体的帮扶模式，并建议明确项目的合作机制与运作机制。

4.1.6.2 重视平台开发和人才培养，推进社区矫正工作的专业化水平

鼓励社会组织参与社区矫正工作，要给社会组织独立运作的服务空间，因此，在平台上要有场地、人才、服务、资金等相关配套。另外，从目前社区矫正服务对象的问题与需要看，调适矫正对象的家庭关系、自我认知、社会接纳是重点，这就对人才提出了更高的要求，需要在一段时间内培养本土社区矫正社会工作者，才能确保服务品质。人才的培养离不开岗位开发、岗位经费保障、晋升制度等。

4.1.6.3 从服务成效反思社区矫正的监管与服务的协同

矫正服务与社会服务体系的有机衔接，管理、教育、帮扶服务的有机融合需要有一定的服务基础，并且需要不断地以制度化的方式予以明确。项目期间开发的“彩虹公益微助志愿服务”（时间银行计划）是义务劳动制度劳动形式的一种拓展，也是与西园街道社区服务体系中各项服务资源整合后的有机衔接，如何将这种创新的服务方式与原有的制度紧密融合，让矫正对象真正受益并发挥其价值需要进一步理顺与优化。其前置条件是政府推进社会力量参与社区矫正中的分工与协同，社会力量参与的服务与司法矫正行政工作做到无缝对接。

4.2 涅槃新生 重塑自我

——假释人员社区矫正适应力提升

4.2.1 基本资料

案主：耿乐（化名），女性，52 岁，大专学历，已婚，无子女。

被判罪名：走私普通货物、物品罪，判处有期徒刑 4 年。

社区矫正类型：假释。

矫正起止时间：2014 年 11 月 22 日至 2016 年 5 月 8 日。

4.2.2 个案来源

2014 年 11 月，西园街道司法所转介给民生社会工作服务社司法社会工作者；2015 年 1 月，因前任社会工作者离职转岗，转案交接给现任社会工作者小徐。

4.2.3 个案背景资料

1. 重要事件

案主因公司经营进出口商品存在偷逃关税行为被查获，最终被判处“走私普通货物、物品罪”，于 2012 年 4 月在 G 省女子监狱入狱接受服刑，2014 年 11 月因其个人身体情况恶化被批准假释，在合肥市蜀山区西园街道接受社区矫正。

2. 家庭关系

案主本人大专学历，在上海经营一家外贸公司，从事商品进出口贸易；其爱人在德国，夫妻双方长期两地分居，彼此关系较为平淡，一年见面 2 ～ 3 次，夫妻二人无子女；案主祖籍合肥，其高龄父母（有高血压）

在合肥居住，案主本人常年往返合肥、上海两地。

3. 行为表现

案主有良好的人际关系，包括家庭、社区和社会，与人接触彬彬有礼且态度谦和，无外显异常行为。

4. 精神病史

无。

5. 健康状况

在监狱服刑期间罹患类风湿性关节炎，腿部略微行动不便，牙齿存在不同程度松动，需要医治。

6. 心理状况

在监狱服刑期间备感个人压力较大，对自己和家人尤其父母今后的生活较为担心，心理负担较重；在接受社区矫正时表现出谨小慎微的态度，担心自己表现不佳而被收监。

7. 经济状况

自己与爱人各自经营一家公司，收入情况较好。

8. 社会支持系统

（1）正式支持系统：西园司法所、西园街道美虹社区、民生社会工作服务社及司法社会工作者等。

（2）非正式支持系统：家中父母、爱人，同学、朋友及公司同事。

4.2.4 问题分析

经过与案主的多次沟通，发现案主对自己所判的罪行一方面了解不够深入，另一方面由于自身过往经历较为顺利，不愿意接受犯罪身份，因而才出现情绪焦虑，行为谨慎。根据艾利斯（Ellis）的ABC理论分析，案主存在的认知行为主要是这样形成的：

A代表诱发事件（Activating events）：因违反海关法规有关规

定，而犯“走私普通货物、物品罪”，先入狱服刑，后因身体状况及其表现转为社区假释人员。

B代表对A事件的信念、认知、评价或看法（Beliefs）：案主表达对自己及家人未来生活的担忧，但事实上经反复沟通确认，案主是对自己犯罪的罪行过度担心，对犯罪身份不认同。

C代表结果即症状（Consequences）：正因为案主对A诱发事件犯罪的不合理信念B，才导致案主出现焦虑、敏感等现象C这一结果。

4.2.5 个案目标及服务计划

4.2.5.1 目标

帮助耿乐正确认识自己的现状，树立合理的身份认同；协助耿乐合理认知社区矫正，以积极的姿态和行为对待矫正帮扶工作，鼓励其对矫正生活充满信心，消除焦虑和疑虑；并在矫正过程中形成合理的价值观，更好地适应未来的生活。

4.2.5.2 服务计划

针对该个案，服务计划如表4.1所示。

表4.1 个案服务计划具体项目

时 间	主要内容	介入策略	负责人
2015年1月25日至2月15日	通过个案访视、会谈与服务对象建立专业关系，促使案主对社会工作者取得信任，适度探讨案主当前面临的主要问题。通过电话提醒案主完成社区矫正相关规定；关心春节的安排等	访视、会谈、提供服务信息、春节慰问	社会工作者、司法干警
2015年2～3月	通过举办与教育学习活动，进一步巩固专业关系；通过两周一次的面谈，与案主商讨面临的主要问题以及问题形成的原因与过程，帮助案主认知自己的问题	活动为辅，面谈为主	社会工作者、志愿者、司法干警

续表

时　间	主要内容	介入策略	负责人
2015 年 3 ～ 5 月	安排 3 ～ 4 次面谈，帮助案主耿乐对问题进行自我反思，厘清问题本质所在；对不合理的信念进行分析，在沟通和实践参与中强化合理的信念，引导其坚定信念，形成对社区矫正工作正确的认知观，调整自己的状态	面谈	社会工作者
2015 年 5 ～ 6 月	跟进了解耿乐焦虑和疑虑的降低或消除状态，及其每次参与活动的自我觉察，决定个案服务结束后转一般的服务对象	面谈为主、活动分享	社会工作者、司法干警

4.2.6　服务介入实施

4.2.6.1　专业关系建立

社会工作者与案主接触初期，案主情绪一直较为低落，在与社会工作者及司法干警的接触过程中表现得谨小慎微，对自身因走私获刑一事始终抱着难以接受的态度，尤其回想起在狱中服刑的那段时间显得心有余悸，对那段时光始终不能释怀，觉得自己之前在国外的行事风格和做法在国内显得格格不入，难以融入国内正常的社交圈。社会工作者与耿乐进行多次沟通，介绍社会工作者身份及工作职责，舒缓其个人情绪，关心耿乐服务参与情况及感受，为与耿乐建立专业关系奠定初步基础。

4.2.6.2　问题预估及服务方案确立

社会工作者通过与耿乐多次深入面谈，进一步了解其现状及想法。通过与志愿者、司法干警联合进行访谈，了解其家庭成员、日常工作及生活情况；经案主耿乐同意后，联合明德心理咨询机构对案主入矫后的心理状况进行评估。根据艾利斯的理性情绪治疗模式，分析案主问题的形成原因及本质所在，指出不合理的信念是造成案主焦虑和疑虑的重要原因，确定帮助案主提高自我身份认同度，提升对社区矫正的认知，形成对犯罪惩罚的合理认知和正确行为，鼓励其对矫正生活充满信心，消除焦虑和疑虑；并在矫正过程中形成合理的价值观，更好地适应未来的生活。

4.2.6.3 社工服务协助案主树立合理信念

经过前两个阶段的工作，社会工作者与案主建立了信任的专业关系，并与案主共同制定了矫正期内所应完成的任务。在近一年半的矫正期内，在多次社区服务及社区宣传活动中，案主充分融入普通居民中去，尤其在参与社工组织的每月一次的感化课程学习中，案主更是成为课程学习带头人，从前期对课程宣讲的传统文化知识的接触和了解，到后期在课程分享环节带领其他人共同学习传统文化理念的精髓，案主完成了从一个被教育者到积极引领者的完美蜕变。在矫正对象这个小范围的群体中，案主刚入矫时对其他群体成员总是抱有异样的眼光，认为自己所犯的不过属于经济类犯罪，不涉及对他人的财产侵犯及身体伤害，但总是认为其他群体成员主观恶意都很大，不愿与其他成员过多交流，通过感化课程这一学习平台的多次学习交流，在亲身体验传统文化感染的同时也进一步与其他群体成员建立了良好的互动关系，从根本上改变了自己对他们的固执看法，且愿意与其他成员分享自己丰富的人生经验和所学知识。无论是面对矫正对象这个小群体还是整个社会这样的大集体，案主都以积极向上的心态认真应对，让自己的工作和生活过得更加优雅，更能享受和体验人生的美好之处，案主很好地协调了自己个人的工作生活和矫正期间的相关任务。在矫正期即将结束的阶段，案主公司经营已走上正轨，与家人关系和谐，与身边朋友、公司同事关系来往正常，并且不再对自己的获刑身份耿耿于怀。案主在工作之余还爱上了做手工，对即将解除矫正时期的生活状态十分满意，能够通过自己的劳动所得养家，身边拥有关爱自己的家人、朋友……这一切都让她能欣然面对解矫后的正常生活。

4.2.6.4 跟进案主解矫后的转变情况

案主在解矫后大部分时间待在上海，社会工作者仍与案主通过微信保持联系，案主解矫后的生活过得充实且有趣，工作迈入正轨自不必说，在个人生活方面更能放松自如地融入以往的朋友圈，无论在与亲人还是同学的交往过程中，不再抱有自卑、逃避的心理。社会工作者也积极邀请案主能继续到感化课程中担当讲师一职，案主表示在时间允许的情况下会认真考虑社会工作者的建议，毕竟自己曾经通过感化课程平台收获很多。

4.2.7 结案

（1）案主本人知识水平较高、生活条件优越，见识广泛、阅历丰富、善言健谈，社会工作者在与案主接触的同时也受到案主的感染，在帮助案主从获刑阴影中走出来的同时，社会工作者也收获了不少对于个案服务的成功经验积累。

（2）社会工作者反思：

1）在制订计划后，因案主平日工作繁忙，有多次活动及走访没能按预约执行，也对社会工作者提供服务的成效造成了一定影响。

2）在交流上，因案主要求，没有接触到其家人，未能充分了解到其家人对其在入矫前后改变的看法。

3）专业理论知识运用还不够充分，在加强专业理论知识学习的同时，结合本地风土人情、案主个人实际情况加以合理运用。

4.3 风雨之后终现彩虹

——社区矫正人员回归正常生活

4.3.1 背景介绍

4.3.1.1 基本信息

姓名：袁帅（化名），性别：男，出生日期：1993 年 8 月 1 日。

家庭住址：合肥市蜀山区西园街道潜龙山庄。

犯罪类型：抢夺罪。

犯罪缘由：2014 年 3 月，因犯抢夺罪被合肥市蜀山区人民法院判处有期徒刑一年，缓刑两年。案主在合肥市蜀山区西园街道司法所（以下简称“司法所”）接受矫正服务初期，司法干警和社会工作者一起对其进行了多次访谈，了解到案主因年轻气盛，一味讲求哥们义气，与同学一起对他人实施了抢夺行为。事发后案主同学对于此事百般推诿，辩解主要责任不在自己身上，而案主出于义气就主动承担了责任，最终被判处抢夺罪名成立。

服刑日期：2014 年 7 月 2 日至 2016 年 7 月 1 日。

转介时间：2014 年 7 月。

社工：徐社工 解社工。

4.3.1.2 背景资料

1. 个人方面

案主本人个性温和，性格偏外向，自幼成长在一个知识分子家庭，对音乐方面有特殊爱好及特长。

2. 家庭方面

案主母亲腰椎不是很好，目前在家休养。父亲是当地一所中学的音乐教师，家中经济来源目前主要依靠父亲的工作收入，家庭收支情况较好。案主父母因此事对案主百般埋怨，导致家庭关系一度较为紧张。

3. 社会方面

案主是在校就读期间犯案，学校对其进行了开除学籍的处理。现在案主与其老师、同学之间的联系处于断裂状态。社工接触案主时，案主正在家人安排下在某高考复读学校就读，但是其基本不与外界接触，社会活动圈仅限于学校、家庭、司法所三处。

4.3.2 教管管理面临的问题分析

4.3.2.1 个人教育认知

案主本人是大学声乐专业在读学生，文化知识水平较高，但社会经历尚浅，法律意识较为淡薄，辨别是非能力不强。初期对自己因罪获刑报以埋怨和不解的态度，认为自身过错不大，抱怨司法制度不公。

4.3.2.2 社会再适应

案主在获刑以后，不愿意与外界接触，把自己封闭在复读学习中。其社会适应能力不足，需要对其社会再适应进行支持。

4.3.2.3 家庭关系

在犯案之前，因为长期在外地就学，案主几乎不与父母沟通交流。其父母认为案主学习成绩好，所以不担心案主会犯“大错”。案主获刑后，其父母对案主较为失望，并希望其通过复读摆脱这段“失败的经历”。父母对案主复读的重视和对其这次犯错的抱怨，让案主对父母不满，甚至产生逆反情绪。案主与父母关系较为紧张，家庭沟通处于断裂状态。

4.3.2.4 社会支持网络

案主的正式社会支持网络为司法所和西园社工中心，其非正式支持网络只有家庭。一个人所拥有的社会支持网络越强大，其应对各种挑战和困难的能力就越强。案主社会支持网络的不足，不利于案主的改造和社会再适应，需要增加其与外界交流的机会，增强其社会支持网络。

4.3.3 个案目标及服务计划

4.3.3.1 目标

（1）帮助案主正确认识矫正服务，加强其对法律知识的学习。

（2）帮助案主打破自我的封闭，增加与外界交流的机会，增强其社会适应能力。

（3）通过与案主父母的沟通，帮助其父母接纳案主，重建其良好的家庭关系。

（4）通过支持案主复读，帮助案主重建除家庭以外的部分社会支持网络，助其顺利回归社会。

4.3.3.2 服务计划

（1）把案主作为正式服务对象，争取案主信任，与案主建立专业关系。

（2）通过走访司法所、案主父母及亲朋好友，全面了解案主，并对案主需求进行预评估。

（3）与案主一起订立服务协议，设定服务目标。

（4）通过感化课程教育及个案访谈感化案主，潜移默化地扭转案主对矫正服务的偏见，帮助其顺利完成社区矫正任务。

（5）通过邀请案主参加志愿服务活动，增加其与外界接触的机会，帮助案主走出自我；通过志愿服务过程中的感恩体验，帮助案主树立社会再适应的积极性。

（6）帮助案主继续加强自我学习及成长，顺利回归社会。

4.3.4 服务实施过程

4.3.4.1 家庭走访与案主建立信任关系

通过收集案主司法所档案材料，社会工作者了解到了案主的基本情况。正式接案后，在司法干警的支持下，社会工作者通过家访与案主进行了初次接触和面谈。社会工作者通过介绍自己的身份，帮助案主认清楚了社会工作者与司法干警的不同。经过三次一对一面谈，社会工作者以平等、接纳和真诚的态度，让案主从排斥、不信任社会工作者到开始主动和社会工作者聊天、谈心，并取得了案主的信任。

4.3.4.2 与案主一起制订改变目标，努力缓和紧张的家庭关系

社会工作者在取得案主信任之后，鼓励案主尝试改变现状。社会工作者采用主动走进案主内心的方式，在一起参加志愿服务的过程中、感恩课程之后等适当场合，引导案主打开心结，走出自我。并与案主达成从接纳自己开始，改变父母对自己的态度的约定。

社会工作者通过链接心理咨询资源，帮助案主摆正对复读的心态。并和案主一起，根据案主个人兴趣爱好，制定了合理的人生规划。经过一系列的心理辅导，案主从被动复习，开始向计划的、主动的、劳逸结合安排自己的复习任务转变。经过深思熟虑，案主决定把上海同济大学作为高考目标。社会工作者通过督导老师查询了相关信息，为案主提供信息支持，并和案主一起商定了每月的学习时间与参加社区矫正感化课程教育和社区志愿服务劳动及个案走访的时间，为案主复习提供时间支持。

案主摆正心态，进入复读状态后，经过社会工作者的多次谈心开导，对父母的态度逐渐改变。为了缓和案主与其父母的紧张关系，社会工作者单独走访了案主父母，并将案主的改变和决心反馈给其父母，让父母对案主有了更多了解。其父母表示以后在和案主一起的时候尽量不提案主之前的事情。案主父亲表示如果儿子愿意接受他的辅导，其会亲自辅导儿子学习。社会工作者在与案主沟通之后，表示愿意让父亲亲自辅导自己，但是希望父亲不要太多的干涉自己。

4.3.4.3 感化课程、志愿服务助案主走出自我、融入社区、走向社会

为了帮助司法矫正对象正确认识自己，树立正确的人生观，社会工作者设定了每月一期的课程教育。在和案主建立了信任关系之后，社会工作者正式邀请案主参加了定期的感化课程学习。结合感化课程主题，社会工作者根据案主的特征和需要，设置了合理的志愿服务。经案主同意后，社会工作者邀请了案主参加特殊老人的助老、慰老服务。困难老人生活的艰辛、老人在疾病缠身情况下对子女的牵肠挂肚、困难家庭子女节衣缩食为父母改善生活、困难情况下他人的坚强和乐观生活态度……一次一次的志愿服务感染了案主，温暖了案主。从被动参加感化课程学习，到为感化课程提供建议；从勉强参加志愿服务到发自内心地关心老人，关注社区其他弱势人群。案主成功地走出自我，开始积极生活，走向自己规划清晰的人生道路。

4.3.4.4 追踪服务维护案主教育学习成效

结案之后，社会工作者继续与案主保持联系，跟进案主社会适应情况，对案主遇到的交友、学习、生活等方面的困惑提供建议和支持。

4.3.5 服务成效

经过社会工作者的介入和司法矫正服务的开展，成功缓解了其家人与案主之间对立紧张的关系。在案主学业方面，社会工作者帮助案主摆正了自己的学习心态，经过案主自己的努力学习和其家庭对案主的支持，案主复试成绩较为稳定。由于案主本身有一定的学习基础，加上复读后期父亲的良好指导，复读成绩一直保持稳定。最终，案主以优异的成绩通过高考，于 2015 年 6 月被上海同济大学录取。

在追踪服务中，案主对生活一直保持着乐观心态，多次对社会工作者表达了对未来生活的美好憧憬、对生活的感恩、对社会工作者以及对司法干警工作的认可和肯定。

鉴于案主在社区服刑期间参加社区志愿服务的积极表现，在 2015 年

还获得了“西园社工中心年度优秀志愿者”称号；在感化课程集中学习过程中主动以身作则、积极互动，对其他社区矫正人员起到了良好的示范作用。

4.3.6 服务反思

社区矫正作为一种惩罚制度是刑罚宽大处理的体现，在西园街道在矫期间的矫正人员群体中，像案主这样年轻且知识水平较高的人很少，年轻的矫正对象犯罪类型多集中在打架斗殴、扰乱社会秩序、故意伤人等方面，且大部分年轻的矫正人员文化知识水平均集中在高中左右。案主虽然知识水平较高，可家庭自小到大的娇生惯养也导致了他一贯以自我为中心，做事很少替他人着想、不计后果等行为的发生，社会工作者以系统理论入手，通过与其家人多次接触，加强社区矫正期间对案主的教育感化和社区活动融入，积极调整其与家人之间的关系，链接心理咨询方面的资源，结合集体感化教育课程达到对案主的正向积极影响作用，同时协助案主顺利完成高考复读过程。让矫正对象认识到司法制度不公只是个别现象，通过社会工作服务体会到司法制度人性化的一面，让矫正对象体会感恩，更积极地融入社会正常生活之中。

4.4　搭建学习之桥，重塑美丽人生

——社区矫正之社区教育

4.4.1　案例背景

根据《社区矫正实施办法》第十六条规定：社区矫正人员应当参加公共道德、法律常识、时事政策等教育学习活动，增强法制观念、道德素质和悔罪自新意识，社区矫正人员每月参加教育学习时间不少于 8 小时。

西园街道位于蜀山区中部，总人口 41158 人，下辖 6 个社区。截至 2016 年 11 月底，西园街道辖区内在矫正期内社区服刑人员共 40 人。街道于 2014 年 6 月引入合肥市蜀山区民生社会工作服务社专职社工，以政府购买的形式成立了“彩虹行动”社区矫正服务项目介入司法矫正工作，项目依据矫正人员的学习需求设立区别于司法部门强制性法制教育的感化课程学习活动。活动计划安排每月一次主题讲座，由社工链接国祯书院等多方专业教育资源，讲座以传统国学文化教育理念为主，适时添加部分法律、家庭伦理方面的内容，讲座平台安排在西园街道社会工作服务中心等地。

4.4.2　案例分析

4.4.2.1　问题及现状

截至 2016 年 11 月，西园街道共计有 40 名在矫正期内服刑人员，其中男性为 35 人，女性为 5 人，年龄结构分布如表 4.2 所示。

表 4.2　西园街道矫正期内服刑人员年龄结构分布情况

年龄	18 岁以下	18 ～ 40 岁	41 ～ 65 岁	66 岁以上
人数	0	19	21	0

通过年龄分段可以看出，主要群体为已成年及中青年人，无未成年及老年群体。

从犯罪类型看，其中有10人为侵犯公民人身权利、民主权利罪，5人为危害公共安全罪，6人为侵犯财产罪，3人为贪污受贿罪，7人为妨碍社会管理罪，5人为破坏经济秩序罪，其他犯罪类型4人；从犯罪原因看，经济因素人数为23人，故意伤害他人因素为13人，其余4人是个别化的因素；从受教育水平看，4人教育水平为本科以上，其余教育水平均较低。现有矫正对象的经济状况总体情况一般，中产及富裕家庭以及贫困家庭均占少数，多数为普通工薪阶层。

4.4.2.2 问题分析

1. 多维度原因导致失控行为发生

认知层面，由于矫正对象受教育程度整体层次较低，法律意识淡薄，有补充部分法律知识的需要；矫正对象群体中过半数人都对父母或子女隐瞒了自己在接受社区服刑这一事实，担心因此事影响到家庭关系，也有人因获刑而导致与家人关系变得疏远、紧张，因此针对矫正对象开展家庭伦理方面的教育也很有必要；而成员中包括故意伤害他人、盗窃以及经济类犯罪等存在主观故意的意图，此类群体的自我认知薄弱和自控意识不足，需要运用感化或小组活动的方式达到自我认知的重构和自控能力的提升，促进再社会化。

2. 家庭关系不同程度遭到破坏

家庭对于每一个人的成长过程起着重大的作用，家庭的精神作用提供一个人成长的内心的支持力量，因此，在社区矫正过程中应积极发挥家庭的自身功能。此外，矫正对象的犯罪背景会对其家人或亲友造成冲击或拖累，尤其是矫正对象家中年迈的父母和年幼的子女，其生活会因为事件的发生而陷入困境，因此矫正对象的家庭关系调整、家庭成员心理和情绪辅导等就是矫正对象面临的需求。针对单亲家庭的未成年人，尤其需要特殊对待处理。

4.4.3 理论支持与需求分析

4.4.3.1 理论支持

1. 社会学习理论

班杜拉认为，人类行为的习得或行为的形成，不仅可以通过反映的结果进行学习，也可以通过榜样的示范进行学习，而后者是人类学习的主要方式。社会学习理论强调，行为是内部因素和外部影响之间复杂相互作用的产物，强调认知过程对学习的影响，强调行为受认知的调节和自我调节。社会学习理论既承认直接经验的学习，更强调观察学习的重要性，认为许多行为模式都是通过观察别人的行为及后果而学来的，特别强调模式对激发特定行为的重要性。社会学习理论注意到了 3 种强化因素（外部强化、替代强化和自我强化）对学习的影响，尤其强调替代强化和自我强化的重要作用。[①]

在感化课程内容设置中，通过传统文化解读、法律知识宣讲、家庭关系调适、健康养生讲座等多种形式学习正能量知识，达到正向影响，积极促进矫正人员思想观念的转变。绝大部分矫正人员都存在对自身获刑行为不同程度的自我掩饰，所谓当局者迷、旁观者清，通过打造这样一个学习交流的平台，让参加学习的矫正人员彼此之间通过学习和交流，在充分了解他人的同时更进一步认清自己，给自己更清晰的定位。

2. 社会交往理论[②]

强调个人的行为是由个人与环境的交互作用决定的，即行为、环境与个人内在因素三者相互影响，构成一种三角互动关系，人的大部分社会行为是通过观察他人、模仿他人而学会的。在观察学习中，起决定性因素的是环境，如果环境发生变化，人的行为也会发生相应的变化，对榜样的观察学习是学习新行为的必要条件。

---

① 全国社会工作者职业水平考试教材编写组．社会工作综合能力［M］．北京：中国社会出版社，2010：78.

② 尤尔根·哈贝马斯．交往行为理论［M］．上海：上海人民出版社，2004.

矫正对象群体中积极分子不乏少数，通过在学习课程后的互动交流分享，让积极分子起到“传帮带”作用，以自己的良好转变来影响其他人员以及新入矫人员。

4.4.3.2 群体需求分析

“彩虹行动项目感化课程”社区活动服务对象为西园街道辖区内社区服刑人员，该类人群一方面处于服刑期，有每月完成强制性 8 小时学习时间的法律要求；另一方面出于法律意识的淡薄、社会交往意识的缺失等，有调整认知方面的需求。由于社区矫正人群存在矫正期限的变动情况，因此具体服务人群也存在一定流动性。为此，社会工作者针对每一位社区矫正人员进行了走访，通过走访了解个人不同的需求，经统计可以将社区矫正人员分为如下几类。

1. 法律知识再教育

由于教育程度参差不齐，文化程度较低的对象对于法律知识的掌握程度比较低；而文化程度较高的对象固然有相关法律知识的储备，但遵纪守法意识不强，种种原因导致这些人走上了犯罪道路，因此这个群体的成员大都有加强法律知识教育的需求。

2. 家庭关系调适

部分对象在获刑后导致家庭关系破裂或陷入紧张状态，有的因为自身获刑给原本正常的家庭生活带来变故，有的因为经济赔偿导致原本富足的家庭生活陷入窘境，有的因为获刑在身给子女求职、升学带来负面影响……因此家庭关系（包括夫妻、亲子关系）的调适也是矫正对象群体的一大重点需求。

3. 再社会化

矫正对象因获刑的原因导致被原就业单位开除或排挤，在重新求职就业道路上遭人以异样眼光看待；也有部分矫正对象对自身获刑身份抱有一定自卑心理，觉得自己是戴罪之身，处处低人一等，在与他人打交道的过程中害怕暴露自己的身份，难以融入正常的社会生活，因此再社会化也是这个群体不可忽视的需求之一。

4. 去标签化

通过社会工作者与每个矫正对象的初次接触，绝大多数对象都认为自身获刑是运气不济，或认为本可以通过联络熟人和花费金钱来避过这一牢狱之灾，不承认自己所犯的罪行给他人和社会所带来的危害，也常常抱怨司法制度不公、执法人员徇私等；在加入社区矫正这个群体后对其他同伴也抱有异样眼光，认为他人都是十恶不赦，自己耻于与他们为伍，因此他们同样有调整自我认知以及去标签化的需求。

4.4.4　服务计划

4.4.4.1　服务目标

（1）矫正社区服刑人员的不良行为，树立合理的情绪认知，形成积极的人格品质，对社区服刑人员形成正面积极的影响。

（2）帮助社区服刑人员打造沟通交流平台，促进同类群体彼此之间抱团取暖、互助帮扶；以先进带动后进，形成积极的“传帮带”效果。

（3）引入多方资源加入讲学团队，形成体系化课程学习模式，打造“彩虹感化课程”精品学习品牌。

4.4.4.2　服务策略

（1）整合心理咨询、国学教育、志愿者等多方社会资源，贯穿中国传统文化劝人向善的教育理念，通过集中教育学习，以专家现场讲座、视频互动教学等形式来达到正向教育的效果（见图 4.3）。

图 4.3　服务策略

（2）运用“优势视角”理论，发现矫正对象群体中的积极分子，发挥他们在学习及群体活动中的闪光点，以他们的良好转变带动群体其他成员，在课程分享及相关互动环节中积极引领，带动课程学习效果。

4.4.4.3 服务程序

服务程序如下(见图4.4):

(1)社会工作者根据矫正对象的实际需求和反馈,结合前期已开展的课程内容,在机构督导的指导意见下,与司法部门共同商议进行课程系列主题内容的策划。

(2)课程前期准备过程中链接需要的相关资源,包括讲师志愿者、核心志愿者、课程视频内容等,提前3天左右时间通知服务对象,在不占用矫正对象工作时间的前提下,原则上课程安排在每月月末的最后一个周日。

(3)课程教学活动实施,社会工作者现场组织引领学习互动过程,课后进行讨论分享,总结课程开办效果及学习经验。

图4.4 服务程序

4.4.5　服务计划发展历程

4.4.5.1　初步尝试（2014 年 6 ～ 12 月）

自 2014 年立项起，借鉴国内相关司法机构对于社区矫正人员实行的传统文化教育，初步尝试引入传统文化理念，开设专题讲座，内容涵盖《弟子规》“蔡礼旭家和万事兴”等内容，让矫正人员适应由“社工＋志愿者讲师”的模式来介入原有司法制度强制要求的集中教育学习形式。

4.4.5.2　深入调查，形成课程体系（2014 年 12 月至 2015 年 6 月）

在开课的同时收集矫正对象的意见及学习需求，考虑到课程内容不能涵盖所有人员的需求，根据调查将课程内容进行分门别类，大致分为传统文化类、家庭关系类、健康养生类、公益服务类、法律知识类、心理调适类这 6 个大类。

4.4.5.3　稳定运行（2015 年 6 月至今）

1. 形式及场地常态化

目前已形成感化课程每月一期（固定在每月最后一周周末），场地分为室内和室外，室内场地集中在西园街道社工中心活动室进行，室外以外出参观体验活动为主；形式分为专家现场讲座、视频观看分享、群体互动讨论 3 种。

2. 课程内容体系化

课程内容体系如表 4.3 所示。

表 4.3　课程内容体系

序号	一	二	三	四	五	六
体系	传统文化类	家庭关系类	健康养生类	公益服务类	法律知识类	心理调适类
内容	国学经典知识渗透到生活层面的应用	夫妻关系相处之道；亲子教育合理方式方法	健康饮食理念传播；养生生活常识	其他志愿服务先行者经验分享；参与社区服务心得体会讨论	社区矫正相关法律规定；与日常生活关联的法制知识学习	心理培训体验、心理问题疏导讨论
主题	传统国学文化知识传播、外出体验	家庭夫妻关系、亲子关系、孝道文化宣讲	健康生活方式、养生理念传播	社区服务经验总结、公益服务理念传播	相关法律法规知识宣讲	负面情绪及心理问题调适

4.4.6 成效评估

4.4.6.1 服务内容对矫正对象的积极影响

“彩虹感化课程”延续最初设定的传统文化教育主题，形式上包括专家现场讲解、视频内容分享、小组互动讨论等,内容从传统文化经典基础《弟子规》入手，发展到传统文化理念介入日常家庭生活各个领域，矫正人员也从单纯的听课身份变为讨论并提出课程修改意见的参与者，其中穿插进行了两期法律教育类课程，但由于司法部门本身也有组织开展法律教育的活动，因此法律类课程在尝试了两期并征询矫正人员意见之后没有再开展，在结合矫正对象具体需求的基础上，感化课程内容由最初的以传统文化教育为主转向以矫正人员家庭、生活方面实际需求内容为主，传统文化理念为辅的教育模式。至此，感化课程教育模式由初期的灌输模式变为参与式学习，矫正对象从被动接受教育方变为主动参与方，矫正对象全程参与课程内容的选材到课后讨论的分享，社会工作者的角色由最初的组织者转变为支持者，通过感化课程教育的开展，不仅完成了矫正对象每月的强制性学习任务，更为他们的生活实际需求提供了帮助，尤其是其中的家庭关系调适类课程，很多矫正对象反映通过课程让自己学会了与爱人、子女合适的相处之道，有部分矫正对象甚至主动将自己的家人带来参加课程学习。

4.4.6.2 外部资源的合理引入促进既有课程体系的构建

课程持续引入了国祯书院、秋浦书院等外部教学资源，进一步丰富了课程教授形式，既包括视频案例分析，也包括专家现场讲解、矫正对象的分享讨论与意见反馈，而课程整体更是贯穿了家庭伦理、人文礼节、相处之道等内容。多方资源的引入打造了不同于司法部门强制性的集中教育学习形式，在没有司法部门强制要求的情况下，仅仅依靠课程本身的吸引力，平均每月吸引逾 20 人次参加课程学习，在学习的同时也为矫正人员群体打造了一个沟通交流的平台，相当一部分群体成员间建立了友好的互帮互助关系。

4.4.6.3 服务内容获购买方肯定

"彩虹行动"社区矫正项目于 2014 年 4 月与司法部门进行商谈，项目方案策划结合司法部门每月集中教育学习需求设立"彩虹感化课程"服务模块，依据司法部门开课模式进行每月一次课程安排，初次设定以传统文化教育为主线，链接传统文化教育方面的专家学者、核心志愿者共同进行课程内容设计及体系开发，感化课程结构体系初步形成，课程内容设计得到司法部门肯定。

4.4.7 总结及反思

根据《社区矫正实施办法》，矫正人员的每月集中教育学习内容集中在公共道德、法律常识、时事政策等方面，内容相对较为枯燥单调，尤其是在司法部门相对严肃的环境下，矫正人员都处于被动接受教育一方，难以放开心态真正投入学习中去，往往所教授的内容难以达到学习初衷。在社会工作者介入开展课程后，课程内容更贴合矫正人员的实际需求，在与司法部门法制教育同步进行的情况下，挖掘多个角度的题材起到了积极正面的作用，让参与学习不再成为一种负担而变成一种乐趣，进而能有些许的收获。我们的课程讲师、核心志愿者包括社会工作者本身所扮演的不是教育者的角色，更像是一个传道者，将人世间的一些真善美的理念和思想在矫正对象这个群体中进行传递，同时也为矫正对象搭建这样一个互助交流的平台，让大家在彼此互动交流中学习他人身上的闪光点，让一些积极分子起到"传帮带"的作用，为矫正对象心理认知、价值倾向、生命意义在理论上的重新构建与生活中的投入践行。

第5章

“五社”微创孵化

社区社会组织是指以社区居民为成员、以社区地域为活动范围、以满足社区居民的不同需求为目的，由居民自发成立或参加，介于社区个体组织（社区党组织和社区居委会）和居民个体之间的组织。[①] 中共中央国务院《关于加强和完善城乡社区治理的意见》指出：大力发展在城乡社区开展纠纷调解、健康养老、教育培训、公益慈善、防灾减灾、文体娱乐、邻里互助、居民融入及农村生产技术服务等活动的社区社会组织和其他社会组织。推进社区、社会组织、社会工作“三社联动”，完善社区组织发现居民需求、统筹设计服务项目、支持社会组织承接、引导专业社会工作团队参与的工作体系。[②]

安徽省也积极出台相关政策培育、支持社区社会组织的发展。2013 年，安徽省民政厅出台《关于培育发展社区枢纽（联合）型社会组织的指导意见》（民管字〔2013〕192 号），提出努力健全布局合理、结构优化、功能完善、作用明显的社区社会组织体系；坚持社区、社会组织、社会工作专业人才“三社联动”，努力形成以社区党组织为核心、社区居民自治组织为主体、社区社会组织为补充的社区管理服务格局。[③]

合肥市爱邻社会工作服务社立足社区需求为本的理念，积极探索“五社联动”运作机制，基于社区居民的需求，引导社区居民参与社区服务，积极推动以服务促自治，在社区服务过程中，发现社区骨干力量，培育孵化社区社会组织，着力推动社区社会组织的发展，培育出社区治理的重要主体。

---

① 陈志卫，戴志伟，等．新社会组织实践与研究［M］．北京：中国社会出版社，2008：148.

② 中共中央国务院．关于加强和完善城乡社区治理的意见［EB/OL］．（2017-06-13）[2017-07-08]. http://politics.people.com.cn/n1/2017/0613/c1001-29334679.html.

③ 安徽省民政厅．关于培育发展社区枢纽（联合）型社会组织的指导意见［EB/OL］.（2013-12-21）[2017-07-08]. http://www.ahnpo.gov.cn/thread-15614-1.html.

5.1 “五社联动”推动社区微治理创新

5.1.1 方兴社区“五社联动”探索与试点

包河区方兴社区成立于 2015 年 5 月 23 日，位于滨湖新区中部，辖区面积 11.8 平方千米，规划人口 30 万人。该社区是经合肥市委市政府批准设立的全市第二个街道级“大社区”，自成立以来，方兴社区积极推动基层治理创新，探索“五社联动”模式，推进智慧社区建设，减少管理层级，推进扁平化管理和走动式服务，促进社区治理体系和治理能力现代化。方兴社区坚持问题导向，在微观层面进行创新探索，引入合肥市爱邻社会工作服务社，逐步培养了“五社联动”多元主体，创新了社区治理体制机制，搭建了社区治理平台，完善了社区项目化运作流程，初步探索出一条以“五社联动”推进方兴社区“微治理”创新的有效途径。

5.1.1.1 完善“三社联动”机制

针对“三社联动”尚未形成制度性机制、项目未可持续运转和社区导向性不强等问题，方兴社区以蓝山小区等为试点，引入社会资本和社区自治两“社”，建立了“社区服务 + 社会组织 + 社会工作 + 社会资本 + 社区自治”的“五社联动”新模式。实现在社区服务、社区治理、社区自治中信息互联互通，协同联动推进社区服务体系完善，实现社区治理创新，保障了“联”和“动”的持续性，完善了“三社联动”机制。

5.1.1.2 实现项目可持续运转

针对“三社联动”社区服务项目缺乏持续化、专业化发展的问题，方兴社区引入了“社会资本”。一方面，成立全省首个 PPP 模式组建的居民自治专项基金——“乐治方兴”；另一方面，“孵化”高校学生、社区居民、社会爱心人士等优秀志愿者充实社区服务队伍。通过引入社会资本，培养社区治理人才，针对社区治理现实需求，培育具有专人负责的社区社会组织，使社区服务和项目可以长期有效地开展并形成服务品牌，实现了社区服务项目的专业化与持续化运转。

5.1.1.3 广泛提高居民参与率

针对“三社联动”在培养社区居民自治意识和自治能力方面缺乏效率的问题，方兴社区引入了“居民自治”。针对社区治理的现实需求，引导居民积极主动参与服务项目设计，广泛提高居民参与率，为社区居民提供专业化、精细化的服务。此外，不仅提供社区服务，而且通过服务改变社区居民认知、改善社区治理环境，解决社区深层次治理难题；把居民自治与社会需求、社会组织和社会服务项目紧密结合起来，促进居民邻里交流，促进社区居民自治，推动社区发展。

5.1.2 方兴社区“五社联动”主体和角色定位

方兴社区对“五社联动”的主体和角色有着明确的定位。

5.1.2.1 “五社联动”的界定

方兴社区将“五社联动”定义为，以社区服务中心（站）为基层服务平台，以社会工作人才为核心，以社区社会组织为服务载体，通过社区服务项目化运作方式，吸纳多元化社会资本，联动社会其他力量，加强和创新基层社会治理体制和机制建设，提升治理能力现代化，开展社区服务、合力推进社区治理创新，探索出以“五社联动”推动社区微治理的新模式。实行“五社联动”是贯彻落实习总书记把创新社会治理重心落到基层城乡社区的具体行动，是激发社会组织活力的有力举措，是推动社会工作专业化、职业化发展的有效途径，有利于发挥“五社”在安徽基层社会治理体系和治理能力现代化上的独特功能，对我国新形势下创新基层社会治理、提升社会公共服务水平、促进社会和谐具有重要意义。

5.1.2.2 “五社联动”主体和角色定位

1. 社区服务

社区服务作为各级各类资源的汇聚平台，无论在“三社”还是“五社”中，其主要功能都是实现社区服务项目化。但在“五社”中，社区服务的内容更加注重规范化、可持续化和专业化的发展，以回应群众需求、长期有效解决社区问题，为“五社联动”提供资源保障。

2. 社会工作者

社会工作者在过去的“三社联动”中作为一支不可或缺的专业力量，其主要功能是为社区和居民提供服务。在“五社联动”中，社会工作者的主体不变，但角色有了新变化。社会工作者更关注社区和社区居民的全面发展，主要角色是给予服务上的指导，引导社会组织和居民培养社区治理意识和能力。

3. 社会组织

社会组织在“三社”和“五社”中作为载体依托，主要是为居民提供服务。在“五社”中，社会组织的主要角色是在社会工作者引导下参与社区问题解决，在此过程中提供机会，带动居民参与社区服务，进而培育孵化社区社会组织。

4. 社会资本

社会资本是“五社”引入的新主体，主要包括社会资本、基金会、企业、志愿者或其他社会力量。主要角色定位是为社区服务提供各项资源，联合社区相关部门、居委会、社会工作者、居民代表、物业、志愿者等，保证服务开展的持续化和专业化，有利于社区社会组织能力的提升。

5. 社区自治

社区自治同样是“五社”引入的另一个新主体，包括居民自治组织和居民，在过去的“三社”中，没有此主体。在“五社”中，其主要角色定位是解决社区问题，实现居民自治。在方兴社区的社区治理模式中，社区自治指以居民为主体，通过社会工作者引导社会组织带动居民开展社区服务，居民自主地管理社区事务和解决社区的服务、物业、居民互动等问题，实现从自治到社区共治的发展。

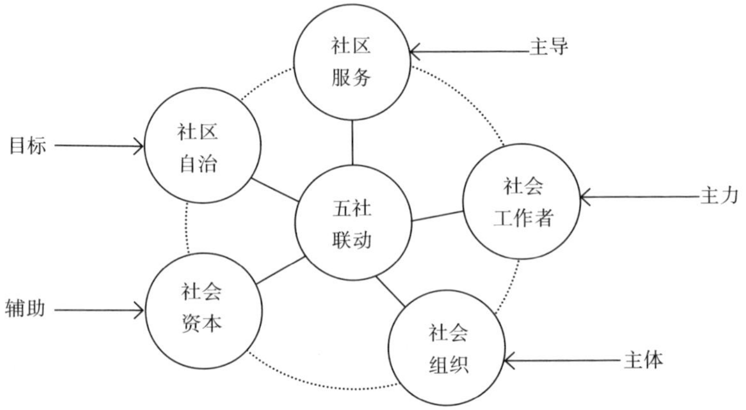

图 5.1 “五社联动”主体与角色定位

5.1.3 社会工作引领“五社联动”的运作机制

合肥市爱邻社会工作服务社以社区居民为主体、以社会组织孵化为驱动、以社区自治为核心，针对社区自治问题、居民需求以及社区治理中存在的难题，探索出服务项目运作机制、居民自治机制和考核评估机制。

通过设计并开展“幸福邻声”“悦读坊”“太极拳队”“巧妇坊”等各种特色性、品牌化项目，回应社区居民需求，培育社区自治主体，不断创新社区治理，孵化培育了邻里关爱团、太极拳队、巧妇坊等社区社会组织。

5.1.3.1 服务项目运作机制

在服务项目运作机制未出现前，缺乏需求评估和项目设计流程，社区服务较为粗糙，缺乏针对性。而方兴社区的“五社联动”服务项目运作机制，以项目化运作方式为载体，引入专业社会工作者力量，设计并开展了一系列社区服务项目，如邻里互助社区参与项目、社区社会组织孵化与培育项目、引入专业社会力量参与社区服务项目，实现了“五社”的“联”与“动”，推进了社区治理体系创新。

5.1.3.2 居民参与治理机制

居民参与治理机制的建立以万科蓝山小区为试点，形成了以社会工作者为引导、以社区服务为内容、以自治组织 + 社区社会组织为载体、以居民参与为目标、以居民评议监督为手段的机制。

1. 参与机制

社会工作者和社区工作人员通过对小区居民走访、社区问卷调研，发现居民需求，征求居民意见。同时，摸排社区精英，发掘居民积极分子，蓝山小区以蓝山社会服务站为平台，积极发挥蓝山居委会（筹备组）联系居民、发动居民的作用，挖掘热心居民。以社会工作者为核心，以约谈、座谈会、活动分享会、提议会等形式不断鼓励居民参与其中，培养居民积极分子，进而成为带头人。此外，为培养居委会筹备组的参与意识，社区开展能力建设小组学习共 5 次，外出观摩学习 2 次，对蓝山小区进行信息采集、入户走访 10 次。在项目设计和开展过程中，凝聚对活动感兴趣的居民，参与调研，独立开展活动，同时争取“乐治专项基金”以及公益创投项目的支持，让团队有人力、物力的支持，从而带动“五社联动”。

2. 治理机制

为解决社区难题，居委会筹备组建立社区难题收集机制，组织居民建立发现、讨论和解决问题的机制。挖掘对居民自治工作有热情、有担当、有想法的居民领袖，激发居民内生力量，营造居民自治空间，推动方兴社区居民自治工作；筹建居委会筹备组，不断培养居委会在建议、监督和评议等方面的功能，增强其治理主导能力；在居委会下设成立专委会，其中物业专委会了解居民意见和需求，为居民提供物业服务相关方面的服务。此外，亲子专委会主要就是为满足孩子群体及家庭教育等方面提供服务需求。

蓝山小区通过营造居民自治服务空间，逐步引导居民自我服务与自我管理，提升居民参与社区难题治理的意识和能力，以此促进社区共治，提升基层社会治理能力和治理水平，深化社区服务内涵，提高和谐幸福感。

3. 考核评估机制

方兴社区服务中心制定了《方兴社区社区社会组织及社会工作者考评方案》，细化了社区社会组织和社会工作者考评标准实施细则，加强了对方兴社区辖区内的社区社会组织管理，提升了社会工作者工作效率，提高了社区服务质量。例如，建立“五社”相互评估机制，对社会工作者评估，其他各方共同参与。此外，为了保障项目运作成效、第三方评估机构的独立和专业性，方兴社区引入安徽博爱第三方评估机构，协助对方兴社区各项目方案进行改进和完善，开展项目服务内容及成效的具体化督导工作。

5.1.4 “五社联动”项目化运作流程

蓝山小区“五社联动”以项目化运作方式为载体，建立了居民全程参与的社区需求评估—多元服务项目设计—服务项目实施与管理的项目化运作流程（见图 5.2）。

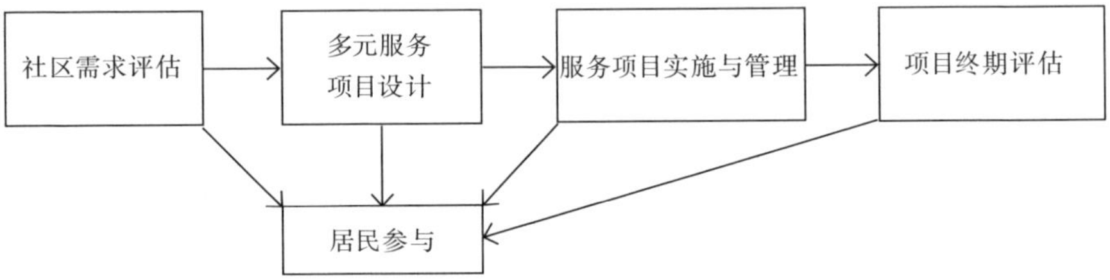

图 5.2　蓝山小区“五社联动”项目化运作流程

5.1.4.1 社区需求评估

随着蓝山小区服务的增多，居民需求也呈现出多样化的特点。方兴社区引入社会工作者进驻社区，社会工作者作为服务与督导的主体，引导社会组织对居民需求进行评估，设计问卷、挨家走访和宣传，摸排小区基本情况，分组轮流走访服务范围内的各个社区，观察、了解社区中的活动资源，并通过有目的地与居民聊天、问卷调查等方式收集居民需求情况，为策划和设计服务项目提供目标和方向。同时，居民提出意见，参与评估。

5.1.4.2 服务项目设计

蓝山小区以社区需求为导向，指导社会组织和居民设计合适的服务项目，带动了居民的积极性，实现了社区、社会工作者和居民的联动。例如，社会工作者指导社会组织进行项目书的申报与撰写，并在项目书修改过程中给出意见。社会组织撰写项目书，并开展项目建议会，居民积极参与并分享和交流心得。此外，引入第三方评估机构，就项目立项评估、专项基金购买等方面形成评估报告，交于大社区和基金会进行讨论。

5.1.4.3 服务项目实施与管理

蓝山小区通过开展一些专业性较强的服务项目带动社区治理。例如，开展了“幸福邻声”“悦读坊”“太极拳队”“巧妇坊”等长期性社区服务项目，在此过程中培育了 3 支社区社会组织，即邻里关爱团、太极拳队和巧妇坊社区社会组织。

5.1.4.4 项目终期评估

项目终期评估围绕项目完成情况、服务满意率、项目宣传、项目财务及其他综合评价等方面进行绩效考评，并形成评估报告，着力提升项目实效。

5.1.4.5 居民参与

在项目化运作流程中，居民参与到每个环节，从需求评估提出意见、服务项目参与设计到项目运作参与实施，提高了居民参与社区治理的积极性，促进了居民邻里交流和居民自治。

方兴社区发挥了社会工作者人才的核心作用，充分发挥“五社”各自的角色定位和功能作用，推进社区治理力量向“专业化、职业化”方向发展。

激发了社会组织的活力，提升了社区治理的公共服务能力。通过实施社区服务的项目化机制，引入社会资本介入社会服务项目，发挥社会力量和志愿者作用，拓展社区治理的筹资渠道，拓宽公众参与社区治理的路径，推动和创新社区治理，解决了社区自治、居民自我服务和社区治理难题，保障了“五社联动”运作机制的运转。

通过实施“五社联动”，方兴社区构建了多元共治的社区微治理格局，探索了“社会治理体系和治理能力现代化”在基层实践的有效途径，提升了社区治理的现代化水平。

5.2 微公益创投激发居民自治活力[①]

5.2.1 案例背景

培育和孵化社区社会组织是有效服务社区、构建和谐社区的重要途径，但是如何推动社区社会组织有效参与社区治理也是一个重要课题。滨湖明珠社区辖区内主要有滨湖明珠小区、滨湖品阁小区，但因周边有合肥一中、六中等重点学校，因此，居民多是购房或在此陪读。在新的社会形势下，社区居民对公共服务需求的项目越来越多，对服务质量的要求也越来越高，社区所提供的公共服务不可能面面俱到。而在社区内，热心居民很多，活跃的社区社会组织较多，也许只是一个闪念，或是一个小举动，但再微小的需求，一旦被发掘出来，也可以撬动社会的大需求、大服务。因此，通过微公益项目将热心居民和社区社会组织整合起来，激发他们融入社区，与社区服务互动发展，并且参与到社区治理中去具有重要的时代意义和现实意义。

5.2.2 问题需求分析

5.2.2.1 居民层面

社会工作者通过问卷调查、走访、会谈等形式针对辖区内的普通居民及热心居民、社区社会组织进行了需求调研，经过分析得出，虽然小区居民需求多样化，要求给予式服务较多，但也有较多热心居民及社区社会组织愿意为小区做一些公益性服务，同时他们的服务意愿大多能和居民需求

① 本案例来自于滨湖明珠社区微公益创投项目，旨在通过社区微公益创投建立和完善以社区为平台、以社会组织为载体、以社会工作人才为支撑的“三社联动”机制，着力扶持一批社区社会组织，培育一批居民核心骨干，打造一批品牌化公益项目，提高居民对社区公益服务的认知度和参与度，建设公益社区。

不谋而合，希望社区可以放心地交给他们一些公益性事务为小区居民服务。

5.2.2.2 社区层面

社区虽然在社区治理环境下进行体制改革，但是仍以行政为主，同时工作人员较少，难以在社会服务上投入过多的精力。而社区微公益创投，坚持以社会需求为导向，建立和完善党建引领，社工支持，服务支撑，路径引导的运作机制，着力扶持一批社区社会组织，培育一批领军型公益人才，打造一批品牌化公益项目，提高居民对社区公益服务的认知度和参与度，建设公益社区，是符合社区体制改革路径的，因此社区非常支持以微公益创投带动热心居民、社区社会组织参与社区治理，为社区缓压的同时也能满足居民需求。

5.2.3 理论基础分析

5.2.3.1 增强权能理论

增强权能理论假设个人的无力感是由于环境的压迫产生的，同时，每个人都不缺乏权能，但是由于社会环境的影响阻碍了他们潜能的发挥，社会工作者可以尽可能地为服务对象争取资源，重视服务对象能力的提升，与服务对象建立起协同伙伴关系，从而激发与提升服务对象的权能。[①]

通过微公益创投促进热心居民及社区社会组织能力的提升，提高对小区事务的认知度，加强与小区居民的接触和了解，满足居民的需求；同时，在这一过程中，通过其影响力带动更多的人参与。通过增能理论，不断培养他们增强自己的能力，进而带动其他居民的转变，营造居民自治氛围。

5.2.3.2 地区发展模式

地区发展模式是美国学者罗斯曼根据社区发展及社区建设的相关经验提出的社区工作实务模式。其含义包括 3 个方面：一是强调是一种以地

① 张忠杰，张琼丹. 社会工作综合能力（中级）[M]. 北京：知识出版社，2016：95-96.

区为基础的经济、社会、文化等实质内容的发展；二是强调是一种发展理念，以促进居民的需求与当地资源、环境和人口的协调、可持续发展；三是强调社区工作作为一种介入方法，推动社区居民自下而上地参与、合作，让居民集体组织起来掌握、利用社区资源，解决社区问题，满足社区福利需求，增强社区归属感和凝聚力。[①]

地区发展模式较多关注挖掘培育社区内在的人力、物力、财力等资源，联合社区内各社区治理的主体（社区居民委员会、业主委员会、社会工作机构、社区居民、其他社会组织等）回应社区问题或需求，提升社区治理水平。社会工作者立足居民共性需求，以微公益的形式促进居民及社区社会组织申请公益项目，最大可能地让辖区居民在小区治理当中进行相互合作，促进社区内部人力、物力、财力等综合发展。

5.2.4 服务设计

5.2.4.1 服务目标

旨在通过调动社会组织、社会工作者及其他社会力量参与社区建设的主动性、积极性和创造性，支持社区各类社会组织的微公益尽快在社区落地生长，满足社区居民多样化需求。

5.2.4.2 服务策略

1. 动员多元社区治理主体

从承接主体上，尽可能动员辖区可动员的力量，参与此次微公益创投。如服务项目申报主体包括经区民政局登记注册或者在街道备案的社区社会组织 、社会工作机构、企业、社区居民志愿服务队、大学生志愿服务队和社区居民个人。

① 张忠杰，张琼丹. 社会工作综合能力（中级）[M]. 北京：知识出版社，2016：194–195.

2. 多渠道征集微公益服务项目

从宣传策划上，通过多种渠道如微信、QQ、小区公告、走访动员等形式，面向滨湖明珠社区各企业、社区社会组织、各共建社会工作机构、大学生志愿者联盟和社区居民成员发布活动通知，征集服务项目。

3. 规范服务项目管理

从服务要求上，服务项目尽可能地规范化、正式化、简单化，让承接主体认真对待微公益创投，增强服务项目设计的规范性、专业性。如经过筛选确定入围项目，按项目计划书实施，在项目实施结束后进行总结评估。在项目进度安排上，只简化到筹备阶段、实施阶段和总结阶段 3 部分。

5.2.4.3 实施过程

1. 筹备阶段

（1）明确项目目标，充分认识微公益创投项目对于社区居民自治的意义和价值，统一社区工作人员、社会工作人员及其他相关团队的思想和行动。

（2）组建项目评审小组，确定项目负责人，负责项目的组织、实施工作，做好人员分工，协调各方面的行动和工作，确保项目早日启动并顺利完成。

（3）制订项目实施方案，确定具体可行的细化指标，作为项目执行过程中的行动指南。

2. 实施阶段

（1）项目申报。申报单位可通过公告、滨湖明珠社区微公益创投 QQ 群、微信公众账号等载体查看活动公告和相关信息，下载并填写《项目申报书》及其附件，再将申报材料报送至滨湖明珠社区社会服务站。

（2）项目评估。滨湖明珠社区社会服务站对申报材料进行初审；初审后由合肥市爱邻社会工作服务社和包河区社会组织服务中心等第三方机构评估组成的专家团队对项目进行评审。专家评审主要对申报项目的主要内容、受益对象、进度安排、解决的问题和预期社会效益、项目预算安排的科学性和合理性以及项目的必要性和创新性等进行评审。

（3）项目立项。项目公示无议后，立项单位根据评审委员会意见和最终立项资金，对项目进行优化，以使项目计划书更加合理严谨，项目预算科学准确。提交正式纸质版项目书，由滨湖明珠社区社会服务站批准立项。

（4）项目实施。项目执行单位根据项目方案组织项目实施。在项目实施过程中，滨湖明珠社区社会服务站组织专家或第三方对项目进行指导监督，并开展中期督导。

3. 总结阶段

项目实施完毕后，项目执行单位应按照相关制度要求，对项目实施情况认真进行总结。

5.2.5 服务评估与反思

5.2.5.1 服务评估

滨湖明珠社区微公益创投项目经过项目调研、征集、评审等环节，最终“小记者，大视界”“不老梦想秀”“美味生活我做‘煮’”等 16 个创意项目成功入选，涵盖为老服务、青少年儿童服务、文娱康乐、社区营造等多个领域。在实施过程中，不断尝试探索创新，帮助社区居民实现从“自娱自乐”到“参与治理”、从“单一活动”到“项目运作”、从“各自为政”到“抱团取暖”的转变，最终促进社区实现居民自治。

5.2.5.2 服务反思

1. 专业价值观

社会工作是一种帮助人解决困难、协调人与环境之间关系的专业服务，同时也是促进和谐社会建设的主要手段。社会工作的目标不仅是帮助有困难或有需要的个体和群体解决现实生活和发展中的困难，改善他们的社会功能，促进他们融入社会，更重要的是社会工作还要致力于通过制度建设和政策改革推动社会进步，促进社会发展，实现平等和公正。

滨湖明珠社区微公益创投项目的实施，给予社区每个居民个体、社区社会组织、志愿者等个人和团队一个自我展示的平台，挖掘社区需求，并付诸行动，把需求转化为项目实施，营造多元居民自治氛围、增强社区自助参与意识、激活基层社区社会组织活力，推动社区发展。

2. 服务过程

对于入选项目，滨湖明珠社区根据项目体量、预估效果以及参与人群等指标，给予 300 ～ 2000 元的扶持资金。此外，社会工作者作为专业力量，对各入选项目开展的各项活动予以不同程度的技术、资源等方面的支持，保持和各项目负责人紧密联系，在项目实施过程中，进行全程跟踪，定期督促其报送项目实施的进展情况，同时引入第三方评估机构对项目的不同阶段进行专业督导和评估。

3. 服务目标的设定

该项目的总目标是建立和完善以社区为平台、以社会组织为载体、以社会工作人才为支撑的“三社联动”机制，着力扶持一批社区社会组织，培育一批领军型公益人才，打造一批品牌化公益项目，提高居民对社区公益服务的认知度和参与度，建设公益社区。在总目标的基础上，项目也设立若干阶段性、可量化目标，如半年开展一次督导培训、项目结束培育出 3 支社区社会组织等。

4. 服务成效

微公益创投项目降低了项目申报门槛，打破了以往只针对正式登记注册社会组织的惯例，除了热衷于社区公益或有一技之长的“草根”居民踊跃参加外，还吸引了辖区企业和一批大学生志愿者等，把社区里单一零散的公益需求集结到一起，形成与辖区居民需求相匹配的公益服务项目，让更多居民不出家门口就能感受到“微公益”的力量，享受到精细化、个性化的服务。

截至 2016 年年底，滨湖明珠社区微公益创投项目共开展相关主题活动 120 余次，服务对象覆盖了社区青少年儿童及其家长、中青年和老年人群体。通过微公益创投项目整合各类资源，建立起“社区 + 社会组织 + 社会工作人才+高校社团+社会力量”的特色性“五社联动”社会治理新模式，为社区自治注入活力，营造多元居民自治氛围、增强社区自主参与意识、激活基层社区社会组织活力，推动社区发展。

5. 专业成长

滨湖明珠社区微公益创投项目基本上是由项目团队提出活动设想，社会工作者协助完善活动计划，社区提供场地、管理等支持，活动实施由项目团队主办，社区和社会工作者协办。通过这种模式，前期对项目团队进行引导和培养，通过定期召开例会、前往其他社区参观学习，让滨湖明珠社区微公益创投项目负责人对于项目的实施和在社区的发展有了更清晰的概念。后期在成熟的服务项目基础上，培育和孵化使之成为社区社会组织，并在后期提供培训骨干、策划筹备活动等服务，让他们共同参与社区服务和社区建设。

5.3 志愿互助、你我同行

——“创意手工坊”成长之旅

5.3.1 案例背景

随着城市化进程的加快，人口老龄化速度的提高，如何进一步提升城市退休老人的生活品质；如何引导老年服务对象走出家门、走进社区，真正实现老有所学、老有所乐、老有所为；如何孵化培育老年社区社会组织，并引导它们健康、持续、规范的发展，一直是社会工作者努力解决的问题。

2015 年 8 月，合肥市蜀山区笔架山街道社会组织培育孵化项目①成功申报并落地开展，项目旨在对辖区内已有的社区社会组织提供能力建设等支持，同时积极培育孵化新的服务型、互助型社区社会组织，促进居民参与、邻里互助、社区共融。在此目标的指引下，天鹅湖社区第一项老年常规服务——创意手工坊开展起来了。

5.3.2 问题及需求分析

社会工作者在走访过程中发现，天鹅湖社区的老年退休群体综合文化素质很高，且兴趣爱好广泛，在社区和社会工作者前期的努力下，文康类的社会团体逐渐稳定并持续地将服务开展起来。但除了吹拉弹跳，很多退休老人表示希望能在退休后的岁月里做自己更想做、更有意义的事。手工作为一项既动手又动脑的活动，一直受到老年群体的喜爱，借助手工这一平台，不仅能接触到很多有共同手工爱好的同辈群体，所做出的手工作品也能够充分发挥它的用处。

---

① 本案例来源于笔架山街道社会组织培育孵化项目，项目周期为 2015 年 8 月至 2016 年 7 月。

5.3.3 理论基础

活动理论认为，活动水平和参与程度高的老年人比活动水平和参与程度低的老年人更容易感受到生活的满意，更容易适应社会[①]。现代医学证明，勤于用脑的人比懒于用脑的人，脑力退化速度要缓慢得多，较少说话的老年人比常有人陪伴的老年人更容易患老年痴呆症。因此，让老年人保持较多的活动，积极参与社区活动，对其身心健康很有益处。

马斯洛需要理论中归属和爱的需要认为，每个人都希望与他人建立感情的联系或被群体接纳。此外，马斯洛需要理论中自我实现的需要是希望通过个人的努力来实现目标进而体现自己的价值[②]。退休老人通过参与手工活动，不仅丰富了退休生活，还在团队中结交了很多同辈群体，一起享受快乐的公益活动过程，感受更多的爱和关怀。

5.3.4 服务设计

5.3.4.1 服务目标

1. 总体目标

通过开展创意手工坊，丰富活跃社区老年人的晚年生活，展示社区退休居民良好的精神面貌与手工风采，最终组建一个社区志愿互助类社会组织。

2. 具体目标

（1）让参与者学会手工作品的制作方法，既动手又动脑。

（2）鼓励参与者在活动中积极与他人沟通，结交同辈群体。

（3）通过宣传，吸引更多的社区手工爱好者参与活动，促进居民参与。

（4）在服务过程中挖掘潜在的志愿者，鼓励大家互助互学。

---

① 张恺悌，郭平，叶晓恬，等．老年社会工作实务［M］．北京：中国社会出版社，2008.

② 亚伯拉罕·马斯洛．动机与人格（第三版）［M］．北京：中国人民大学出版社，2007.

5.3.4.2 服务策略

1. 开展创意手工坊常规服务

社会工作者组织成员们以串珠为第一期活动原材料，通过学习最简单的串珠杯垫，让成员们在活动过程中学会串珠的基本技巧，发现手工制作的乐趣，找到继续学习的自信。每期活动通过学习不同类型的手工作品，进一步提高成员们的手工兴趣，实现老有所学。

2. 创意手工坊增强团队凝聚力

社会工作者对于参与创意手工坊的成员们，采取志愿者积分激励制度并定期组织团建活动，增强团队凝聚力，实现老有所乐。

3. 组织爱心义卖促进社区互助

在创意手工坊的基础上，开展其他社区活动，以爱心义卖为主。在合适的时节，组织创意手工坊的成员们将所做的手工作品用于爱心义卖，义卖获得的收入一部分用于手工原材料的购买，另一部分用于慰问辖区高龄、特殊老人等，实现老有所为。

5.3.4.3 服务流程

1. 初期阶段

通过网络、社区宣传栏等媒介加大服务宣传，增加创意手工坊的知晓度，吸引并鼓励社区退休老人参与，初步搭建创意手工坊平台。

在社区各大宣传栏张贴活动宣传海报，通过 QQ、微信等网络媒介宣传活动。与报名咨询的服务对象交流，总结适合老年服务对象制作的手工种类，鼓励有手工制作经验的服务对象积极参与创意手工坊，并协助社会工作者开展服务。

2. 中期阶段

加大服务对象参与度并初步稳定创意手工坊团队，挖掘服务对象潜能，发展志愿者团队，通过建立爱心储蓄银行和开展爱心义卖活动，实现团队价值，反哺社区。

一是创意手工坊活动正式开展，一周一次，鼓励有手工经验和学习速度较快的成员带领其他成员一起学习。

二是每次活动参与的志愿者实行志愿者积分兑换制度，定期组织志愿者团建，增强团队凝聚力。

三是创意手工坊的手工作品一部分用于爱心储蓄银行志愿者积分兑换奖励，另一部分在合适的时机用于爱心义卖。

3. 后期阶段

在服务过程中，挖掘服务对象潜能，在志愿者团队中培养并选举出团队负责人，实现创意手工坊的自我运营和管理，进一步培养成员们的志愿服务意识。通过培养并选举出创意手工坊的两位班长，由班长负责督促如期开展创意手工坊活动、积极与社会工作者对接手工坊事宜、组织义卖活动，实现团队自我管理和自我运营。

5.3.5 服务评估与反思

5.3.5.1 服务评估

项目评估采取社会工作者自评、服务对象评估、用人单位评估、第三方评估相结合的综合评估方式。社会工作者通过服务对象满意度调查、每次活动服务对象的参与度、志愿者的招募与使用情况等相关的工具来评估服务执行的效果。根据活动开展次数，以及参与群体数量等来评估项目。评估发现：

（1）创意手工坊这一常规服务持续并稳定地开展。在活动开展以来，共有 30 余名社区退休老人参与过活动，每场活动的固定参与人数也达到了 15 人左右。在做手工的过程中，大家互助互学，退休老人们在手工坊这个大集体中快乐地“工作”着，收获了健康，也收获了友谊。

（2）通过爱心义卖等社区活动的延伸，一方面实现了创意手工坊的团队价值感，另一方面更加激励成员们积极参与活动。

（3）创意手工坊正式备案为一个志愿互助类社会组织，并参选了合肥市优秀创新案例评比，获得了社会大众的赞许，群众的认可对于创意手工坊来说更是极大的鼓励。现在在团队班长的带领下，常规服务有条不紊地开展着。

5.3.5.2 服务反思

1. 立足服务对象需求激发参与热情

在常规服务开展过程中，服务对象的加入也会有先后顺序，社会工作者在活动过程中要一视同仁地对待每一名服务对象，对所有的服务对象都应该保持相同的尊重、赞赏、真诚的态度。每一期的手工主题都尽量征求服务对象的建议，立足他们的需求开展活动，更能带动大家参与服务的积极性。同时，活动初期就要与成员制定好规章制度，说明手工作品的去向，明确项目志愿服务的性质。

2. 促进同伴互动提升动员能力

手工对于老年服务对象来说其实难度挺大，因为退休老人眼力、体力都有限，学习速度也较慢，在手工制作的过程中，要引导学得快的成员带领学得慢的成员学习，互助互学。在活动过程中，应经常采取同伴互动技巧，鼓励在活动中积极踊跃的服务对象多在活动中发言，带动和感染其他服务对象，这样既能够提高动员效果，又促进了人际互动。

3. 培养团队骨干力量

在服务过程中，社会工作者没有将经费花在请专业手工老师上，而是有意地培养和挖掘成员内的志愿者，不仅节约了人力成本，而且更能够带动大家的学习积极性。同时，在服务过程中注重培养团队骨干，慢慢地放手让负责人带领团队，真正达到助人自助。

5.4 培育草根社区社会组织，助力社区发展[①]

5.4.1 案例背景

合肥市包河区望湖街道望湖社区是 2009 年 7 月成立的现代化社区，坐落在包公故里巢湖之滨，所辖 6 个居民小区均为中高档住宅小区，居民整体受教育水平、经济水平较高。社区内有社区服务中心、社会服务站、各类社区社会组织 54 个。然而在日常社区活动中，居民多数只对社区的文娱类活动感兴趣，许多居民参与社区活动需要工作人员的多次邀请；已有的社区社会组织活动内容单一，多为一个组织内部的活动。为进一步吸引居民走出家门，走进社区，增强居民及已有社区社会组织对社区的认知度及参与度，望湖社区社会组织联合会依托合肥市社会组织发展基金会，申报了公益项目，以孵化新的服务型、互助型社区社会组织为抓手，对已有的社区社会组织提供能力建设支持，搭建社会化服务平台，广泛发动居民参与社区服务，促进望湖社区辖区内居民自我服务、自我管理。

5.4.2 问题需求分析

望湖社区现有入住居民 8700 余人，以自住人员为主。低保户数 1 户共 3 人，60 岁以上的老年 800 人，占社区总人口的 9.1%；16 岁以下青少年 740 人，占社区总人口的 8.4%。望湖社区居民整体素质较高，各类群体对社区服务的形式和内容要求也更为多元化。然而长期以来，服务形式多以社区为主，偏重社会工作者主导组织开展、居民被动参与的形式，居民自发组织及参与的相对较少；服务内容多以文娱、节日性主题活动为主，志愿、互助

① 本案例来源于望湖社区社会组织培育孵化项目，旨在搭建社会化服务平台，促进社区居民的社区参与，对已有的社区社会组织提供能力建设等支持，培育孵化新的服务型、互助型社区社会组织，促进居民参与、邻里互助、社区共融。项目周期为 2016 年 9 月—2017 年 8 月。

类相对缺乏；已有社会组织缺乏参与交流的平台。具体分析如下。

5.4.2.1 老年服务方面

望湖社区60岁以上老人多为退休人员，经济条件较好，为了充实退休后的空闲生活，通过相同的兴趣爱好，自发成立了一些文体团队，如葫芦丝、京剧、黄梅戏等。然而老年文体团队虽多，自发性较强，但在社区开展的活动也只限于一些文体活动，比如重阳节文艺会演、春节联欢会等主题活动，活动内容单一，多为一个组织内部的活动，各类团队之间缺少平台交流互动，对社区服务的认知度及参与度偏低。

5.4.2.2 儿童服务方面

2014～2016年，由包河区民政局支持的为期两年的“乐淘淘儿童阅读”项目成功挖掘出3～7岁儿童的早期阅读需求，提供了绘本阅读、经典诵读等基础服务，满足此类人群的需求。然而社会工作者在开展儿童服务的过程中了解到儿童家长这一新的服务群体，他们既是服务对象，也可发展为儿童服务资源。这类群体有社区参与、儿童教育、自我价值实现等方面的共同需求。

5.4.2.3 社区社会组织方面

目前，望湖社区社会组织联合会已备案社会组织54个，其中自发的老年文体类团体较多，服务型、互助型的社会组织缺乏。同时，自发性强的团体缺乏组织化管理及平台展示，通常各自运转，缺乏统筹管理，服务内容单一或重复性较大。文体类、服务互助类团队存在能力建设、服务规范、统筹管理等方面的需求。

5.4.3 理论基础分析

5.4.3.1 马斯洛需求层次论

马斯洛把需求分成生理需求、安全需求、社交需求、尊重需求、自我实现的需求这5类，依次由较低层次到较高层次排列。在自我实现需求之后，还有自我超越需求[①]。望湖社区居民整体经济条件较好，在满足了基本的生理需求和安全需求后，需要满足更高层次的社交需求、尊重需求及自我实现的需求。

5.4.3.2 系统理论

系统理论起源于20世纪四五十年代，该理论认为个人是家庭的组成部分，家庭又是社区、社会的组成部分，每一个系统都是另一个高级系统的子系统，每个系统环环相扣，密切相关，任何一个子系统出现问题都会导致整个大系统或其他系统的异常，反之亦然。根据平卡斯和米纳汉对于系统的三分法可以将其划分为非正式或者称为原生系统（如家庭、朋友、同事）、正式系统（如社区群体、商会）和社会系统（如医院、学校）[②]。

望湖社区是一个由6个小区组成的现代化社区，社区的成长发展会为居民带来积极的影响，同时社区的发展也离不开每个辖区居民的参与。

5.4.3.3 增能理论

“增能”一词是社会福利界的用语，从“Empowerment”翻译过来，又可译作“充权”或“赋权”，意思是让人有更大、更多的责任感，有能力去做自己应该做的事。“增能”一词的使用可以追溯到20世纪70年代，当时美国学者巴巴拉·所罗门（Barbara Soloman）提出对被歧视的美国非洲裔黑人增能的工作，从而把增能注入了社会工作，甚至纳入了社区工作的议程。20世纪90年代以来，增能已成为社会工作领域提倡的重要价值观念和工作模式之一。增能是个人在与他人及与环境的积极互动过程中，获得更大的对生活空间的掌控能力和自信心，以及促进环境资源和机会的运用，以进一步帮助个人获得更多能力的过程[③]。本项目通过为社区社会组织成员及辖区居民提供培训、督导等能力支持，增强其自身能力，更好地参与社区服务。

① 王思斌．社会工作概论[M]．北京：高等教育出版社，1999.

② [英]马尔科姆·派恩．现代社会工作理论[M]．冯亚丽，叶鹏飞，译．北京：中国人民大学出版社，2008：154。

③ 朱眉华，等．社会工作实务手册[M]．北京：社会科学文献出版社，2006.

5.4.4 服务设计

5.4.4.1 服务目标

1. 培育孵化文体类、服务类、家长互助类社区社会组织

立足居民需求，开展老年兴趣类小组、儿童亲子类小组，搭建交流互动平台，满足社区老年群体兴趣爱好方面的需求，引导服务对象走出家门、走进社区，与其他同辈群体相识、相知，提升社区认知及参与度，培育孵化新的文体类、服务类、家长互助类社区社会组织。

2. 提升社区社会组织参与社区服务的能力

对已有社区社会组织提供功能强化、能力建设、服务统筹等方面的支持，提升已有社区社会组织参与社区服务的意识和能力。

3. 促进社区参与及社区共融

在社会组织及社会化服务统筹的过程中，引导其参与开展社区活动，促进居民社区参与及共融。

5.4.4.2 服务策略

1. 搭建居民参与平台

社会工作者立足居民需求，通过开展老年兴趣类、儿童亲子类小组，搭建居民互动平台，吸引居民走出家门。通过活动促进居民对社区服务的认知，提升居民自我服务、自我管理意识。

2. 拓展居民参与路径

通过开展小组服务，发展出一批稳定的服务对象，形成自助互助小组。通过备案自助互助小组，形成正式的社区社会组织，拓展社区居民参与社区服务的路径。

3. 构建“三社联动”，丰富社区服务主体

“三社联动”即以社区为平台、以社区社会组织为抓手、以社会工作者为推动的服务模式，形成资源共享、优势互补、相互促进的良好局面，加快形成政府与社会之间互联、互动、互补的社会治理新格局。

5.4.4.3　服务流程

1. 搭建基础服务平台，孵化培育社区社会组织

望湖社区整体的人群特点是受教育水平、经济水平较高，对社区服务的需求也集中在文化、学习这个层面，所以社会工作者通过兴趣吸引，以开展老年文体类服务、儿童综合服务为切入点，开展各类小组，通过小组逐步孵化培育服务类、文体类、互助类、志愿类等各类社区社会组织。

2. 支持已有社区社会组织的能力建设

目前，望湖社区已备案社会组织 54 个，其中自发的老年文体类团体较多，且缺乏组织化管理及平台展示，通常各自运转，缺乏统筹管理，服务内容单一或重复性较大。社会工作者针对以上特点，为已有的社区社会组织提供培训讲座、互助交流、外出学习，提升能力建设。

3. 引导社会组织反哺社区服务

将孵化培育出来的社会组织及通过能力提升的社区社会组织进行资源整合，引导各类组织结合自己的能力特点积极申报并承接力所能及的社区公益服务活动及项目，实现社区社会组织反哺社区服务，居民自我服务、自我管理，促进社区自治。

5.4.4.4　服务设计实施过程

1. 前期准备

在前期准备中，社会工作者进行了两方面的工作：一方面是需求调研，招募小组成员，对服务对象进行需求评估；另一方面是制订符合小组成员实际情况的小组计划书。经过一个多月的工作，本案例中的 6 个小组前期工作基本完成。具体情况如下：

（1）根据前期需求调研结果，以促进社区参与为目标，社会工作者共设计 6 个开放性小组，每个小组 6 ～ 12 节活动，每节组员不少于 10 人，以每月

1次的形式开展。小组的内容包括5种形式：①热身游戏，建立融洽的氛围；②兴趣培养；③讨论分享，交流各自的经验，互相学习；④团队建设；⑤理论方法与技巧分析，通过理论与实际相结合的讲解，让组员理解社区参与方面的知识，掌握开展活动的方法和技巧。每次小组活动都贯穿了以上至少3项内容。

（2）针对老年群体开展“微课空间”智能手机教学小组、“厨艺作坊”烹饪小组、“爱心驿站”手工坊、“园艺之家”绿植小组，吸引居民走出家门，走进社区，在了解社区服务的同时，满足老年群体社交、自我实现的需求。

（3）针对儿童及家长群体开展亲子关系活动、绘本阅读、读书分享小组、兴趣培训小组，针对家长开展家长课堂，增进家长之间的互动，并从中发掘积极者，发展成为家长志愿者，促进其参与社区服务。

2. 开展小组

（1）小组初期。

1）社会工作者：这一阶段，社会工作者所扮演的主要是活动的组织者、服务的直接提供者、场地及专业资源的链接者等角色，如对接安徽建筑工业学院大学生志愿者进行智能手机教学，对接辖区周边商家“福年来”进行厨艺教学，对接辖区周边商家花店进行园艺教学等。目标主要是满足基本的兴趣培养、学习技能等需求，尽可能地吸引更多的居民参与到社区活动中来，并通过游戏，使组员间互相熟悉，探寻小组目标和规范。小组初期社会工作者需要和组员做好沟通与协调，鼓励他们按时、积极地参与活动，并观察发现积极者且有相关特长的组员，将其发展成为组长。

2）组员：这一阶段，活动由社会工作者组织并通知组员参加，组员处于接受指令或观望状态，象征性地参与活动。最初，组员对社会工作者持怀疑态度，有陌生和抗拒感，要求直接提供帮助及服务。例如，在厨艺小组、手工小组中，组员希望一直由老师教学。前期选出的组长协助社会工作者做一些辅助工作，如场地布置等，组员对组长缺乏信任。

3）小组状态：组员对集体参与缺乏信任，不参与活动或不遵守规则，面对组员的抗拒或过度依赖，社会工作者通过沟通及一系列互动，促成了组员间的沟通，同时发现和培养小组骨干，使小组顺利过渡到成熟阶段。帮助组员在小组中找到自己的位置，但是小组骨干的位置尚未巩固，且处于观望状态，认为自己是支持者和配合者。

（2）小组中期。

1）社会工作者：需要挖掘社区资源，扩大宣传，广泛吸纳组员，增进组员间的接触，改善关系。针对小组开展过程中出现的问题，从最易满足的需求和问题开始，邀请居民一起协商，一件一件地解决。例如，协商组织名称、活动开展时间、组织发展规划等。这一阶段，社会工作者不越界，不参与决策，防止居民产生依赖性，同时发自内心地鼓励和欣赏骨干。社会工作者开始从直接服务提供者渐渐转变为引导者、协助者，主要目标是挖掘小组中的积极者进行鼓励并将其培养成为居民骨干，在吸引更多居民加入小组的同时进一步促进基础服务的开展。

2）组员：小组开展到中期，组员通过学习交流掌握到了基本的编织、厨艺等技能，因为拥有共同的兴趣爱好，组员的沟通和互动增强，但组员在价值观等方面也会产生冲突和矛盾，组员出现了一定的负面情绪，如迷惑、焦虑、有超越他人的意愿、依赖，觉得没有工作人员的支持就无法完成很多事。但受到前期活动的影响，小组成员更加确定小组对他们的意义，再度选择投入。这一阶段骨干在小组中发挥着重要作用，例如协调组员间关系，主动联系组员开展活动，带领组员分享心得，并主动学习新的内容，教授组员。

3）小组状态：组员之间渐渐熟识起来，并形成了一批稳定的成员，他们会以带动身边亲朋好友的形式不断发展组员。同时，小组中较积极的组员会主动学习新的其他类型的手工品制作，逐渐形成以自助互助为模式的小组。此阶段小组领袖地位确定，规范被大家接受并遵守，小组能够初步有效地处理各种突发事件，小组进入凝聚和谐阶段，组员间互相信任，归属感增强。

（3）小组后期。

1）社会工作者：社会工作者带领组员就前几次活动进行了回顾，引导组员反思自己的收获和变化，同时巩固已成立的小组和已培养的社区骨干，稳定社区参与力量，引导社区领袖总结经验并分享，对于较成熟且有意愿继续发展的小组如手工、厨艺，正式协助成立组织并备案为“邻里花坊”“‘煮’妇联盟”。社会工作者正式退出小组，由骨干成员负责组织的发展。

2）组员：组员分享自己参加小组后思想上、认识上的变化，同时也表示了不舍，组员间彼此交流心得和感受，还互相提出许多建议以及今后组织的发展方式，对社会工作者给予他们的帮助表示由衷的感谢。此时骨干看到组织的变化，产生成就感和责任感，担负起组织发展的重要责任。

3）组织状态：此时组织决策民主化，组员间共同协商建立组织事宜。新成立的组织朝气蓬勃，社区骨干充满理想并积极主动，团队意识形成。正式组织的运转方式为通过社区骨干召集固定成员，定期开展本组织常规服务。

3. 能力建设，自我提升

针对新培育的和社区已有的社会组织，社会工作者组织开展了一系列主题培训，如项目书撰写、活动开展技巧等，定期开展外出交流学习、督导，一起就社区建设献计献策，或者鼓励其在社区内开展志愿服务活动，居民在为社区建设做出贡献的同时提升自我能力。

4. 组织参与，反哺社区

针对较成熟的社区社会组织，社会工作者鼓励引导其除了常规服务外，可以结合本组织的特点，积极参与或申报望湖社区党建发展金项目[①]（以下简称“发展金”）。自发展金成立以来，社区社会组织共申报和开展了4次志愿服务活动。开展活动前，组织负责人会与社会工作者对接相关事宜，如计划书撰写与修改、协商服务内容与形式等。待项目组审批通过后，组织负责人便召集组员协商并开始活动前期准备。

阶段一：2016年9月至2017年3月。“邻里花坊”申报了发展金，开展

① 该项目由社区设立，凡社区社会组织中有党员的即可申报，项目内容为在辖区开展公益志愿类服务，项目周期为2016年10月至2017年9月。

了2次爱心义卖活动。活动前期，社会工作者与组织负责人开展了对接会议，会议主要确定了活动的开展时间、分工、义卖资金用途等相关事宜，经组员协商决定由全体成员共同编织成品，其中4人负责现场售卖，2人负责慰问活动。第一次活动结合社区中秋节主题开展，"邻里花坊"主要负责丝网花的制作、现场售卖、后期慰问品购买及慰问活动；社会工作者负责场地、横幅、桌椅。组员经过一个多月的积极准备，编织了丝网花成品10多盆以及娃娃等，共义卖了375元，并通过与"义基金"[①]提供1∶1配套资金共同使用，配套后所得750元，全部用于望湖社区辖区内高龄、空巢、独居等特殊老人慰问。第二次活动由"邻里花坊"与乐淘淘儿童阅趣馆共同开展，以义卖丝网花成品和跳蚤市场的形式，"邻里花坊"负责丝网花的制作、现场售卖，乐淘淘儿童阅趣馆负责招募亲子家庭、对接公园活动场地以及后期慰问活动，共义卖了575元，并通过与"义基金"提供1∶1配套资金共同使用，配套后所得1150元，用于慰问合肥市福利院儿童。

阶段二：2016年12月及2017年1月。"'煮'妇联盟"申报了发展金，开展了2次爱心餐活动。活动前期，组织负责人向社会工作者表达了开展志愿服务的意愿，社会工作者在辅助组织申报活动成功后，对接社区，为组织提供了辖区高龄、空巢老人的名单。组织负责人联系好老人后，与组员协商决定活动当天由组织中2人负责买菜及做饭，1人负责与老人聊天，活动开展了2次后得到了老人的高度认可，增强了社会组织的信心及成就感，同时实现了社区社会组织反哺社区服务，促进了社区参与。

① "义基金"是2015年10月由合肥市爱邻社会工作服务社、安徽乐邦慈善基金会、合肥市蜀山区民生社会工作服务社共同发起成立的公益专项基金，通过为公益义卖、义演等活动1∶1配套资金，用于支持义工为特殊人群开展物资与服务帮扶。

5.4.5 服务评估与反思

5.4.5.1 服务评估

1. 立足居民需求，整合社区资源

社区社会组织的主体是社区居民，除了有效地整合社区的场地和软硬件设施资源外，社会工作者在基础服务开展过程中立足居民需求，吸引居民走出家门，并在活动中发现积极者、有才能者，通过督导、鼓励等方式培养成为组织负责人。与引进外部资源相比，这些人更了解社区发展情况及辖区居民需求，开展服务时才能更有针对性、更加贴合社区实际。

2. 居民参与服务，组织不断壮大

从兴趣吸引到自助互助，再到反哺社区服务，培育孵化的居民社区社会组织遵从了从走出家门到睦邻融合，再到走进社区发展的良性社区参与模式。组织有固定的负责人，能有效保障组织常态化、稳定化发展，立足居民需求也有利于组织的发展壮大。

5.4.5.2 服务反思

1. 组织独自运营困难

在场地、软硬件设施方面，要靠基层社区提供长期支持，开展服务的资金来源也有限，需要社会工作者通过争取项目资金的方式给予资金支持。总体来说，一旦没有资金支持，培育孵化的社区社会组织独立自主运营困难较大。

2. 组织专业性较低

由草根组织培育成社区社会组织，且以居民为主体，主要依靠组织成员的自主意识和服务积极性，资历和专业性方面参差不齐，需要专业社会工作者统筹提供能力建设、宣传展示以及社区参与平台等方面的支持。

第6章
共治助推自治

社区居民自治是基层社会治理中的重要环节，只有居民主动参与社区公共事务并管理好自己的事情，才能促进社区治理多元化参与。在社区治理创新背景下，重在强调加快转变政府职能，创新社会治理体制机制，改进社会治理方式，激发社会组织活力，实施政社分开，实现社区共建共治。但是，目前基层政府的各项行政任务仍是主体性工作，社区治理主体较单一，社会服务功能较为弱化，社区成员参与社区活动和行使民主权利的广度和深度都还远远不够。

合肥市爱邻社会工作服务社自2013年3月派遣专业社会工作者进驻滨湖世纪社区，以观湖苑小区为居民自治试点，逐渐总结居民自治经验并向滨湖世纪社区辖区其他8个居民自治点推广，并于2015年5月推广到方兴社区，形成了具有区域特色的“滨湖经验”。“滨湖经验”主要以社会工作机构作为资源整合主体，搭建基层社会服务平台，采用“社会工作者+社区社会组织+社区自治”三社联动服务模式以及“社工+义工”双工互动模式，以服务促自治，以项目稳自治，以微公益促进多元社区力量参与自治，营造居民自治空间，以提升居民自我服务意识和参与能力为目标，探索符合区域性发展特色的社区居民自治新体系，共同推动居民自治与社区共治。

6.1 "服务 + 项目 + 微公益"下的社会工作介入居民自治工作模式

——社会工作介入滨湖世纪社区居民自治工作

6.1.1 背景

中共十八届三中全会关于全面深化改革若干重大问题的决定指出，要发扬基层民主，促进群众在城乡社区治理、基层公共事务和公益事业中依法自我管理、自我服务、自我教育、自我监督，同时强调加快转变政府职能，创新社会治理体制，改进社会治理方式，激发社会组织活力，实施政社分开，实现居民自治。2012 年年初，安徽省委省政府下发了《关于扩大社区管理体制改革试点的指导意见》。合肥市第十次党代会也提出："要充分发挥社区在社会管理中的基础性作用，创新社区管理模式，探索推进社区综合管理体制改革"。顺应这一要求和社会管理服务的现实需要，包河区在滨湖新区范围启动社区管理体制改革试点工作，滨湖世纪社区服务中心由此"应运而生"。2012 年 12 月，合肥市委市政府正式批准设立滨湖世纪社区作为全市第一个新型街道级大社区，主要是通过改革来建立新的城市管理模式，实现由传统街居管理模式向现代社区治理模式转变，即建立"党委领导、多元共治、居政分离"的社区治理结构。然而滨湖世纪社区各项行政任务仍是主体工作，社区治理主体较单一，社会服务功能较为弱化，社区成员参与社区活动和行使民主权利的广度和深度还都远远不够。

滨湖世纪社区辖区内有滨湖世纪城、蓝鼎滨湖假日两个超大型居住区以及人民银行宿舍、蓝鼎观湖苑小区和滨湖和园回迁安置区，2013 年辖区居住人口近 10 万人，饱和入住人口约 18 万人。人口结构具有"四多"特点，即青少年多、老人多、妇女多（尤其是 25 ～ 40 岁未就业妇女多）、流动人口多（外来人口近万人），具有明显的新区、新居民特点，居民融入社区环境较慢，容易产生"城市冷漠症"。

基于以上情况，为了让社会服务从公共行政事务中脱离出来，同时为实现社区自治与共治，带动社区服务模式的转变，把居民自治与社会需求、社会组织和社会服务项目紧密结合起来，滨湖世纪社区自2013年3月起向合肥市爱邻社会工作服务社引进专业社会工作者，依托职业社会工作者、专业社会工作机构，搭建基层社会服务平台，以服务促自治，以项目稳自治，以微公益促进多元社区力量参与自治，以提升居民自我服务意识和参与能力为目标，营造居民自治空间，探索符合区域性发展特色的社区居民自治新体系，共同推动居民自治与社区共治。

6.1.2 服务思路

滨湖世纪社区以党建引领、社工支持、服务支撑、路径引导创新社区居民自治与共治，逐步形成了区域特色。在推动居民自治过程中，以“微党建、微自治、微服务”的三类微项目为抓手，推动社区共治理事会，筹集资金。推动项目落实，助推社区自治组织回归自治本位，培育自治人才，实现社区自治与共治。

6.1.2.1 服务理念

以社会工作介入居民自治，搭建基层社会服务平台，不断挖掘居民骨干，孵化培育社区社会组织，推动以服务促自治，带动居民自治主体多元参与，推动多元主体积极承接小区公益项目，以微公益促进多元社区力量参与自治，提升居民自我服务意识和参与能力，营造居民自治空间，探索符合区域性发展特色的社区居民自治新体系。

6.1.2.2 服务策略

（1）通过社会工作者介入，设计、策划一系列有针对性的活动或服务，从而促进居民参与，发现热心居民或居民积极分子，孵化培育符合居民需求的社区社会组织。

（2）通过社区社会组织开展和实施服务或活动，从中发现社区精英，并将其培养成社区社会组织负责人，由其统筹、实施、开展相关活动（服务），社会工作者协助，居委会（筹备组）监督、评议，同时社会工作者协助居委会（筹备组）成员培养居民代表。

（3）能够通过普选团结居民成立诸如志愿服务专委会、亲子教育问题专委会、楼栋自治小组等，为小区存在的问题或现象“代言”，即具有建议、评议、监督的权利，从而进一步提高居民自治意识，建立健全居民自治机制，促进社区共治。

（4）通过设置社区“U”基金，以微公益创投形式，促进居委会、社区社会组织、居民骨干等申请、组织、实施公益项目，进一步有组织、有目标的动员各方力量参与居民自治，实现社区共治。

6.1.2.3 服务模式

1.“社会工作者 + 社区社会组织 + 社区自治”联动服务模式

通常意义上的“三社联动”服务模式是以“社工 + 社区 + 社区社会组织”为其核心概念，但除了社会工作者、社区社会组织是明确的概念外，其中的“社区”是界定不明的，因它具有行政和区域两重理解。在基层社会服务开展中，社会工作者、社区社会组织应以社区服务为介入点，进而开展为民服务。但社区服务范围较大，如何把为民服务转变成居民自我服务、自我管理、自我教育、自我监督呢？这就需要把“社区自治”理念注入其中，因此，此处的“三社联动”是指采用“社会工作者 + 社区社会组织 + 社区自治”服务模式介入到居民自治服务当中去。

2.“社工 + 义工”双工互动模式

“社工 + 义工”的服务模式，即通过“社工引领义工服务、义工协助社工服务”的模式，建立社会工作者、义工联动发展的机制，向社会提供更加专业化的服务，有针对性地开展工作。在居民自治服务过程中，只有不断发挥志愿者的力量，才能影响居民不断参与社区事务，推动居民自治。

6.1.3 理论基础

6.1.3.1 马斯洛需求层次理论

马斯洛认为人都潜藏着不同层次的需要，即生理需要、安全需要、爱与归属的需要、尊重的需要、自我实现的需要。这些需要在不同的时期表现出来的迫切程度是不同的。人最迫切的需要才是激励人行动的主要原因和动力[①]。开展居民自治是立足于居民需求，以居民需求为导向设计策划服务活动，促进居民的参与度，加强与邻里的交流，增加互助，满足其安全、爱和归属的需求，同时进一步发挥其优势特长，加强自我服务和管理，满足其尊重、自我实现的需求，从而促进对居民自治的认可度。

6.1.3.2 镜中我理论

人的行为在很大程度上取决于对自我的认识，而这种认识主要是通过与他人的社会互动形成的，他人对自己的评价、态度等，是反映自我的一面“镜子”，个人通过这面“镜子”认识和把握自己。因此，人的自我是通过与他人的相互作用形成的[②]。居民自治侧重的是自我服务、自我管理、自我教育和自我监督，通过一系列的服务活动参与，让居民实现从参加到参与、从了解到认同、从参加服务到自我服务等一系列改变，不断加强居民间互动共享，提高对居民自治的认知能力。

6.1.3.3 增能理论

能力不是稀缺资源，经过人们的有效互动，人们的能力可以不断增强。这里的能力发生在 3 个层面，即个人层面、人际关系层面、环境层面[③]。在居民自治推进过程中，需要不断发掘热心居民并将其培养成为居民骨干，或者不断孵化培育社区社会组织，通过其影响力带动更多的人参与；通过

---

① ［美］亚伯拉罕·马斯洛．动机与人格［M］．许金声，等，译．北京：中国人民大学出版社，2007.

② ［美］查尔斯·霍顿·库利．人类本性与社会秩序［M］．北京：华夏出版社，1999.

③ 张忠杰，张琼丹．社会工作综合能力（中级）［M］．北京：知识出版社，2016：95-96.

增能理论不断培养他们增强自己的能力，进而带动其他居民的转变，营造居民自治氛围。

6.1.3.4 地区发展模式

通过对社会整体和社区内部的分析，假定可以通过和谐的共识手法，达到社区的稳定，使居民有归属感而且能够相互合作，从而促进社区内部人力、物力资源的综合发展①。滨湖世纪社区具有典型的新区、新居民的特点，居民来自五湖四海，互相不认识是常态，不利于社区的和谐、健康发展，因此社工运用此理论，立足居民共性需求，策划设计整体服务方案，并与居民们一起商讨确定共性目标以及多个服务板块，以微公益的形式促进居民申请公益项目，由居民骨干或社区社会组织组织实施，尽最大可能地让辖区居民参与居民自治，进行相互合作，促进社区内部人力、物力、财力等综合发展。

6.1.4 服务内容

6.1.4.1 搭建社会服务平台，促进多元参与，增加社会资本

依托职业社工，引入专业社工机构搭建基层社会服务平台，统筹协调社区党委、社区服务中心、网格、居委会筹备组、社区社会组织、驻地单位等各方力量参与居民自治，整合资源，增加服务资本，协力推动居民自治。

6.1.4.2 树立助人自助理念，立足居民需求，以服务促自治

在居民自治过程中，树立社工“助人自助”的核心价值理念，做好需求调研工作，立足社区实际及居民需求，开展相关服务，不断推动自我服务、自我管理、自我教育、自我监督的“四自”服务功能的发挥，进而达到以服务促自治的目的。

---

① 张忠杰，张琼丹. 社会工作综合能力（中级）[M]. 北京：知识出版社，2016.

6.1.4.3 营造居民自治空间，提升居民意识，发挥自治功能

建立以党支部为领导、以网格为支持、以社会工作者为引导、由社区社会组织及驻地单位等广泛参与、以居委会筹备组为主体的“五位一体”的居民自治服务架构，营造社区管理主体；整合辖区各类活动室、室外广场、景观区、显示屏、宣传栏、楼道等，让居民有足够的空间参与自治服务，不断提升居民的自治意识，进而发挥提议、监督、评议的功能。

6.1.4.4 深化项目管理理念，发挥微公益力量，助自治稳前进

居民自治是一个长期社区治理过程，需有目标、有计划、阶段性地推进，社会工作者以项目的形式分阶段、有针对性地开展居民自治，动员居民自治主体积极申请微公益项目，共推居民自治稳步前进。

6.1.4.5 提升社区管理水平，促进社区共治，打造幸福社区

以居民自治为基础，把社区社会组织、社会工作者和社区居民有机联系起来，形成新的社区群落生态，激发社区活力，维护社区和谐稳定，提高社区居民的归属感和幸福感。

6.1.5 服务历程

第一阶段：搭建社会服务平台，社会工作者介入居民自治，组建居委会筹备组，确立居委会筹备组自治工作模式。

滨湖世纪社区于 2013 年 3 月向合肥市爱邻社会工作服务社引进 3 名专业社工，积极搭建基层社会服务平台——滨湖世纪社区社会服务中心及社区社会组织孵化园（现为社区公益坊），在平台的统筹运营下，社会工作者对滨湖世纪社区所辖的 8 个网格开展需求调研，在综合人力、物力、财力及基础服务上，选定居民自治试点。

以社会工作者介入观湖居民自治为例：社会工作者在进驻观湖网格后，协助滨湖世纪社区、观湖网格党支部等筹建观湖居委会筹备组，制定居委会筹备组成员挑选标准和挑选流程。具体操作：由网格在辖区摸排热心

公益事务、乐于奉献、愿意为居民服务并有一定组织协调能力的热心居民，由网格党支部选择并确定居委会筹备组候选成员，通过一段时间考察后推选出 3 名成员，然后邀请辖区内的党员代表、社区社会组织代表、居民代表等召开居委会筹备组成立大会，正式组建居委会筹备组。为使工作落到实处，确保小区居民更广泛地了解、参与小区事务和服务，积极提供软硬件支撑条件，如为畅通民意诉求渠道，确保居民代表能正常议事、决策，居委会设立“社情民意接待站”“社区议事会议室”等各类服务空间和接访电话、公示栏、意见箱等相关设施。协助居委会建立健全各项工作制度，促进居委会对各项事物进行规范化管理。在服务的不断推进中，慢慢确立了以网格党支部为领导、以网格为支持、以居委会为主体、以社会工作者为引导，由社区社会组织及居民积极参与的“五位一体”的自治工作模式。确立以居民参与为目标、以社区社会组织为载体、以服务为内容、以居民监督评议为手段的居民自治工作机制，形成了居委会筹备组自治的工作模式。

第二阶段：立足社区居民需求，社会工作者设计服务项目，实行项目化运作，促进多元参与。

社工在选择居民自治试点后，随着服务范围的逐渐扩大，社会工作者会发现社区利益群体不断增多，居民服务需求呈现多元化、明确化，社区行政管理任务繁杂的问题也很明显，因此社会工作者会扩大居民自治服务队伍（如社工＋义工)，开展社会服务，通过社区服务促进社区自治。

结合滨湖世纪社区的实际情况和居民需求，首先，需要整合资源，为辖区居民开展特色社会工作服务，优先满足老人、妇女、儿童等特殊群体的服务需求，如开展儿童阅读服务、儿童志愿服务、妇女社交兴趣小组服务、妇女技能提升服务、邻里关怀服务、老年文体服务等。其次，开展社区社会组织孵化、培育、引进和能力建设工作。孵化培育儿童志愿服务类社区社会组织，如绿娃娃志愿服务队、小螺号志愿服务队、绿色小卫队等；孵化培育妇女增能服务类社区社会组织，如巧手妈妈工作室、玲珑指达人馆、梦飞扬文艺队等；孵化培育邻里关怀类的社区社会组织，如亲情六敲门爱心服务队（现为观湖爱心大使）等。最后，协助社区开展居民自治的指导、培训等事务，推动基层社会服务的体系化、规模化、规范化、品牌化建设，如观湖爱心长椅项目、亲情六敲门项目、中秋百家宴、跳蚤市场、绿娃娃志愿服务等一系列品牌项目。同时，引进外部资源参与社区服务，如安徽乐邦慈善基金会的“义基金”，在琼临居委会筹备组成立了“V爱义卖互助委员会”，通过联动辖区商城、网格、志愿者团队等在社区开展义卖，所得款项以实物或现金形式捐给辖区残疾、困难人群，并在社区内进行推广和项目化运作，打造可复制、可持续的服务项目，带动更多的利益群体参与其中，共同协商解决社区问题，提高居民满意度。

第三阶段：发现热心居民或积极分子，并充实到社区社会组织当中，以服务项目促进社区社会组织孵化培育，开展相关社区活动或服务，为辖区居民提供公益志愿服务，逐渐形成社会工作者介入居民自治的“社工+社区社会组织+社区自治”联动服务模式。

通过第二阶段活动的开展，社会工作者成为居民自治的主导。为了进一步发挥居委会筹备组、居民等的力量，通过赋权增能理论，社会工作者故意“化简为繁”，即在服务项目中规划各种促进居民参与的环节，如各类讨论会、分享交流会、总结会、推进会等，发现热心居民或积极分子，然后将他们不断地充实到孵化培育的社区社会组织当中去，如邻家花舍、睦邻爱心社、绿娃娃志愿者服务队、巧手妈妈工作室等，进而让社区社会组织独立组织、开展、实施活动，使每位居民都能感受到自治带来的温馨活力，营造“自治在身边”的活动氛围。在一系列服务活动的开展中以及各类社区社会组织的孵化培育中，慢慢凝聚了一批热心居民，他们开始关注社区事务，愿意为社区问题“代言”，有的在儿童、老人、妇女等特殊群体服务中奉献自己的力量，慢慢担当起组织负责人，为辖区居民提供公益志愿服务。

通过以上工作的开展，发挥了社会组织调动社会力量参与社区管理、激发社区活力的作用；发挥了社会组织根植社区、调动居民的参与积极性、提升社区居民参与度的作用。社会工作者提供专业化、个性化服务，以社区自治为基础，把社区社会组织、社会工作者和社区居民有机联系起来，同时把“社区自治”理念注入“三社联动”服务模式，把为民服务转变成居民自我服务、自我管理、自我教育、自我监督，从而形成了社会工作者介入居民自治的“社工 + 社区社会组织 + 社区自治”联动服务模式。

第四阶段：协助居委会筹备组培养居民代表，成立相关专委会、居民小组，完善居民自治服务体系。

社会工作者以孵化社区自组织为抓手，根据居民特点和入住率等情况，因地制宜地设计开展楼栋特色活动，如绘本进楼栋、亲情六敲门、主题板报、楼栋运动会等，从而招募、聘任楼栋爱心使者，同时居委会筹备组成员协助社会工作者将其培养成为爱心使者。首先，让爱心使者慢慢接触居民自治，从宣传居民自治知识入手，以主题板报的形式加强与同楼栋、同单元居民的交流；其次，让爱心使者发挥搭建桥梁的作用，让居民共同探讨家风文化建设，进而爱心使者以其居住单元（楼栋）为基地，营造邻里一家亲的温馨氛围，创建良好的自治小环境；最后，通过楼栋自治，展示多元楼栋文化（家风建设、爱心大使形象、主题板报、居民活动剪影等），通过社区社会组织开展活动或服务，不断凝聚居民力量，发掘潜在社区精英，逐步培养成为社区居民代表，成立相关居民自治组织，如亲子教育专委会、志愿服务专委会、楼栋自治小组等，推动居民对社区服务进行建议、评议和监督，培养居民的居民自治能力，如自我管理、自我服务、自我教育和自我监督的“四自”能力，完善居民自治服务体系，实现居民自治，促进社区共治。

第五阶段：试点推广，助力居委会选举工作，促进居民自治工作深入发展。

自 2013 年 3 月社会工作者介入滨湖世纪社区以来，以观湖为试点的工作取得一定成效后，根据社区实际，又先后派驻 3 名社会工作者分别在观湖、融荫、清枫、琼临居委会筹备组开展居民自治，同时兼顾其他 4 个居委会筹备组的指导工作，并于 2015 年 7 月起成功协助滨湖世纪社区辖区内的 8 个居委会筹备组进行居民委员会的选举工作，按照公开、平等、竞争、择优的原则动员居民推选居民代表，在辖区内进行公示，由具有选民资格的居民进行投票，全程在居民代表的监督下，实现了全民参与的居委会选举，达到“居政分离”的目的，实现社区管理体制的创新，深化了社区服务的内涵。在下一步工作当中，将继续以“社工＋社区社会组织＋社区自治”联动服务模式，以服务促自治，以提升居民的自我服务意识和参与能力为目标，建立社区居民自治体系，共同推动居民自治，促进社区共治。

第六阶段：设置社区“U”基金，以微公益创投形式，让居民自治主体持续有效地参与自治，为社区共治而努力。

随着居民自治的不断深入以及各个自治主体的成长发展，居民自我服务、自我管理、自我教育、自我监督的意识也在不断提高，但是如何让各个自治主体持续有效并能朝着整个居民自治的目标迈进呢？为此，社会工作者、社区积极联动社会资源，如滨湖世纪社区共治理事会、安徽乐邦慈善基金会等，共同发起成立滨湖世纪社区“U”基金，设立居民自治基金，明确居民自治目标，以微公益创投的形式鼓励辖区各个居民自治主体申请、组织、实施微公益项目，在此过程中社会工作者扮演的角色也在不断地转变。社会工作者在各个居民自治主体申请项目时，通过培训、督导的形式引导他们朝着居民自治方向完善自己的公益项目，在他们组织实施项目时陪伴他们共同成长，在项目结束后进行跟进评估，协助他们做好评估工作，不断提高项目质量。如今，滨湖世纪社区第一届微公益项目创投项目已在2016年顺利结项，并在2017年3月召开了居民自治盛典，让所有参与方验收成果并找出差距，共同朝着居民自治、社区共治这个大方向迈进。

6.1.6 服务特色

（1）依托专业社工、专业社工机构，搭建基层社会服务平台，策划、设计、实施贴近居民需求的服务项目，强化社会服务功能，让专业的人做专业的事，让居民群众充分享受多样化的服务。

（2）社会工作者在项目方案设计过程中“故意”化简为繁，细化工作流程，目的是吸引居民参与服务全过程，培养居民参与社区公共事务和公益事业的意识与能力。

（3）社会工作者策划、设计用服务推动居民自治，在让居民充分享受服务的同时，让居民为提升服务质量建言献策，从旁观者变为参与者，从参与者变为组织者、策划者，进而成为社区精英，成为居民代表，建立社区自治组织，促进居民自治主体多元化。

（4）建立社区“U”基金，以社区微公益的形式促进居民自治主体有目标、有组织地进行居民自治，并把社区居民自治目标进行合理分块，结合各个居民自治点的实际情况，促进各个居民自治主体申请、组织、实施微公益项目，增强了他们的参与性、主导性，同时也提高了他们的自治能力，明确了自治方向。

（5）建立居民自治工作模式和工作机制，通过召开社区、网格、物业、社区社会组织会议，梳理居委会与各方的关系，逐步建立以网格党支部为领导、以网格为支持、以居委会为主体、以社会工作者为引导、由社区社会组织及居民积极参与的“五位一体”自治工作模式，并最终形成以服务为内容、以社区社会组织为载体、以居民参与为目标、以居民评议监督为手段的工作机制。

（6）采用“社会工作者 + 社区社会组织 + 社区自治”联动服务模式细化了原三社联动服务模式，让居民自治在新的服务模式下更能有针对性地发挥作用；同时“社工 + 义工”双工互动服务模式也在“三社”联动服务模式下进一步提升，即组织化、规范化、持续化发展，让居民自治由点及面，带动效应明显，有利于社区服务管理创新，深化社区服务内涵。

6.1.7　服务总结及反思

6.1.7.1　工作成效

1. 居民认可度方面

社会工作者在介入居民自治过程中，利用社会服务平台传播社会工作理念，结合居民需求，设计、策划、组织、实施贴合民意的服务或活动，得到了居民的普遍认可。

2. 服务常态化方面

社会工作者运用“社工工作者 + 社区社会组织 + 社区自治”联动的服务手段，有效地把居民自治与社会需求、社会组织和社会服务项目紧密结合起来，促进了社区社会服务的常态化。

3. 工作思路方面

（1）社会工作者通过服务活动的形式，不断地发掘热心居民，而热心居民积极参与到服务活动的每个环节中，发挥了“社工 + 义工”双工互动模式的作用，在节约了人力成本和服务成本的同时，培养了居民参与社区公益事务的意识和能力。

（2）社会工作者孵化培育志愿类、文体类等社区社会组织，整合人力资源，促进社区公共事务和公益事业有组织、有规划地进行，凝聚居民力量共同推进居民自治。

（3）通过设置社区“U”基金，以微公益创投的形式，促进各个居民自治主体申请、组织、实施项目，社会工作者进行引导、指导、陪伴等，结合各个居民自治点的实际情况，促进居民自治目标进一步细化，同时也提高了他们的自治能力。

4. 组织规范方面

社会工作者协助居委会筹备组培养居民代表，成立相关专委会，建立健全了居民自治工作体制，为后来的滨湖世纪社区进行居委会选举奠定了群众基础。

6.1.7.2 存在问题

（1）社会工作者在介入居民自治前期，因各方（网格、居委会筹备组、社区社会组织、居民等）对居民自治认识不足，常会误解社会工作者的角色，导致工作开展进度慢。

（2）社会工作者在设计服务活动中，因居民需求呈现多样化，如文化需求多样、民主需求增多，导致社会工作者项目设计策划难度较大。

（3）居民自治的开展一方面是居民需求使然，但另一方面也是社区管理创新的推动，各界对其既有期望也有怀疑态度，使得社会工作者在实施推进中承受很大压力，还需应对各方的“筹谋划策”，需要不断地明确居民自治目标和介入途径、工作方法等。

（4）社会工作者在社区社会组织负责人、专委会委员的条件设置上需要充分考虑居民特点，如时间是否充裕、有无社区公益意识、有无一定的表达能力和领导力等，但面临的困难是不但需要充分掌握居民信息，还需协助居委会筹备组成员挑选居民，约谈居民是否有兴趣参与居民自治等，这是一件工作量大且烦琐的事情，需要循序渐进，不能急功近利。

（5）社区微公益项目创投的形式虽然在一定程度上激发了各个居民自治主体的积极性，但毕竟其对项目的认识不一、执行能力不一，再加上居民的时间、精力有限，很难能够按照严格意义上的项目管理开展项目，服务成效上会大打折扣。

6.1.7.3 改进措施

（1）社会工作者联合社区、社会工作机构以及各方力量，协助滨湖世纪社区相继出台了《滨湖世纪社区居民自治“1+2”文件补充规定》和《滨湖世纪社区“4+4”居民自治工作模式》等文件，界定居民自治相关方关系，明确各方责任，助推居民自治顺利开展。

（2）社会工作者充分发挥居民的智慧和力量，引导他们表达需求，通过专委会直接反映到居委会筹备组，不但解决了满足多元需求难题，也引导居民发挥建议、评议和监督的作用。

（3）实现居民自治是一个长期的过程，需要居民、社区社会组织、社区、政府、社会等共同努力，整合各方资源，只有大家同心协力，才能让居民自治不断推进和发展，真正敲开居民自治之门、打开居民自治之门、发现居民自治的魅力所在。

6.2 楼栋里的“领袖”

——楼栋自治领袖成长小组[①]

6.2.1 背景介绍

合肥市滨湖世纪社区所辖范围内有滨湖世纪城、滨湖蓝鼎两个超大型居住区及滨湖和园回迁安置区，目前居住人口近 10 万人，饱和入住人口约 18 万人。社区人口结构偏年轻化，外来人口居多，属于典型的新区、新居民区，同质性较弱、居民融合度低。社区成立之初为创新社区治理，推行“居政分离，居民自治”。楼组作为最微观、最基础的单位，承担着基层社会治理的神经末梢职能。社区把楼组自治作为撬动居民自治的重要支点，把居民自治中的“最后一千米”推进到了“最后一米”。但楼栋自治如何推进，楼栋骨干如何培养，各居委会缺少理论专业指导，需要系统学习楼栋自治的方法策略，以楼组邻里共同体的构建推动社区情感共同体的构建。

6.2.2 分析预估

首先，社会工作者通过走访座谈，了解到社区有这样一群人：他们有时间、有热心、有爱心、有公益心，愿意成为楼组自治的牵头人，为小区的人文环境做点事情，但他们缺少组织能力和统筹意识，服务活动呈现碎片化，难有显著成效。在这样的情况下，大家的积极性受挫，有退缩现象，但都有学习的意愿，希望有一个系统的学习成长机会。结合滨湖世纪社区的现状和需求，社会工作者发挥专业特长，组建楼栋自治成长小组。

---

① 本案例来自合肥市爱邻社会工作服务社负责执行的“携手自治幸福社区项目”，项目落地合肥市包河区滨湖世纪社区，项目周期为 2016 年 4 月—2017 年 4 月。

6.2.3 服务计划

6.2.3.1 小组理论依据

社会支持理论认为，人与人之间的相互支持对维系正常的社会生活是必不可少的，社会支持是由社区、社会网络和亲密伙伴所提供的感知的和实际的工具性或表达性支持。[①] 一方面，组员通过参加楼栋自治成长小组，在小组里获得社会工作者和组员的支持，获得楼栋自治的相关理论和技巧，提高领袖能力。另一方面，组员作为社区自治领袖，通过领导居民、服务居民、带领居民，为社区居民提供支持。

社会学习理论认为，通过观察别人的行为即可学习和获得这个新的行为和反应方式。小组是一个学习的场域，在这个场域中组员之间分享经历、经验，可以为每位组员提供学习的榜样或前车之鉴，充分发挥替代强化的作用。[②] 小组通过游戏、情境体验巩固组员的自治意识和自治技巧。小组采用社会目标模式，从一开始就为小组设定共同目标，如学会楼栋分析。小组的开展过程是组员共同完成“学习—模拟—实操—总结分享”的完整过程，即组员通过学习、练习及内省，最终在小组中加强自治理念，提升居民发动和居民志愿者团队管理的能力，成为居民领袖。

生态系统理论把人的发展看作是持续地适应环境，并与环境的众多层面进行系统交换的过程。人生来就有与其环境互动的能力，能够从环境中获取有用的信息，并且能向环境传达自身的信息。人在其情境中是一个联合的交流系统，人与环境相互影响，形成互惠关系[③]。小组的学习氛围影响组员，组员的成长促进小组持续发展成长。

---

① 全国社会工作者职业水平考试教材编写组．社会工作综合能力［M］．北京：中国社会出版社，2010：101.

② 全国社会工作者职业水平考试教材编写组．社会工作综合能力［M］．北京：中国社会出版社，2010：78.

③ 全国社会工作者职业水平考试教材编写组．社会工作综合能力［M］．北京：中国社会出版社，2010：105—107.

6.2.3.2　小组目标

（1）通过组建楼栋自治成长小组，搭建楼栋自治交流互助平台。

（2）通过系统的学习交流，提升组员的组织发动能力，增强组员的自治理念和技巧。

（3）培养社区领袖，扩大自治深度和广度。

6.2.3.3　小组性质

成长性小组。

6.2.3.4　对象

滨湖世纪社区楼组骨干。

6.2.3.5　时间

2016 年 4 ～ 7月。

6.2.3.6　小组程序

小组环境：安静且较为封闭的活动室，有多媒体设施。

时长：90 分钟。

活动次数：6 次，每两周一次。

人员：1 名社会工作者、1 名辅助人员。

小组活动程序如表 6.1 所示。

表 6.1　楼栋自治成长小组计划表

阶段	节数	环节名	目　标	内　容	时间
小组筹备期	第一节	游戏环节	打破生疏感，让组员初步认识	游戏“左右护法”，让组员相互认识	5 分钟
		认识小组、制定小组目标和规则	让组员了解小组，并通过制定规则和目标，使大家认同小组	介绍什么是小组、小组的形式、小组的工作内容；小组成员一起制定规则和目标	40 分钟

续表

阶段	节数	环节名	目 标	内 容	时间
小组筹备期	第一节	楼栋自治理论学习阶段	通过楼栋自治相关理论学习，让组员学习工作方法	1. 社区治理背景； 2. 影响居民自治的因素； 3. 楼栋自治的路径	40 分钟
		总结阶段	通讨引导组员分享，增强小组成员的学习能力	1. 用提问的方式，让大家回顾本期内容； 2. 由本期组长和观察员做总结	5 分钟
小组初期	第二节	游戏环节	通过从众心理游戏，增强组员的学习意识	游戏“考眼力”，这是一个“从众心理” 游戏，让组员体验下	10 分钟
		上期内容回顾阶段	通过回顾，强化小组的理念目标，也更好地衔接本课内容	回顾：小组目标、规则、楼栋自治理论内容	10 分钟
		楼栋自治实务学习阶段	通过实务学习，让组员思路清晰，更自信地工作	1. 楼栋自治的五要素； 2. 楼栋自治推进的工作方法	30 分钟
		案例和理论效应学习阶段	通过案例和理论效应的学习，可以帮助组员解决自治中出现的问题，提升他们的自治能力	1. 各地较好的项目和治理经验； 2. 社会工作的相关理论； 3. 社会心理效应解读	20 分钟
		总结分享阶段	引导组员分享自己的心得，提升小组学习能力	1. 引导组员分享； 2. 观察员和组长做总结分享； 3. 下次内容介绍	20 分钟
小组中期	第三节	团建内容介绍	让组员初步了解团建活动内容	1. 团建内容介绍； 2. 分组，选组长、起组名	10 分钟

续表

阶段	节数	环节名	目　标	内　容	时间
小组中期	第三节	游戏阶段	通过晋级游戏，增进组员之间的感情，同时学会团队合作要领	1. 滚车轮游戏； 2. 眼疾手快（夹乒乓球接力）； 3. 好好保护我（保护鸡蛋）	60 分钟
		总结分享阶段	通过引导组员分享，达到总结经验，提升学习能力的目的	1. 组员分享； 2. 各组组长和观察员分享	20 分钟
小组后期	第四节	分享会内容介绍	让组员了解分享会的流程和内容	介绍分享会的主角是小组的全体成员	10 分钟
		主题分享阶段	通过各类主题的分享，发挥组员的各种能力，形成共同学习成长的氛围	1. 入户的技巧分享； 2. 居民发动技巧分享； 3. 主题活动开展技巧分享； 4. 矛盾调解技巧的分享； 5. 居民骨干热情维护技巧的分享	30 分钟
		情景模拟阶段	通过楼栋自治工作中的真实剧情再现，让组员找到工作中的不足，学习工作技巧和方法	将组员分为两组，分别扮演居委会和居民两个角色。 1. 入户情景模拟； 2. 调解情景模拟	30 分钟
		总结阶段	通过总结，增强组员的学习动力和对小组的归属感	1. 组员做总结分享； 2. 组长和观察员总结分享	20 分钟
	第五节	观摩集合	让组员了解此次观摩的内容	介绍观摩内容是融荫居委会举办“楼栋自治一周年”庆典	5 分钟

续表

阶段	节数	环节名	目　标	内　容	时间
小组后期	第五节	观摩学习阶段	通过观摩，让理论结合实践，更好地提升组员的统筹能力	1. 介绍这一年以来的工作成绩（PPT 形式）； 2. 楼组长分享自己的心得； 3. 对现有问题梳理和未来的展望； 4. 欢庆环节（吃蛋糕、拍照合影）	80 分钟
		总结阶段	引导组员分享观摩感受，提升组员学习能力	1. 组员分享； 2. 组员和融荫居委会成员互动环节	30 分钟
小组结束期	第六节	小组总结会视频	回顾小组成立以来的点点滴滴，感受成长过程	播放总结视频	5 分钟
		组员分享阶段	引导组员学会分享，学会互动	组员逐一分享自己的心得	40 分钟
		送祝福阶段	通过组员互送祝福，增强小组的凝聚力	每位组员写一张祝福卡片，再随机送给组员们	40 分钟
		拍照合影	通过合影留念，增强组员团体意识	拍各种类型的合影	10 分钟

6.2.4　小组实施过程

组员介绍：组员共 18 名，其中包括 4 名男性。详细内容见附录 6。

6.2.5　小组评估

6.2.5.1　小组组员方面

第一节课时，有 5 位小组成员没有按时到达，导致课程推迟 15 分钟开始。在制定小组规则后，第二节课，只有 2 位成员迟到，迟到时间在 3 分钟以内，之后的小组课没有再出现迟到现象，都能做到按时出席，有事请假。课程中，有部分组员积极性高些，互动发言都比较主动，少部分组员不爱说话。为此，社会工作者在课后和组员交流，鼓励其大胆发言，并在课程设计中增加组员间的互动。在第三节课时，大家的主动性提高了，都能分享自己的心得。在观摩和模拟课后，组员们将所学习的内容运用到实际活动中，得到了很好的效果。在课程最后，社会工作者引导组员们评估小组最初制定的目标实现情况，经过大家的评估，目标都基本达成并表示交到了很多志同道合的朋友，以后还需继续学习成长。小组课程虽然结束，但是大家通过网络继续保持联系。通过组员自己评估和观察员的评估，小组组员间亲密度高，关系融洽，组织发动能力得到了提升。

6.2.5.2　社会工作者方面

在小组活动开始之前，社会工作者多次和督导交流活动内容及形式的设计，力争在内容和形式上符合组员需求，达成小组计划目标。社会工作者在小组中运用社会支持理论，提升组员的自信心，再结合生态系统理论，营造一个良好的学习环境，增强组员的学习动力。课程中，社会工作者不断调整工作角色，运用语言和肢体语言给予组员鼓励和支持，并和组员建立了深厚的感情，得到组员们的认可和感谢。

6.2.5.3　小组的成效方面

通过组员自评和小组满意度调查表的分析，组员们都比较满意小组课程内容和形式的设计，组员个人成长较大，基本达到小组最初的计划目标。最后在社会工作者的带领下，小组梳理出楼组长的职责和楼栋中可以开展的活动列表，得到组员支持，充分说明组员们的成长是明显的。小组目标在于搭建楼栋自治交流互助平台，增强组员自治理念和技巧，培养社区领袖。在小组活动过程中，组员作为社区居民骨干力量，在楼栋自治中发挥了统筹策划作用。

6.2.6　专业反思

6.2.6.1　社会工作者的角色转变

由于小组属于成长性小组，因此社会工作者特别注重调整在小组中的角色。在前 3 节课程中，社会工作者是主导者，注重专业的知识授教。到小组活动中期时，社会工作者是协助者、支持者、主持者，小组成员是分享者、主导者。到小组活动最后一节课时，社会工作者恢复主导者的角色，引导组员分享、反思，巩固所学内容。在小组活动整个过程中，需要社会工作者对角色转换调整到位，特别是该协助和支持时，越权去主导会阻碍组员的成长。

6.2.6.2　小组的跟进反馈

小组在社会工作者的带领下有序进行，目标也基本达成。现在组员们热情高涨，但小组活动结束后，必然会影响他们的热情，如何维持这种热情，小组的后续工作尤为重要。社会工作者和组员达成共识，网络交流平台继续保留，社会工作者随时可以回答大家的疑问并给予支持。每个季度由组员负责召集大家聚会一次，分享交流心得，小组发展成自助小组，社会工作者作为观察者的角色，适时给予支持。

6.3 传递绿色　快乐成长

——社区社会组织孵化培育

6.3.1 案例背景

观湖苑小区是滨湖世纪社区辖区小区之一，其位于紫云路(北)—天山路(西)—长沙路—庐州大道(东)，辖区人数(1)3万人，主要特点是商品房住户，经济水平相对较高，社区硬件设施齐全，外来流动人口较多，但存在“三多一少”的小区群体问题，即未就业妇女多、青少年儿童群体较多、老年团队多但新鲜血液注入少，属于典型的新区、新居民特征。此外，小区高空抛物、燃放烟花爆竹、乱丢垃圾等现象屡有发生，同时伴随着人口流动性大，导致居民互助参与率低、居民自治意识不强、居民互助参与率低。

观湖苑小区是以前蓝鼎社居委所在地，具有服务基础良好、群众支持广泛、居民文娱活动较多以及观湖网格已经形成等社区服务优势。滨湖世纪社区结合开展居民自治工作的要求，于2013年3月引进专业社工机构——合肥市爱邻社会工作服务社派专业社会工作者进驻小区，社会工作者以服务促自治，采用“社会工作者+社区社会组织+社区自治”联动的服务模式开展居民自治工作。结合以上内容，以小区环保为介入点，以小区儿童及其家长为主力，社会工作者通过一系列服务活动孵化培育观湖苑“绿娃娃”志愿服务队，发挥儿童志愿者队伍的优势，依托本社区的资源，增强居民的沟通与交流，通过招募3～12岁儿童家庭，倡导低碳生活环保理念，培育志愿者，为社区生活传递绿色，共享快乐。

6.3.2 案例分析

6.3.2.1 需求分析

为确定服务对象的需求，社会工作者通过社区信息平台进行预估，同时采用访谈、问卷调查法完成需求评估，通过对需求评估结果的整理归纳，确定主要需求如下。

1. 休闲娱乐、开阔视野、能力提升的需求

小区内 3 ～ 12 岁的儿童居多，辅导班较多，孩子的课余活动较少，孩子与家长的沟通不畅，亲子关系有待改善；儿童的潜能未被很好地发掘，多方面的能力亟待提升。

2. 营造安全文明、低碳绿色生活氛围的需求

小区内存在一些不文明的现象，比如高空抛物、燃放烟花爆竹、宠物随地大小便等问题，引起小区广泛关注，并有部分居民愿意走出来担当志愿者，综合考虑，从娃娃抓起，以“小家带大家”的方式，营造小区安全文明、低碳绿色的生活氛围。

3. 孵化培育社区社会组织，为居民自治奠定基础的需求

社会工作者在介入居民自治过程中，需要孵化培育社区社会组织带动居民提高自我服务的能力及意识，是居民自治的重要载体，也是居民自治的重要契机。

6.3.2.2 理论基础

1. 社会支持网络理论

每个人都生活在一定的社会网络中，个人是这个网络上的一个点，通过社会网络，人与人之间建立起复杂的联系，在这些网络关系中，对个人起到支持作用的网络构成个人的社会支持网络。社会支持网络理论指出，良好的社会支持网络对个人的成长、发展及克服困境具有非常重要的意义[①]。社区是儿童的生长环境，也是他们生活资源和文化背景的载体；有效地调用社区资源，积极挖掘社区中的积极因素，帮助儿童建立一个有效的社会支持网络，对儿童的成长和发展具有重要的意义。社会工作者通过

① 王思斌．社会工作概论［M］．北京：高等教育出版社，1999.

社区服务，帮助社区儿童建立起社会支持网络，帮助他们在以后的生活中更好地面对困境和挑战，更好地实现自我的成长和发展。

2. 马斯洛需求层次理论

马斯洛需求层次理论把需求分成生理需求、安全需求、归属与爱的需求、尊重的需求和自我实现的需求这 5 类，依次由较低层次到较高层次排列。一般来说，某一层次的需求相对满足了，就会向高一层次的发展，追求更高一层的需求[①]。当儿童在满足了生理需求和安全需求时，就会追求归属与爱的需求，一直到自我实现的需求。

3. 班杜拉社会学习理论

班杜拉的社会学习理论认为，人们通过两种类型的社会学习来掌握社会知识、经验和行为规范及技能。首先是直接学习，按照“刺激—反应—强化”的过程。然后是观察学习，即通过观察他人对刺激的反应而进行学习。在社区社会组织孵化培育过程中，一方面，社会工作者带领志愿者妈妈策划、组织及实施活动，通过亲自体验与观察作为组织负责人的行为反应，让其学习如何培育社区社会组织、开展社区主题活动，从而培养其独立自主培育社区社会组织的意识及能力；另一方面，通过爱绿护绿环保类各种活动，让儿童在体验与观察之中学习如何从我做起爱护家园，掌握变废为宝的技巧并与其他人分享快乐，并将所学到的知识运用到实际生活中，从而建立低碳环保、爱绿护绿的理念与正确的行为规范。

6.3.3 服务计划

6.3.3.1 服务目标

1. 儿童方面

儿童作为参与者和目标人群，社会工作者通过在整个组织孵化培育过

① 王思斌 . 社会工作概论［M］. 北京：高等教育出版社，1999.

程中的学习、交流、锻炼，提升和帮助儿童建立良好的朋辈关系，学习绿色低碳生活的理念与方式，提高儿童的沟通及与人交往、合作的能力；使儿童收获快乐，用丰富多彩的活动课程充实儿童课余生活，帮助他们开阔视野，寓教于乐；使儿童在整个活动过程中促进身体、心理、能力、社会交往等多方面的成长与发展。

2. 家长方面

家长是陪同参与者，社会工作者通过观察和反馈儿童在活动过程中的变化，增强家长与儿童之间的交流；了解儿童真实的想法，改善亲子关系；建立家庭之间的相互交流平台，通过这个交流平台建立家长的社会支持网络，通过相互支持、鼓励和协助，帮助家长树立起自信。

3. 社会工作者方面

对于社会工作者来说，通过组织孵化培育，进一步挖掘社区中的有效资源，使之成为居民自治的有效载体，联系服务对象，评估真实需求，并按照专业要求和规范，有针对性地开展工作，制订工作计划，从而更好地为服务对象提供服务。

6.3.3.2　服务策略

1. 确定需求

需求是制订解决问题方案的依据，只有对需求进行准确的界定和评估，才能有针对性地满足个人和群体的需要。社会工作者通过社区观察、服务使用情况分析、问卷调查，了解服务对象最真实、最迫切的需要，从而有针对性地开展服务活动。

2. 明确目标

目标代表了工作的方向和预期要达到的理想效果，一是在需求评估之前与社工、服务对象共同讨论确立服务目标；二是需求评估结束以后，与服务对象共同商讨修改服务目标；三是目标的设定要具有一定的难度和挑战性；四是完成任务要有时间限制；五是目标的确定要和社会工作者的能力、资源、权利和责任相适应。

3. 执行方案

在执行方案期间，策划者需要监管整个运作程序，把握在一定的弹性尺度下，严格执行活动计划，以免工作偏离轨道。策划者和执行者之间的沟通是促使方案成功的重要因素。整个方案执行过程中要保持良好的沟通，并且要在执行时反馈执行情况，以便及时对活动方案做出有效的调整。

4. 评估方案

社会工作者通过系统的服务评估来衡量整个活动，尤其要注意一些客观标准的运用，通过评估力争对今后的工作起到示范性作用。

6.3.3.3 服务程序

服务程序如图 6.1 所示。

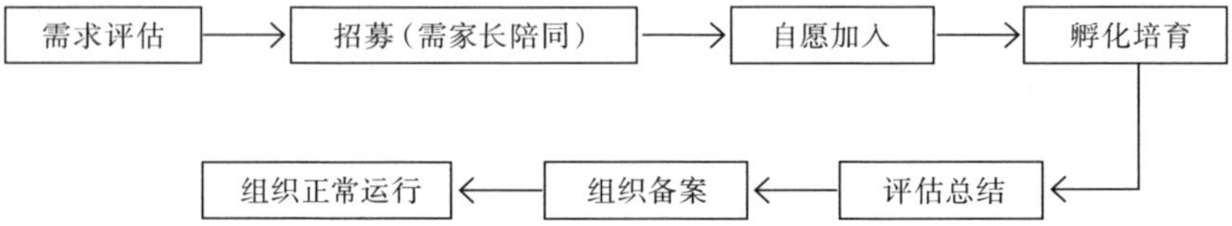

图 6.1 服务程序

6.3.4 实施过程

第一阶段：开展需求调研，招募“绿娃娃”志愿者，组织志愿服务队伍。

在观湖居民自治工作前期探索阶段，社会工作者和观湖居委会（筹备组）成员发现观湖苑小区里存在乱丢垃圾、景观池污染等问题，经商讨决定，让孩子去提醒和制止不文明的行为，这样居民比较容易接受，而且可以让孩子从小养成爱护环境、爱护家园的习惯。在社会工作者的引导下，观湖居委会（筹备组）成员牵头发动居民志愿者在 2013 年 7 月暑假阶段，通过摆台招募方式，招募小区里 3 ～ 12 岁的儿童，成立了“绿娃娃”志愿者服务队，让小区里的小朋友参与志愿服务，同时间接让家长参与，邀请家长们对“绿娃娃”的服务提出意见和建议，一起为观湖苑小区孩子们的教育、成长而努力。

第二阶段：明确志愿服务的内容、目标，签订服务协议。

为了让儿童及其家长明确志愿服务的内容和目标，并充分参与其中，调动服务对象能动性，社会工作者专门召开初次见面会，带领家长与儿童草拟《志愿者服务协议》，让其再对协议的内容逐条进行讨论，并最终达成一致意见。会上，大家还对“绿娃娃”志愿者服务的目标、时间、内容、形式等进行了商讨，充分体现了居民的参与权和决议权。同时明确了“绿娃娃”志愿者服务的定位：通过对小区的文明、环保、卫生等进行公益宣传，让孩子从小树立社会责任感，爱护自己的家园，同时增强孩子的归属感。让小区居民感受到志愿活动对他们的意义，增强他们保护家园的意识，提高他们的自身素质，达到居民能够自我管理、自我服务的目标。

第三阶段：引导服务对象自筹经费，开展具体服务，小区环保服务初见成效。

“绿娃娃”志愿者服务队经费来源以“绿娃娃”家长自筹为主，深入开展“文明礼貌，绿色环保”志愿服务活动，活动频次为 2 周一次，周日下午常规开展活动，并着重抓好以下几个方面工作：

（1）组织“绿娃娃”志愿者做好“文明礼貌”服务工作，如开展“礼仪知识问答”“向不良行为习惯告别”“文明礼貌用语我知晓”等活动，重点针对治理打架、骂人、争抢、拥挤等顽症陋习采取措施，引导青少年儿童养成文明礼貌的行为习惯。

（2）以小区文明创建为契机，积极开展“文明从脚下起步·创建从你我做起”系列活动。“绿娃娃”志愿者们领取了一次性手套，装备齐全，绕着小区徐徐前进，他们一看见垃圾就跑上前去捡，他们一边走着，小眼睛一边四处瞅着，不愿意放弃任何一个捡垃圾的机会，并把垃圾进行分类。有些垃圾废弃物利用创意巧妙，如纸杯华丽变身记，由“绿娃娃”志愿者程妈妈教授大家做纸杯手工，在纸杯上贴画，制作成可爱的纸杯手工作品，让垃圾变废为宝，不但激发了“绿娃娃”们的好奇心，也加强了家长与孩子们的互动。

（3）为了更好地宣传志愿者的服务理念并树立志愿者的服务榜样，社会工作者在雷锋日宣传之际，积极引导“绿娃娃”志愿服务队的家长学习雷锋并为孩子们树立良好的榜样带头作用。社会工作者根据前期观察，发现“绿娃娃”3位志愿者家长非常积极，便重点培养这3位孩子的家长，让其承担“音乐老师”一职，教授其他“绿娃娃”志愿者学唱《学习雷锋好榜样》。通过系列教学，社会工作者潜移默化地让文明礼仪、理念等融入“绿娃娃”志愿者及家长的生活过程当中。

第四阶段：以绿色环保为主题，培养组织负责人，开展系列环保志愿服务活动，加强志愿者环保认知。

以绿色环保为主题向广大居民广泛宣传环保知识，引导广大居民提高环境道德素养，积极参加绿化、美化和环保实践活动。充分发挥“绿娃娃”志愿者服务队的作用，重点针对治理乱扔垃圾、随地吐痰、在溪水中洗东西等不良行为习惯，组织“绿娃娃”志愿者开展“人人节约一滴水”“弯弯腰捡起来”“一人一杯”等实践活动，并组织“绿娃娃”志愿者参加清洁小区义务劳动，清除小区周边的卫生死角，共同创造整洁优美的生活学习环境。

（1）通过观看环保电影、绘本阅读等方式加强“绿娃娃”志愿者对环保的认识。如阅读绘本故事《阴天有时下肉丸》，集体观看环保电影《美食从天而降》。让他们了解到如果滥用我们的地球，未来将会演变成灾难，环境恶化，人人有责。

（2）为了在“绿娃娃”的心里播撒下绿色的种子，在保护自然中亲身体验劳动的乐趣，感受美化环境的意义，“绿娃娃”志愿者服务队联合观湖苑物业服务处，组织开展了“植树护绿，绿植认养”活动。植一片绿油油的爱心草地，种一片葱郁的绿色希望之树，“绿娃娃”们在行动，同小树共成长。

（3）通过外展，加强对环保的认知。“绿娃娃”志愿者服务队自行策划、自行组织开展省科技馆之行，在此过程中，动员居民志愿者扮演保驾护航的重要角色，居民志愿者××老师就是这样的角色，在她的带领下出发至目的地，特别是在“低碳生活总动员作品角”，“绿娃娃”们参观了很多废弃物制作而成的环保手工作品，调动了“绿娃娃”们变废为宝的积极性，增强了“绿娃娃”们的环保意识，拓宽了科技视野，感受到了低碳生活的巨大魅力。同时也让居民志愿者小汪找到了志愿服务价值，并将其培养成为“绿娃娃”志愿服务队负责人之一。

第五阶段：促进“绿娃娃”志愿服务队进行组织备案，独立开展服务活动，促进自我服务、自我管理。

为加强“绿娃娃”志愿服务队的孵化培育，以及了解其是否具备社区社会组织备案资格，社会工作者引导其组织负责人于 2014 年上半年举行了工作总结及汇报演出活动。“绿娃娃”们以一首环保快板《共创美景甲天下》拉开了本次演出的序幕。本次演出内容丰富，形式多样，涵盖了歌曲、快板、小品、情景剧、走秀等方面。“绿娃娃”的家长们作为本次活动的特邀嘉宾，用情景剧的方式演绎了高空抛物、乱丢垃圾的危害并以小品的方式生动形象地向现场的观众展示了一些急救措施。在《环保时装秀》节目中，“绿娃娃”们穿上自己和爸爸妈妈一起制作的服装，自信地在同伴面前表现自己，特别兴奋。这些“时装”是“绿娃娃”们利用日常生活中的废弃物品，如废旧的纸盒、大大小小的塑料袋、报纸、旧桌布、购物纸袋等，经过精心的设计和制作变成的。“环保时装秀”不仅让家长体验了制作“时装”的乐趣，也让孩子们有了一个表现自己、展示自己的舞台。此次演出极大地增强了“绿娃娃”志愿服务队队员的信心，决定在社区进行社区社会组织备案，以便更好地为小区开展环保志愿服务，造福小区居民。

6.3.5 案例评估

6.3.5.1 督导评估

在“绿娃娃”志愿服务队孵化培育过程中，由一名督导全程参与，通过儿童表现、家长的参与度以及社会工作者的反馈情况，对每一个家庭进行专业评估，并通过小组督导的形式表现出来。以深度访谈的形式对每天开展活动的社会工作者进行评估，以更好地完善服务过程。

6.3.5.2 社会工作者自评

回顾整个“绿娃娃”志愿服务队的孵化培育过程，社会工作者能够感受到一路走来给孩子们以及家长带来的影响和变化。虽然活动受制于人力、物力，还有很多不尽如人意的地方，但社会工作者从需求评估到服务实施，充分尊重服务对象的需求（活动时间、内容、场地等），并结合社会工作者的资源和能力特长设计一系列活动，在贯彻社会工作助人理念和价值观的前提下，顺利地将这些活动进行下去，基本实现了预期目标。

6.3.5.3 家长评估

组织正式备案后，能够正常开展活动，社会工作者同儿童家长进行访谈评估，主要内容以儿童的变化、服务效果和进一步的期望为主，访谈反馈回来的信息显示，“绿娃娃”志愿服务队孵化培育使儿童与家长的亲子关系改善，家长自身获得成长，也使得邻里之间更亲密，使邻里有了“大家庭”的感觉。

6.3.5.4 儿童评估

通过对儿童的观察、访谈以及简单的调查问卷形式进行评估，了解儿童的感受，预估需求是否得到满足，以及确定目标的达成度，用最直接的方式验证效果。通过问卷评估，大部分参与的孩子反馈出这样的信息：活动给自己带来快乐，认识了许多好朋友，学到了很多低碳环保的知识，丰富了课外知识，自己感到更加快乐并得到了别人的认可。

6.3.5.5 居民评估

通过走访评估，居民对小区里有这样一支“绿娃娃”志愿服务队很是赞赏，这是一个居民自我管理、自我服务的社区社会组织，为大家做好事，也让儿童学会了绿色生活方式，同时也改变着周围的人。很多居民有意愿自己或让自己的小孩加入志愿服务队。

6.3.6 总结反思

6.3.6.1 组织负责人的培养不可一蹴而就

在社区社会组织孵化培育过程中，当负责人第一次承担统筹志愿服务队的工作时，在组织、统筹及协调方面缺乏经验，对社会工作者的依赖较强。社会工作者一方面要舒缓其压力,另一方面也要给予支持和提供顾问。社会工作者意识到：虽然负责人及志愿者们经过独立地开展社区主题活动，获得了成长，但是他们还不足以完全独立承担起策划、组织社区活动的任务，他们依然需要参与更多实践、积累更多经验才能做到游刃有余。组织负责人的培养不能单靠一个活动就完成，而是一个长期的、持续的过程。同时，组织负责人是居民，是一名志愿者，没有一般意义上组织的强制性，负责人灵活性很大。因此，组织负责人人选有3人，可内部商讨成长，亦可通过开展系列性的活动或小组培养社区志愿者领袖，巩固其成长。

6.3.6.2 如何能够使更多的居民树立低碳环保意识，并付诸行动

在社会工作优势视角下，相信每个人天生具有成长的动力和抗挫折的能力。就像一粒种子，只要有空气、阳光和足够的水分，自会生根、发芽、蓬勃向上生长，社会工作者要做的就是激发这原始的生命动力，挖掘社区儿童的潜能，从中找出优点和特长，帮助儿童了解自己的能力和特质，激发社区儿童改变动机，变外力为内力，从而由“一小带动一家”，家长在组织内作志愿者，孵化培育“绿娃娃”志愿服务队，社区社会组织登记备案，再由“一家带动大家”，促进社区居民共同为美好家园服务。社会工作者在服务规程中应注意工作方法和技巧，帮助儿童及家长志愿者更好地挖掘自身潜能，真正做到“助人自助”。

6.4 “邻”声叮咚 温暖你我

——方兴社区蓝山小区邻里关爱团

6.4.1 案例背景

2015 年，合肥市滨湖新区街道级社区——方兴社区服务中心挂牌成立。方兴社区辖区面积 11.8 平方千米，规划人口 30 万人，在社区管理体制改革中大胆创新，建立了“党委领导、多元共治、居政分离”的社区治理结构，并结合方兴社区居民自治工作要求，引入“社会服务平台、社会工作、社会组织、社会服务项目、社会资本”的“五社联动”服务模式，为辖区居民提供多样化服务，为发动居民社区参与、努力实现居民自治创造条件，打造更加和谐幸福的美好社区。

社会工作者介入方兴社区辖区的蓝山小区后，对其物理环境、人文环境和居民需求做了详细调研，分析发现：蓝山小区属高档商品房，分设高层和洋房两种建筑类型，小区硬件设施齐全，经济水平相对较高；小区现常住人口约 3600 人，大部分都是外来流动人口，具有“候鸟性”居住特点。邻里互不相识是蓝山小区亟待解决的首要问题。为此，以蓝山居民自治为试点，以“幸福邻声七敲门”为介入手段的志愿服务类社区社会组织——蓝山邻里关爱团的孵化培育应运而生，由蓝山居委会筹备组、社会工作者牵头协助，动员、吸纳热爱公益、愿意奉献的蓝山居民，组成一支邻里互助的志愿服务队伍，倡导传递居民融合、邻里互助理念，培育志愿者和居民骨干，为社区提供以邻里关怀为主题的长期性公益服务。

6.4.2 案例分析

6.4.2.1 需求分析

1. 居民层面

城市化改变了社会基本单元，楼越建越高、房越盖越好，家与家之间的物理空间变得越来越近，可是人们的“社会心理”日趋复杂与多元，加之生活节奏的加快，工作压力的增大，人们自觉或不自觉地自我封闭起来，导致人们的心灵距离似乎越来越远，邻里关系也越来越陷入陌生化的困境。方兴社区蓝山小区是新建小区，邻里互不相识的常态化困境也普遍存在。这种城市冷漠和邻里互不相识为小区居民的日常生活制造了不少困难，如陌生环境的紧张压抑、遇到事情时无从求助、对所属社区认同感低以及对小区环境、事务漠不关心等。因此，搭建邻里交流平台、打造熟识互助社区对提升小区居民幸福感、满足小区居民基本需求和推进居民自治都是十分必要的。

2. 社区层面

邻里互不相识，距离最近的邻居成了“最熟悉的陌生人”，这是许多城市小区的常态。为打破这种状态，拉近邻里距离，打造熟人社区，促进居民自治，包河区方兴社区“幸福邻声”项目应运而生。结合社区计生、民政、残联等公共服务平台，在居委会、社会工作者、居民代表、社区社会组织和物业的多方参与下，以蓝山小区为试点，让蓝山邻里关爱团拿起电话、敲起键盘、按响门铃……伴随着电话、微信和QQ、门铃等的“邻”声将祝福送到居民家中。同时，以邻里关爱为切入点，通过一系列互助服务逐步将活动扩展到更多的社区公共事务治理中。

6.4.2.2 理论基础

1. 马斯洛需求层次理论

美国心理学家马斯洛将人类需求从低到高划分为生理需求、安全需求、爱和归属的需求、尊重的需求和自我实现需求五个层次。[①] 他认为，当某一层次的需求相对满足了，人的需求就会向高一层次发展，追求更高一层次的需求。蓝山小区居民经济水平相对较高，小区环境相对安全，居民的生理需求、安全需求已经得到基本满足。而对于新建小区居民来说，社区归属

① ［美］亚伯拉罕·马斯洛．动机与人格（第三版）［M］．北京：中国人民大学出版社，2007.

感、邻里间尊重互助、自我价值在社区的实现是他们正在追求的更高层次的需求。

2. 社会支持网络理论

社会支持网络指的是一组个人之间的接触，通过这些接触，个人得以维持社会身份并且获得情绪支持、物质援助和服务、信息与新的社会接触。依据社会支持理论的观点，一个人所拥有的社会支持网络越强大，就能够越好地应对各种来自环境的挑战。① 社区是居民长期生活、交流的重要场所，是他们放松心情、享受生活的温馨港湾。有效调动、整合社区资源，积极挖掘社区中的积极因素，为小区居民建立一个有效的、值得信赖的社会支持网络，提高他们的幸福指数，提升他们应对困境的能力，改善他们的人文环境，打造邻里互助、和谐友好的熟人社区。

3. 人口迁移理论

人口迁移是人口流动的一种形式，是指人口分布在空间位置上的变动。影响人口迁移的因素有很多，主要包括自然环境因素如气候、淡水、自然灾害等，社会经济因素如交通、文化教育等。蓝山小区是商住房小区，邻里多来自五湖四海，人口流动性比较大，不利于小区居民邻里融合。让小区邻居重拾邻里亲情，在小区里建立一支热爱公益、关心小区环境的志愿服务团队，为社区更好地吸收社会人才、培养草根领袖奠定了基础。

6.4.3 服务计划

6.4.3.1 服务目标

（1）搭建居民相互认识的平台，动员更多居民参与社区活动，形成具有一定稳定性和价值感的志愿队伍，促进“幸福邻声”项目服务常态化。

（2）积极挖掘培育团队中的积极成员，动员其参与到蓝山居民自治工

① 全国社会工作者职业水平考试教材编写组 . 社会工作综合能力［M］. 北京：中国社会出版社，2010：101.

作中，推进居民自治工作历程。

(3) 加强邻里关怀和睦，让邻里亲情重拾，构建邻里互助、和谐美好的幸福社区。

6.4.3.2　服务策略

（1）促进多元参与，形成稳定的邻里关爱服务队伍。结合社区计生、民政、残联等公共服务平台，在居委会、社会工作者、居民代表、社区社会组织和物业等多方参与下形成蓝山邻里关爱团，加强多方联动，在促进邻里交流的同时，能承担社区公共事务。

（2）以新建小区经常发生的生活事宜为服务内容，增加与居民接触的机会。经服务团队的走访调研，发现居民（家庭）中经常发生结婚、生子、乔迁、70 岁以上老人过生日、孩子金榜题名、重病或残障人士、家庭突发重大变故 7 类情况，因此以此为服务内容，提高“幸福邻声”项目的可操作性。

（3）以项目化方式运营，让服务队伍有目标、有计划地开展服务。蓝山邻里关爱团以“幸福邻声”项目为抓手，明确服务目标和服务内容，并有计划地开展此项服务，让邻里关爱团在项目中不断成长，不断明确服务方向。

6.4.3.3　服务程序

“幸福邻声”项目的实施流程如图 6.2 所示。

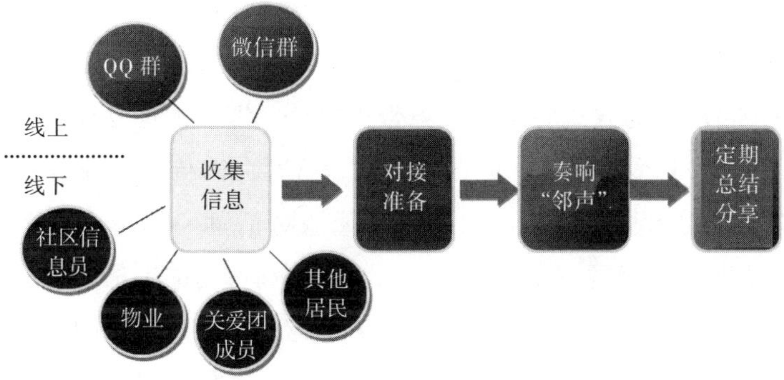

图 6.2　“幸福邻声”实施流程

6.4.4 服务计划实施过程

结合蓝山小区居民认识交流的需求，依托方兴社区“幸福邻声”项目，社会工作者、居委会筹备组成员通过小区调研、入户走访、摆台宣传、问卷调查等多种方式传递公益理念，以“幸福邻声”送祝福为载体，吸纳招募热心居民走出家门，促进社区参与，并于2016年9月孵化培育以公益服务为内容的居民志愿者团队——蓝山邻里关爱团。

第一阶段：开展常规化“幸福邻声”送祝福活动。

初期，由社会工作者、居委会筹备组牵头，对接服务对象，组织邻里关爱团成员开展送祝福活动，协助成员与邻居建立良好关系。随着活动次数的增加、成员认识的加深，积极成员开始主动了解本楼栋及周边楼栋邻居的信息及需求，自主关注、对接符合情况的邻居，在社会工作者的协助下为小区中新婚、乔迁、生子、金榜题名、70岁以上老人过生日以及重病、突发重大变故的家庭送去祝福与关怀。同时，定期开展分享交流会，促进成员对“幸福邻声”的认知，交流服务经验，加强团队凝聚力。

第二阶段：培养居民骨干，加强团队建设。

随着项目的推进开展，蓝山邻里关爱团日益壮大。除了参与各类志愿服务活动外，成员们的兴趣爱好、日常生活交流沟通也十分紧密和频繁。渐渐地，一些具有特长如唱歌、跳舞、手工等的成员，以兴趣爱好交流作为平台，吸纳更多的热心居民接触社区活动、参与社区公益，逐渐成为具有一定影响力的居民骨干，为推动蓝山居民自治进程奠定了良好的基础。

第三阶段：承接微公益项目——“我爱我楼”。

为了进一步增强居民参与程度，更有针对性地满足居民需求，邻里关爱团以项目承接的方式将志愿服务带进楼栋，即积极在方兴社区申请微公益项目——“我爱我楼”。成员们依据自己所在楼栋自行分组，定期开展楼栋宣传、需求征集、节庆装扮等志愿服务活动。随着“我爱我楼”项目的不断推进，邻里关爱团成员的志愿意识和参与能力都取得了巨大的进步，邻里关爱团在居民中的影响力也越来越大。在成员们的带动下，越来越多的热心居民走出家门，积极参与到社区志愿服务中来，有些已经成为团体中的一员。至此,邻里关爱团的志愿服务内容愈发丰富多彩,社区参与、楼栋自治都成为成员们共同关注的焦点。

【案例】“我爱我楼”之圣诞节楼栋装扮

岁末年初，辞旧迎新，蓝山邻里关爱团成员们讨论决定在楼栋中开展节庆装扮活动，依据各楼栋入住率和居民需求情况，成员们最终选定在8号楼和1号楼率先开始圣诞节楼栋装扮活动，通过对楼栋环境的改善扩大团体影响力，吸引楼栋内更多热心居民走进蓝山邻里关爱团。

有了活动目标和内容，接下来邻里关爱团活动筹备工作也丝毫不含糊：自制环保圣诞树，楼栋摆台征集需求、意见，物资采购与准备……之后，大家又自主分工，风风火火地装扮起了自己的楼栋。大家有说有笑，引来进出楼栋的邻居们好奇的目光，成员们顺势与邻居攀谈起来，家长里短之后也不忘介绍邻里关爱团和志愿服务活动，动员大家关心自己楼栋、小区的环境、事务，加入志愿服务的大家庭中来。活动中，也有不少其他楼栋的居民展现出了对节庆楼栋装扮的兴趣，纷纷表示想在自己的楼栋也开展这样的活动，邻居们的自主意识就这样被调动起来，成员们每天生活在自己亲手装扮的楼栋中，自我价值感不断增强，团队协作和组织能力也不断提升。

第四阶段：楼栋安全巡视，促进楼栋自治。

近年来，小区安全问题越来越受到小区居民的关注。邻里关爱团成员们也抓住了居民安全的需要，积极与社会工作者、居委会筹备组对接，在社区相关部门的支持下，将居民志愿服务的范围延伸到楼栋安全巡视中。经过数次对接与团队讨论，在结合网格管理工作的基础上，成员们开展了在节庆、假日自主形成安全小分队，对小区内各楼栋的电梯、消防等硬件设施进行安全检查和及时上报，既保护了小区安全和谐的整体环境，又进一步提升了团体自身的志愿服务能力，从而推进了社区参与和居民自治工作的开展。

第五阶段：能力建设，提升服务水平，巩固居民自治成果。

（1）分享交流，总结突破。每半个月一次的邻里关爱团分享交流会既是成员们互通信息、加深情感的平台，也是大家增强团队意识、提升服务能力的手段。初期，由社会工作者牵头、居委会筹备组协助，结合邻里关爱团成员的需求，设计会议主题、内容、形式等，鼓励成员表达感受、提出建议，进一步加深对“幸福邻声”项目及邻里关爱团团队意义的理解。现阶段，邻里关爱团团长、副团长主持开展分享交流会并订立讨论议题，大家畅所欲言，不仅回顾总结过去的志愿服务活动，也推陈出新，不断发现、了解邻居的需求，将志愿服务活动从单一送祝福向楼栋装扮、邻里互助方向拓展，在更好地服务他人的同时也提升了自我能力，实现了自我价值。

（2）学习参访，加深理解。在社会工作者、居委会筹备组的协助下，蓝山邻里关爱团成员也经常不定期开展各类学习活动，如参访典型社区社会组织发展、参与专业督导活动等。这些学习活动不仅为蓝山邻里关爱团的团队发展指明了方向，给出了正确的指导意见，也为蓝山邻里关爱团成员对外交流创造了条件，使成员们的眼光更加开阔，在与其他团队志愿者的分享中进一步汲取积极经验，理解志愿服务，提升价值感，从而更好地投入居民自治当中去。

6.4.5 案例评估

6.4.5.1 督导评估

在蓝山邻里关爱团孵化培育过程中，由一名督导全程参与跟进，通过对团队成员的表现、团队自身的发展（成员增加、负责人的增补、项目承接等），阶段性地对其进行专业评估，并开展不少于每月一次的专业小组督导，以深度访谈的形式跟进团队的进展状况，更好地指导和完善邻里关爱团志愿服务活动。

6.4.5.2 社会工作者自评

回顾蓝山邻里关爱团走过的道路，我们能够感受到成员们一点一滴的变化与成长，成员们从刚开始单纯地参加送祝福活动渐渐转变为自主发现居民需求、讨论服务活动计划，社会工作者从需求评估到服务计划、实施，贯彻助人自助和居民自治价值，顺利地将各类志愿服务推行下去，促成了团队的发展，基本实现了预期目标。

6.4.5.3　成员评估

社会工作者主要以季度性意见反馈和定期小组访谈的形式对成员的服务效果、价值感、期望需求等进行评估。很多成员表示在团体中有大家庭的感觉，成员们相互熟识、共同成长，一起为更多的邻居送去快乐和祝福，既可以影响更多的人关注公益，也丰富了他们的生活，让他们感受到自己的价值。

6.4.5.4　居民评估

通过走访评估，蓝山邻里关爱团的知晓度和服务成效都受到了蓝山居民的肯定，这是一个居民自我管理、自我服务的志愿类社区社会组织，关心居民的需求，改善居民的生活环境，传递着公益志愿精神。

6.4.6　总结反思

6.4.6.1　团队成员的流动性

蓝山邻里关爱团作为一个志愿服务类社区社会组织，其成员凝聚力除了外部激励（来自服务对象、其他成员、社会工作者等的鼓励）外，成员自身对于公益事务的热爱和价值感也是至关重要的。现阶段，蓝山邻里关爱团成员年龄普遍偏大，家庭事务也较多，成员的流动性较大。社会工作者要多与团队负责人沟通，及时了解成员情况。同时，在开展志愿服务活动中，充分发挥组织负责人和居民骨干力量，提升成员自我价值，帮助他们获得提升，以留住有时间、有爱心的积极成员。

6.4.6.2　楼栋自治广泛推进

邻里关爱团成员从自己楼栋开始，征集居民需求、意见，以一栋楼影响、带动其他楼栋。楼栋自治先从居民关心或容易关注到的地方做起，如蓝山邻里关爱团先以节庆装扮、邻里宴活动为契机，在楼栋中动员更多的热心居民参与进来，然后再由团队成员进一步跟进、影响，挖掘热心居民，扩大楼栋自治队伍，加快楼栋自治进程，真正推动居民自治，促进居民自我服务、自我管理，促进社区治理多元主体的参与，创新社区治理，造福社区居民。

第 7 章
其他服务领域

随着我国经济社会的进一步深化发展，基层社会治理的内容愈发广泛，社会力量参与到基层社会治理的领域也逐渐扩展。2016 年安徽省境内发生重大洪涝灾害，爱邻社工与民生社工参与到安徽省“同舟共济”洪涝灾后社会工作服务项目之中并开展灾后心理社会援助、关系调适、资源链接、社区重建等服务。2017 年安徽省民政厅发布《关于支持引导社会力量参与防灾减灾救灾工作的实施意见》（皖民救字〔2017〕85 号），指出将防灾减灾救灾工作纳入社区、社会组织、社会工作“三社联动”之中，加强社会力量参与防灾减灾救灾工作的平台化、组织化、专业化建设。[①]

2014 年国务院颁布并实施的《社会救助暂行办法》第五十五条规定：县级以上地方人民政府应当发挥社会工作服务机构和社会工作者作用，为社会救助对象提供社会融入、能力提升、心理疏导等专业服务。[②] 安徽省结合自身发展实际提出“健全社会力量参与机制。充分发挥社会工作服务机构和社会工作者作用，有针对性地开展专业化、人性化救助服务，帮助困境家庭、困境人员调节家庭、社会关系，缓解心理压力或矫正不良行为，适应和融入社会环境”。[③] 在一系列政策保障下，爱邻社工开始了探索社会工作介入社会救助服务的领域。

《国务院关于加强困境儿童保障工作的意见》（以下简称《意见》）

① 关于支持引导社会力量参与防灾减灾救灾工作的实施意见，安徽省民政厅，2017 年 8 月 1 日，http://220.178.31.148:8080/xxgkweb/blue/showView.jsp?unit= 002986424&newid=35710.

② 国务院颁布《社会救助暂行办法》自 2014 年 5 月 1 日起施行，民政部网站，2017 年 8 月 1 日，http://www.mca.gov.cn/article/zwgk/mzyw/201402/20140200593322.shtml.

③ 安徽省人民政府关于贯彻落实《社会救助暂行办法》的实施意见，安徽省民政厅，2017 年 8 月 1 日，http://220.178.31.148:8080/xxgkweb/blue/showView.jsp?unit= 002986424&newid=5861.

中指出“建立政府主导与社会参与良性互动机制。加快孵化培育专业社会工作服务机构、慈善组织、志愿服务组织，引导其围绕困境儿童基本生活、教育、医疗、照料、康复等需求，捐赠资金物资、实施慈善项目、提供专业服务”。[①] 安徽省民政厅贯彻落实《意见》，出台实施办法中指出“协调发挥政府部门、群团组织和社会力量整体合力。各级群团组织要发挥自身优势，广泛开展适合困境儿童特点和需求的关爱、帮扶、维权等服务，发挥示范带动作用”。[②]

---

① 国务院关于加强困境儿童保障工作的意见，新华网，2017年8月1日，http://news.xinhuanet.com/politics/2016-06/16/c_129068518.htm.

② 关于贯彻落实《国务院关于加强困境儿童保障工作的意见》的实施办法，安徽省民政厅，2017年8月1日，http://220.178.31.148:8080/xxgkweb/blue/showView.jsp?unit=002986424&newid=18961.

7.1 社会支持网络重建

——社会工作介入洪涝灾后案例[①]

7.1.1 个案背景

7.1.1.1 基本资料

艾某某，女，41岁；艾某某儿子，男，16岁，目前上高二。

7.1.1.2 个案来源

在社会工作者走访其他个案的途中，看见服务对象正在家里修缮房子，于是主动询问服务对象的基本情况，社会工作者也通过当地村委会及街道了解到服务对象是因巢湖洪灾导致房屋受损，且家庭条件较为贫困后，从而确定其为服务对象。在服务过程中，了解到艾某某有一儿子，目前上高二。从艾某某整个家庭状况来看，社会工作者把艾某某及其儿子都确定为本次个案服务的对象。

7.1.1.3 背景资料

1. 情绪状况

服务对象是一名41岁的女子，丈夫多年前因肝癌去世，家里缺少主要的经济来源。当谈及丈夫，服务对象频频落泪，加上家里经济压力全在她一个人身上，对未来生活缺乏信心，并且对这种现状有些逃避。

---

① 本案例来自“同舟共济”安徽省洪涝灾后社会工作服务项目，项目周期自2016年8月30日至12月1日，项目旨在开展走访工作，充分了解灾民需求，链接社会资源，募集救灾物资，进行紧急心理抚慰，协助开展应急救灾服务，提供基本生活保障，并且通过在安置集中点设立社工服务站，开展针对特殊服务对象的个案服务，协助服务对象走出灾害阴影，提供心理支持。

2. 家庭资料

服务对象的丈夫多年前因肝癌去世，现有一个正在上高中的 16 岁的儿子与其住在一个简陋的地下室里，现因经济压力较大，服务对象在工厂里一边打工一边陪读。巢湖 7 月突遭洪水，其偏房处于山脚下被洪水冲倒，只好借钱将房子修补一番。目前家里经济来源是艾某某在工厂的临时工工资和低保补助，因丈夫去世、房屋倒塌，加剧生活贫困状态，面对突如其来的洪涝灾害给家里带来的冲击，服务对象表现得更多的是无奈。本因丈夫去世已经失去了主要的经济来源，现更是欠下了修葺房屋以及儿子上学的钱。

3. 人际关系

该服务对象性格偏内向，平时话语不多，现因家里经济条件不好，觉得别人都看不起她，与外人的接触更少。

4. 支援网络

该服务对象的母亲、姐姐及儿子等家庭支援网络以及村委会对其家庭的帮助。

7.1.2 问题分析

7.1.2.1 理论基础

艾利斯的理性情绪治疗法认为人的情绪和行为障碍不是由于某一激发事件直接引起的，而是由于经受这一事件的个体对它不正确的认知和评价所引起的信念，最后导致在特定情景下的情绪和行为后果[①]。

7.1.2.2 问题分析

服务对象本人及孩子因家庭经济原因，在缺少支持的情况下，服务对象的自信心在逐渐下降，对生活都没有足够的信心，消极的心态较为严重。

① 张小乔．心理咨询的理论与操作［M］．北京：中国人民大学出版社，1998.

社会工作者和服务对象共同发掘其优势，并不断地给予鼓励和支持，同时，社会工作者寻找服务对象周围的支持系统，给予服务对象更多的支持和鼓励，从而帮助其树立自信心，以积极的心态面对生活。

7.1.2.3　社会工作者运用的专业理论方法

1. 任务中心模式的运用

任务中心模式的目标是协助个案解决问题，促进案主的改变。当社会工作者问及服务对象家里需要什么时，服务对象表示不好意思，不想接受社会工作者的帮助。社会工作者向服务对象清楚说明项目以及救助的主要方面，服务对象才表示接受，她很开心。社会工作者看到服务对象的孩子至今还是与服务对象住一张床以及在茶几上写作业，社会工作者提出帮助服务对象孩子进行家庭助力，给孩子创造一个独立空间，服务对象非常欣慰，觉得社会工作者的想法说到她心里去了，她一直有这个想法，无奈经济条件不允许。

2. 优先排序理念在问题解决中的运用

服务对象一个人同时面对多个事件引起的困难而不知道如何解决时会产生焦虑情绪。因此，必须按照轻重缓急对这些问题进行先后排序，较为紧急重要的、可行性高的优先解决，而其他相对较为次要的问题可以排在后面解决[①]。首先，给孩子创造一个独立空间，这样有利于孩子的身心发展以及心理健康，社会工作者帮服务对象申请出钱购买单人床、窗帘、写字桌及椅子等。其次，针对服务对象提出想买一个电视机的想法，社会工作者劝解服务对象说，现在对于孩子学习、成长来说，电视机并不合适，服务对象表示同意。

---

① 隋玉杰 . 个案工作［M］. 北京：中国人民大学出版社，2007.

7.1.3　服务计划

7.1.3.1　目标

（1）重塑服务对象积极上进的生活观。

（2）为服务对象提供心理慰藉和支持、情绪安抚、个别化救助。

（3）通过房屋改造，为艾某某及其儿子提供一个良好的居住环境，从而使其儿子有一个更好的成长环境。

7.1.3.2　具体服务计划

（1）通过社区工作人员走访、与服务对象访谈，进一步了解并评估服务对象的情况。

（2）通过常规的家访和社区服务活动的邀请参与等，建立和服务对象的专业关系并取得服务对象的信任。

（3）在需求评估的基础上，协同服务对象解决因灾带来的生活困境、心理焦虑、政策不畅等方面的问题。

7.1.4　服务实施

第一阶段：接触服务对象，了解服务对象需求。

第一次：在这次与服务对象接触后，了解到了服务对象的基本情况以及具体实际的需求。当社会工作者问及服务对象有什么具体需求时，服务对象表示不好意思，说没什么需求，不想给政府压力。然后社会工作者自己帮着服务对象分析她需要什么。服务对象说到她上班是两班倒，早班是 7∶30–20∶30，晚班是 19∶30–8∶30。当社会工作者问及孩子的中饭和晚饭如何解决时，服务对象表示早上她把饭菜烧好，中午和晚上孩子回去自己用煤气热饭菜，因为家里空间小，所以需要把煤气罐搬到门外，有些担心孩子用煤气安全。另外，孩子上学时间紧，希望有个安全又快速的热饭菜的工具，但是觉得自己经济条件不够，没办法购买这些工具。社会工作者提议服务对象考虑添置什么样的工具能解决这个问题，大家可以一起想办法。但服务对象陷入沉默，后社会工作者提出可以在他们离开之后好好想想，也可以跟孩子商量商量，然后打电话给社会工作者，服务对象表示赞同。这是我们与服务对象第二次接触，服务对象还是有点放不开。

第二次：在上次和服务对象接触后，了解到服务对象的基本情况。在上次了解到服务对象现在金码头一间漆黑的矮小的地下室租住陪读其正在上高二的儿子，服务对象现也在外面的厂里打工早出晚归，有时候孩子傍晚回来，只能把早上烧好的饭菜热热。此次访视目标则是上次评估服务对象需求以及服务对象自己需表达出自己的需求。在与服务对象的交谈中，表现出还是希望有快速安全的热菜工具，即微波炉、电磁炉，但是知道这样会给政府、社会工作者带来困难，社会工作者随即回应因为经过评估，服务对象的确有这样的需求，也是为家人人身安全考虑，所以社会工作者将会链接资源，为其提供微波炉、电磁炉。服务对象表示感谢，稍微信任了社会工作者，也为社会工作者与其建立基本信任关系打下了基础。

第二阶段：提供服务。

第三次：社会工作者考虑到让孩子热饭的重要性，很快就给服务对象送来了微波炉、电磁炉。这次“同舟共济”巢湖项目组督导、社会工作者一同前往服务对象家中，为服务对象送去微波炉和电磁炉以及给服务对象准备的衣物。这次服务对象特别开心，对社会工作者的到来及我们送来的物品表示感谢。督导看见房子里只有一张床，就问及服务对象孩子怎么睡，服务对象说，家里条件不好，父亲去世得早，18 岁的儿子至今还是跟她睡一块。当督导问道，孩子是否有过分床睡的想法时，服务对象说，孩子提过，但是没答应。督导向服务对象说明，可能孩子随随便便的一句话，就是孩子最真实的想法，然后也告知服务对象给孩子一个独立空间的重要性。同时，督导向社会工作者说明，给孩子一个独立空间会比给他买一些物质方面的东西更重要。督导告诉社会工作者在现有的条件下，尽可能地为孩子创造一个好的学习环境。当看到一个 1 米 7 多的孩子蜷缩在一个茶几上写作业时，希望我们的个案救助能改变孩子的学习环境及给孩子创造一个独立空间。社会工作者答应服务对象会在房间的中间弄一个窗帘隔断，给孩子买一张单人床，让他有属于自己的独立空间。给孩子买一个写字桌、一个写字椅。社会工作者从服务对象的言语和表情中可以看得出来，服务对象开始慢慢接受和信任社会工作者。

第四次：上次的访视了解到服务对象孩子有独立空间的想法，所以这次访视主要为服务对象量隔断的高和宽，了解服务对象自己的真实想法，更好地为服务对象服务，同时也是希望服务对象和社会工作者一起打造这样的独立空间。为了跟孩子交流，了解孩子最真实的想法，这次特地选在服务对象孩子中午回家的时间，社会工作者到服务对象家的时候是中午 11∶30，正好孩子放学回家，孩子刚到家就急急慌慌地把液化气灶打开，开始热饭热菜，急慌慌地吃饭。社会工作者告知不用太着急，孩子放慢了速度。吃完饭开始测量，孩子想办法如何更快地测量，然后以自己为参照物很快就测出高 2 米，宽是 3.33 米。社会工作者在跟服务对象孩子沟通的时候发现孩子有时候主见性不强。在社会工作者临走的时候，建议要多给孩子自己决定的空间，让孩子自己做决定，以后等他长大了，所有的事都要他自己承担，没有人能够替他做决定，服务对象表示赞同。

第五次：上次访视测量了服务对象家的隔断宽与高，服务对象的孩子因是周六下午正好在休息，社会工作者选择此时去上门。服务对象孩子特别热心地为社会工作者开门，然后和社会工作者一起积极地改造其独立空间。当服务对象看到社会工作者的隔断窗帘是钉在房顶上的时候，表示他们在这不常住，凑合凑合就可以了，不需要这么好的。社会工作者了解他们的想法后，提出窗帘、单人床、椅子、台灯是其私人物品，可以自行处理。此项服务进展顺利，服务对象的孩子与社会工作者共同改造自己的房间，让服务对象非常满意，同时非常感谢社会工作者为其所提供的服务。

第三阶段：服务结束。

第六次：通过上次的服务，与服务对象及其孩子进行沟通，了解了他们最真实的想法，并用专业的社会工作方法来帮助服务对象及其孩子，让他们对社会工作者有了进一步的认识和信任。这次对于我们的到来，孩子表现得非常自然，就感觉是自家的哥哥姐姐来看他。他跟我们讲了关于未来的想法，希望大学毕业后好好工作孝敬妈妈，服务对象也表示和孩子一起努力，好好面对以后的生活。

7.1.5 评估目标达成情况

通过社会工作者和志愿者的开导与鼓励，以及帮服务对象解决了一部分问题，服务对象的焦虑程度大幅度减轻，由开始的自我退缩和对未来生活的无望，慢慢变得自信起来。

社会工作者在探访时体现出对服务对象及其孩子的关心、耐心和尊重，让其感觉被关心及社会对其的关注，让她感觉自己并不是孤立的，让她感受到政府和社会的关注和关心，同时也变得自信多了。在居住环境方面，通过社会工作者、志愿者以及服务对象的努力，服务对象的居住环境有了很大改善，由刚开始服务对象母子俩挤在一张床上睡，到改造后各自拥有相对独立的空间，无论是对艾某某还是其儿子，都有很大的帮助。综上所述，该服务对象的服务目标已基本达成。

7.1.6 结案

社会工作者和服务对象制订的服务目标已经达成，所以经过与服务对象和督导商讨后，进行结案。

7.1.7 反思与结论

（1）社会工作者应该让服务对象多思考，并主动提出解决问题的方法，提高其自决的能力，达到助人自助的目标。

（2）社会工作者要灵活地运用社会工作的理论，并能把理论和实践相结合，从而在个案的跟进中为服务对象提供更好的服务。

（3）社会工作者在面谈前要有充分的准备，要有能力引领服务对象的讲话，不能由服务对象盲目地引领谈话。

（4）社会工作者要合理运用个案工作技巧，包括交流技巧、解决问题技巧、改变行为技巧，利用倾听、引导等沟通技巧。

（5）社会工作者要给予服务对象支持和鼓励，让服务对象自主考虑解决问题，进行自决。

7.2 社会工作介入社会救助服务模式初探

——“乐助·常青”PPP[①]模式

7.2.1 服务背景

社会工作起源于扶贫济困，以服务对象需求为出发点的社会救助与根据服务对象的问题、需要、特点来提供帮助与支持的社会工作很是契合。但传统的社会救助以维持救助对象基本的生活需求为目标，救助形式过于刚性，且以政府为主导，参与主体单一，决定了救助服务较难多元化发展。我国传统的社会救助在理念上和实践中都存在重物质、轻服务的特点，如最低生活保障及其配套的住房、教育、医疗、临时救助等都是物质救助，在救助目标上则注重托底线、保生存。其实，对于困难群众而言，恢复和发展其能力更为重要。

社会救助的进一步发展需要鼓励社会力量承接相应的工作，亟须引入专业社会工作者，使其为救助对象提供更多非物质的救助服务，例如，链接资源，增进救助对象的福利水平；增进融入，使救助对象与社会保持密切关系，减少社会排斥；赋权增能，通过专业手法，增强救助对象的自信心和生活能力；心理疏导，将救助对象的心理导向正面，增进社会理解，促进社会和谐等。

2014 年颁布的《社会救助暂行办法》[②]（以下简称《办法》）首次提出发挥专业社会工作机构和社会工作者的作用，为社会救助对象提供心理疏导、社会融入、能力提升等专业服务。常青街道位于合肥市包河区城乡结合部，辖区贫困群体体量大且类型繁杂，如残疾人家庭、空巢家庭、大病家庭较

① PPP（Public-Private Partnership），又称 PPP 模式，即政府和社会资本合作，是公共基础设施中的一种项目运作模式，现已延用到社会服务领域。

② 中华人民共和国国务院令第 649 号，由国务院于 2014 年 2 月 21 日发布，自 2014 年 5 月 1 日起施行。

多。由街道统计数据反映，平均每年由村居上报贫困家庭数量近 800 户，街居救助工作任务重、救助工作难。为了进一步提高社会救助水平，深入贯彻落实《办法》，合肥市包河区民政局于 2014 年 5 月着手推动合肥市包河区常青街道（简称“常青街道”）、安徽乐邦慈善基金会（简称“乐邦基金会”）、合肥市爱邻社会工作服务社（简称“爱邻社工”）开展救助服务合作，创新探索“政府 + 社会 + 社会工作”的社会救助模式，以社会工作介入社会救助为契机，为常青街道辖区内救助对象提供政策救助、资金救助、服务救助等综合社会救助服务。

7.2.2 服务理念

7.2.2.1 以服务对象为本

社会工作起源于扶贫济困，秉持着“哪里有需要，哪里就有社工”的服务理念，根据服务对象的问题、需要、特点来提供帮助与支持。《办法》明确规定了救助对象包括最低生活保障制度的对象、特困人员供养制度的对象和受灾人员救助制度的对象、临时救助对象等，但上述法定救助对象从社会工作的专业视角来看依旧是有差别的，因此强调通过一系列既尊重服务对象的实际需要，又引导服务对象客观地认识自我以及自身的权利，使有限的社会救助资源用到“真正有需要”的人身上。

7.2.2.2 以助人自助为目标

传统的社会救助一般是自上而下对救助对象的救急、救难，侧重救助对象基本生活和经济的援助，这是一种不平等、缺乏主动性的救助关系。同时，由于现代社会工作救助对象范围较之前传统的贫弱群体在范围上涵盖更广，包括任何在生活中遭遇各种危机、感受到困难的个人、家庭、群体及组织，因此在救助方式上除传统的发物、发钱外，更为根本的是通过危机干预、社会支持系统重构、社会资本培育以及社区发展推动，帮助救助对象面对当前的问题境遇，协助救助对象发展能力、拓展资源、参与社区，形成自助、互助的社会环境。正所谓“授人以鱼，一日享用。教人以渔，终身受用”。

7.2.2.3　以多元参与为基础

传统的救助是以政府为主导，无论是在资金、人员还是方式上都较为单一、匮乏，按照“小政府、大社会、大服务”的行政体制改革思路，实现政府部分职能向社会转移，因此在新形势下需要构建政府、社会资本、社会力量等多元主体参与的社会救助，有利于提高社会资源的使用，推动多元主体共同参与社会治理。

7.2.3　服务模式

传统的社会救助以维持救助对象基本的生活需求为目标，救助形式过于刚性，且以政府为主导，参与主体单一，决定了救助服务较难多元化发展。“乐助·常青”社会工作介入社会救助是以 PPP 模式组建的“四位一体”救助模式（见图 7.1）。PPP 模式是政府和社会资金在社会公共服务 领域的一种新尝试，推动了救助主体多元、救助服务多元的新型社会救助模式的发展。

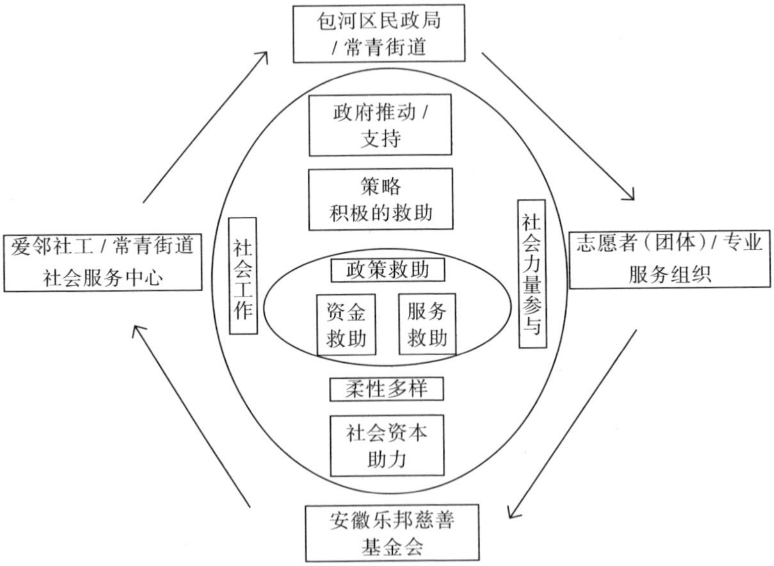

图 7.1 “四位一体”服务模式

7.2.3.1　包河区民政局 / 常青街道为救助平台搭建者

常青街道贯彻“托底线、救急难、可持续”的方针，于 2015 年 4 月在包河区民政局的引荐下加入乐邦慈善基金会，推动成立由常青街道和乐邦慈善基金会共同出资的“乐邦救助”专项基金。同时，常青街道依托街道社会服务中心与爱邻社工达成合作意向，引入专职社会工作者以项目化的方式开展救助服务，从资金和服务两个方面双重保障常青街道辖区困难群体的生活。在服务开展过程中，支持社工机构做救助调查，协助社会工作者入户摸排，并且为救助对象提供政策解读服务。

7.2.3.2　乐邦慈善基金会为救助资金运作者

依托乐邦慈善基金会成立救助专项基金——“乐邦救助专项基金”（常青街道注资 10 万元，乐邦基金会注资 10 万元，共计 20 万元），并与常青街道达成专项基金运作协议，于每年 7 月，双方共同为专项基金注资，保证专项基金的持续有效运作，同时派驻项目官员全程参与、跟进、评估救助服务的开展。

7.2.3.3　爱邻社工 / 常青街道社会服务中心为精准服务链接者

专业社工机构的加入，使得救助由原来的政府“一刀切”发展到引入社会力量的柔性参与，推动救助服务社会化。社会工作者发挥其专业属性以“接触—了解—接纳—沟通—共识—行动—倡导”七步工作法来量身为服务对象进行“私人定制”，救助方式也由原来的单一物质救助，转化为物质救助、心理救助、照顾服务、能力提升等相结合的全方位关怀型综合救助。

7.2.3.4　志愿者（团体）/ 专业服务组织为多元服务参与者

社会救助服务通过积极培育本土热心居民的志愿服务意识及能力，推动其成为“乐助使者”，并进一步推动其成为志愿服务组织，发挥其在救助对象发现、调查、服务提供上协同社会工作者的功能；同时，引入专业服务组织，如心理咨询、健康康复等组织，为救助对象提供专业服务。志愿者（团体）/ 专业服务组织的加入，保障了救助工作专业化、多元化、常态化的进行。

“四位一体”救助模式的运用，充分发挥了救助主体的角色功能，秉承政府主导、社会参与原则，拓展救助渠道和服务内容及形式，为服务对象提供立体化救助，实现多元化、专业化、社会化、可持续的社会救助服务。

7.2.4 服务策略及内容

7.2.4.1 服务策略

“乐助·常青”社会工作介入社会救助采用的是积极的社会救助策略，坚持“授人以鱼不如授人以渔”的原则，把“输血”和“造血”有机结合起来，鼓励和帮助受救助者自力更生、自立自强，救助不仅在物质层面，而是由传统的直接资金救助转向预防和发展，积极运用专业社会工作的理念和方法，提高社会救助的复原性、预防性和发展性功效（见图 7.2）。

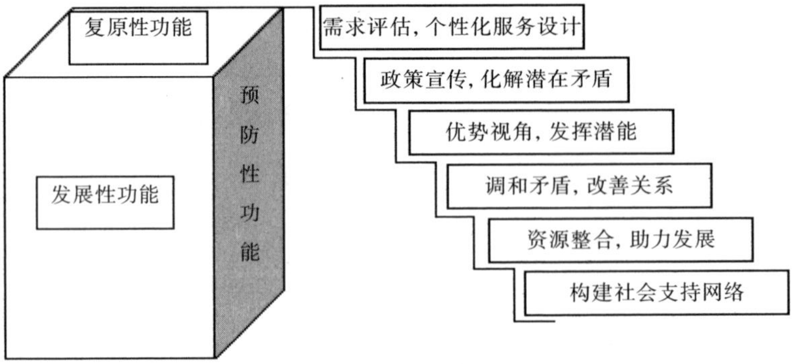

图 7.2 积极的社会救助

在实务工作中，对于救助对象，社会工作的宗旨是帮助救助对象恢复和发展自我能力。

7.2.4.2 服务内容

“乐助·常青”社会工作介入社会救助项目内容弥补了传统社会救助的单一资金救助，在服务内容设计上，不仅为保障救助对象基本生活而发放救助资金，并充分利用社会工作者的优势，对救助对象家庭进行深入介入，开展服务救助；给予因突发事件陷入贫困的家庭应急救助、危机介入。

1. 服务内容

服务内容主要包括资金物资救助、政策救助和服务救助。

2. 服务流程

（1）基本救助服务流程如图 7.3 所示。

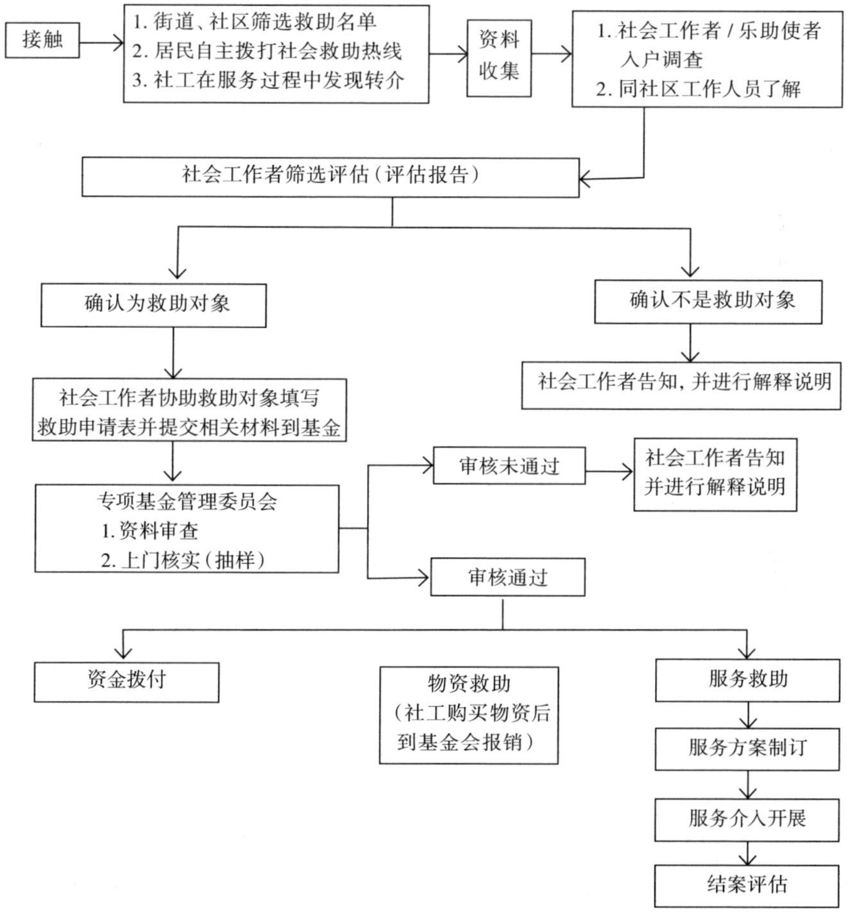

图 7.3　基本救助服务流程

注：1. 评议小组：常青街道社会服务中心 8 名社会工作者；

2. 专项基金管理委员会：共 5 名，常青街道办事处 2 名工作人员，乐邦慈善基金会 2 名工作人员，社会工作者 1 名；

3. 乐助使者：常青街道辖区内的志愿者（居民或者是街道社区救助相关工作人员）。

（2）应急救助。设置绿色通道：3人应急救助小组——常青街道、乐邦慈善基金会、社会服务中心各1人，2个工作日精简流程，用于应对服务对象因突发紧急状况而陷入的经济困难。

专业化的社会工作介入社会救助，为社会救助提供了另一条绝佳的途径。在一些发达地区，职业化的社会工作者已在社会救助的很多领域，如就业服务、医疗卫生、婚姻与家庭生活服务、教育辅导、妇女及老年服务、精神健康服务与管理等广泛的社会生活领域，做出了巨大的贡献，社会工作者的性质与医生、律师是一样的，它不仅是一种职业，更是社会的“治疗者”。

图7.4　应急救助流程

7.2.5　服务历程

7.2.5.1　萌芽

常青街道、乐邦慈善基金会、爱邻社工三方就救助项目是否开展、如何开展，历经两个多月多轮会议的商讨，于2015年4月“乐助·常青”专项基金备案成立，救助项目的资金得到保障。

7.2.5.2　准备

2015年5月，工作团队（评议小组、应急小组、督导团队、专项基金管理委员会成员）和服务机制确认，并完成了全街道首批困难家庭的摸底调查。

7.2.5.3　起航

2015年7月，常青街道办事处举行了“乐助·常青”社会工作介入社会救助项目的启动仪式，“政府 + 基金会 + 社会工作 + 社会力量”四位一体的社会救助正式开启。

7.2.5.4　大刀阔斧

2015 年 7 月至今（2017 年 2 月），社会工作者就辖区范围内的 200 多户家庭进行一对一的入户走访调查，收集、核实社区、邻里多元渠道资料，通过评议小组的积极商讨，最终协同 70 户家庭申请到本项目中的资金物资救助，涉及经费 23.4114 万元，初步缓解了部分家庭的经济压力。

7.2.5.5　服务提升

2016 年 1 月至今，项目社工开始对资金救助的服务对象进行新一轮回访，进一步了解并评估服务对象个别化的服务需求，力争为服务对象提供私人定制的服务计划。通过后续的家访，服务对象的具体服务需求表现在以下几方面：① 救助对象基本是因病致困，或意外危机陷入困境，心理压力较大，家庭关系紧张；② 青年群体的就业需求比较大，但就业能力弱；③ 个别救助对象的资金（手术、药物）缺口仍旧较大；④ 对现有政策救助了解不多，社会救助渠道更是不清楚。社会工作者根据救助对象需求，整合社会资源，为 8 位救助对象量身定制了综合服务方案。

7.2.5.6　服务深化

2017 年是“乐助 · 常青”社会救助服务项目发展的第三个年头，在经历了项目的铺垫期、基础期、提升期后，本年度服务团队将“倡导”作为服务工作的中心，以继续招募、培育“乐助使者”及其能力提高来提升辖区居民对救助对象的关注、了解及行动支持；同时，通过定期总结分享会、社会筹资活动、慈善晚会等形式，让政府、基金会、辖区企事业单位对“乐助 · 常青”有更多的认识，并化作实际的支持行动，以有效保障 PPP 模式下社会救助的资金续动力。

7.2.6 服务成效

7.2.6.1 全国示范引领作用

大多数 PPP 模式项目基本分布在能源、水务和污水处理、交通运输以及通信等基础设施或者公共服务上，鲜有在社会服务领域内运用。“乐助·常青”是全国首个以 PPP 模式组建的社会救助服务。因为社会服务的非营利性，PPP 管理模式运行的伙伴关系、利益共享、风险共担 3 个重要特征在社会服务领域内如何体现，关乎对 PPP 模式特征的新的解读与运用。

服务以项目化运作，以 PPP 模式整合政府、社会资本、社会力量多元参与主体，开展物质资金救助、服务救助、应急救助等多元创新救助形式，以实现多元化、专业化、社会化、可持续的社会救助服务，全方位、广覆盖、多维度地保障困难群众生活权益，构建了社会救助新型服务体系。

7.2.6.2 行业影响推动作用

项目运营一年多，已初步探索并梳理出一套 PPP 模式下（专项基金），社会工作者介入社会救助的服务机制（政府、基金会、社工机构三方分工以及合作机制）；同时也在全省社会救助培训班，进行服务分享。

7.2.6.3 服务对象受益改观

自 2015 年 7 月服务项目正式启动，截至 2016 年 6 月底，共计救助 30 户贫困家庭，在给予资金救助的同时，为服务对象提供心理疏导、资源链接、政策解读等服务，提升服务对象解决问题的能力及面对生活的信心。

7.2.7 服务总结

7.2.7.1 服务特色

1. 社会救助参与主体由一元到多元的转化

社会救助的参与主体由原来的政府一元救助主体向“政府 + 基金会 + 社会工作者 + 社会力量”四位一体的多元救助主体转化。政府由原来的单一救助主体的主导角色向服务推动者、资源整合者转化，以政私合作模式为基础，以购买社会组织服务为手段，撬动更多的社会力量共同参与。在PPP 模式下的救助体系，政府、基金会、社会工作、社会力量各司其职、分工明确，便于统筹力量开展综合性的社会救助服务。与此同时，社会救助资金来源不再单一，由政府与基金会合作成立专项基金并共同投入初始种子资金，使得社会救助资金来源渠道多元，缓解了政府在社会救助方面的财力压力。

2. 社会救助方式由单一到综合的转化

立足经济救助，积极开展精神关怀、服务支持，提供综合性社会救助服务，全方位、立体化保障困难群体的权益。社工依据救助对象个性化需求，为其设计综合救助方案，从服务对象心理需求、家庭关系构建、个人能力提升等方面为其提供专业社工服务。

3. 社会救助性质由刚性到弹性的转化

政策性救助的服务对象要有普适性，对救助受理周期、救助时间有刚性要求，而 PPP 模式下的社会救助可覆盖基层实际救助工作面临的复杂性与特殊性，“乐助·常青”社会救助，采用刚柔结合方式，社会工作者在服务对象情况审核及评估等方面做出严格要求，精准扶贫，保证规范、公开、公正；对于特殊情况，项目设置了应急救助机制，精简流程，为特殊救助对象开通绿色通道。

7.2.7.2 服务经验

1. 建立健全需求发现机制

（1）服务专线的开设：“乐助·常青”项目从启动开始就设立了“救助”专线 0551-63779202，并在全街道范围内进行宣传，方便居民直接求助或救助转介。

（2）“乐助使者”的培育发展：在街道辖区内，吸纳社区与救助工作相关的工作人员、本地的热心居民，授予他们“乐助使者”的称号，同时要求他们立足自己所在的社区，就困难群体的发现、上报及救助工作的协同开展做了职责要求，并定期召开会议，分享工作心得。

（3）社区服务平台功能的发挥：依托常青街道辖区社区已成立的社区社会服务站，站点社会工作者在服务开展过程中，经需求评估，若被定义为救助对象，可进行资源对接，并协同落实救助服务的开展、跟进等工作。

2. 多元主体各司其职

（1）常青街道负责直接开展针对救助对象的政策救助工作；负责协调辖区单位、辖区居民开展社会救助基金筹集（每年不少于10万元），用于辖区救助对象的政策外经济救助、精神救助、服务救助；负责协调街道相关部门、相关社区支持开展救助对象基本信息、基本情况的调查与核实；负责协调社会救助服务宣传与报道。

（2）包河区民政局负责支持常青街道开展针对救助对象的相关政策救助；负责支持常青街道申报包河区公益创投项目，支持开展社会工作介入社会救助专业服务；负责开展社会救助政策倡导。

（3）乐邦慈善基金会负责备案成立“乐邦·救助”公益专项基金（以下简称“乐助专项基金”）；负责面向社会开展社会救助基金筹集（每年不少于10万元），用于辖区救助对象的政策外经济救助、精神救助、服务救助；负责受理社会工作者提供的社会救助调查报告，并召集社会救助专项基金理事会成员依据专项基金规则审核批准。

（4）爱邻社工负责协调常青街道社会服务中心接受社会救助对象救助申请、开展救助对象情况调查并提交调查报告；负责组织开展精神关怀、服务支持等综合社会救助服务。

3. 设置精准高效的救助机制

设置了居民求助/转介，社会工作者入户、走访调查，小组评议会，专委会审批，资金/服务救助落实，救助回访跟进等一套服务流程，秉持着评估精准、专业，审核公开、公正，救助内容有针对性，以及流程中多元主体参与的机制，保障社会救助精准高效。

4. 以服务对象为本的实践策略

社会工作介入社会救助，首先要通过一对一的接触、沟通、了解潜在救助对象的处境与问题，确认潜在救助对象接受救助的意愿及期待。在此基础上与救助对象建立基本的信任关系，然后对服务对象的需求和资源状况进行交互评估。在救助中，以服务对象能力提升为目标导向，除紧急的、单一的救助外，更强调救助对象的能力提升和社会资本建设的多元救助。

7.2.7.3　服务困难

社会救助包括最低生活保障、特困人员供养、受灾人员救助、医疗救助、教育救助、住房救助、就业救助、临时救助 8 个领域，这意味着社会救助对象多元而复杂、救助任务繁重而艰巨。在实践中主要存在以下 3 方面困难：

（1）社会工作介入社会救助工作中遇到很多政策瓶颈，现行的很多救助政策在乡镇、街道和社区层面未能得到有效执行。

（2）与救助对象建立专业信任关系难度大、过程漫长。

（3）社会工作在社会救助领域面临的问题错综复杂，对一线社会工作者的专业能力有很高要求。

7.3 童行助力家庭服务项目

——社会工作介入流动儿童家庭学习环境改善服务

7.3.1 案例背景

作为政府和社会一直关注的特殊群体，流动儿童一直是专业社会工作的服务群体之一。根据《中国2010年第六次人口普查资料》样本推算，义务教育阶段流动儿童占总流动儿童人数约40%，达1470万人，是流动儿童群体中特别值得关注的一部分。[①]安徽省是流动儿童集聚的大省，2014年，安徽省民政厅采用政府购买服务的方式通过“江淮社工行动”之“成长相伴”在合肥市蜀山区面向流动儿童开展社会工作服务，探索推广具有本地特色的儿童社会工作服务模式。合肥市蜀山区民生社会工作服务社作为“成长相伴”项目承接方之一，在琥珀街道辖区范围内，针对流动儿童开展了儿童兴趣培养、学习支持、家庭学习环境改善和社会融入等一系列服务。

依托“‘童’行助力服务计划——流动儿童成长相伴服务项目”（以下简称“童”行助力项目）支持，2015年，社会工作者针对辖区5～12岁流动儿童及家庭进行了问卷调研，问卷共发放119份，回收有效问卷78份。通过分析发现：96%以上的流动儿童没有独立的家庭学习空间。在对流动儿童家长访谈和流动儿童家庭走访过程中，社会工作者也发现，流动儿童家长对孩子的教育相对重视，但是教育方式相对粗暴，很多家长对孩子的学习采用的是逼迫、物质诱导等方式，缺少正确的亲子沟通方式和家庭教育方式。尤其是大多数流动儿童家庭居住在临时出租屋内，家长本着不是自己的房子不用特意布置的原则，临时租住屋缺少儿童独立学习空间，家庭学习氛围不足，不利于流动儿童培养学习兴趣和习惯。为协助流动儿童营造良好的家庭学习氛围，社会工作者开展“家庭助力支持计划”介入儿童家庭学习环境

① 全国妇联．我国农村留守儿童状况研究报告．

改善，为流动儿童家庭教育提供助力支持。自 2014 年开始到 2016 年 12 月底，家庭助力支持计划共服务 31 户流动儿童家庭。

7.3.2　问题需求分析

7.3.2.1　需求分析

家庭助力服务计划以“童”行助力项目服务对象为主（在琥珀街道辖区及周边居住，或在其辖区内学校接收就学的户籍不在合肥市的外来农民工子女或合肥市新市民家庭子女，年龄为 5 ～ 12 岁），其家庭年收入低于 3 万元或家庭有重大项目支出。此部分服务对象的家庭收入不高，家庭比较关注孩子的学习，但是家长缺乏正确的教育方式方法。服务对象缺乏独立的学习环境，很多孩子写作业会在吃饭的桌子上进行等。部分服务对象虽然有独立的学习环境，但是学习环境较差、书桌矮小、陈设杂乱、灯光昏暗等。

7.3.2.2　理论基础

埃里克森人生八阶段理论认为学龄期儿童面临的主要任务是勤奋对自卑的冲突。当儿童的勤奋感大于自卑感时，就会获得有“能力”的品质。儿童勤奋能力的养成，需要家庭的支持。[①] 家庭助力服务计划引导儿童家庭正确支持儿童成长，帮助儿童养成勤奋的品质，顺利完成本阶段人生任务。

关于自我的理论是罗杰斯人格理论的核心，也是其人本教育理论的基础。他认为，对学生的教育，应该坚持以学生为中心，以学生的自发性与主动性为学习动机。对学生的学习支持，应该为他们提供合适的学习资源，应该给予学生真正的自由，让学生获得学习经验，成为知识的探索者。[②] 家庭助力服务计划关注流动儿童家庭学习环境，为儿童提供学习资源，营造良好的学习氛围。

---

① 全国社会工作者职业水平考试教材编写组．社会工作综合能力［M］．北京：中国社会出版社，2010：75.

② ［美］卡尔·罗杰斯，杰罗姆·弗赖伯格．自由学习［M］．王烨晖，译．北京：人民邮电出版社，2015：3.

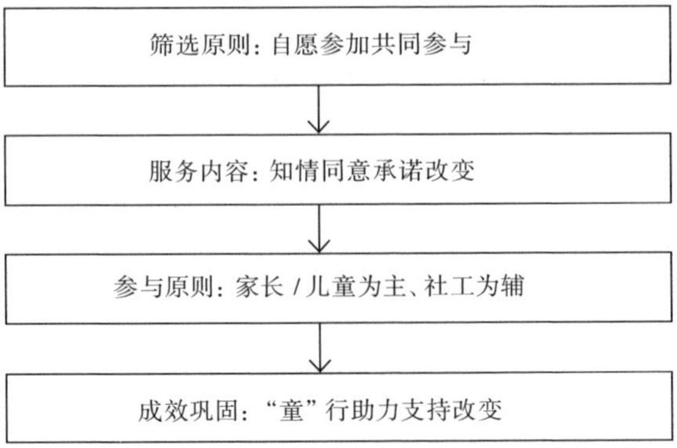

图 7.5　"童"行助力项目服务计划

7.3.3　服务计划

7.3.3.1　服务目标

（1）为流动儿童家庭学习提供支持，帮助其建立独立的学习空间。

（2）引导流动儿童家庭共同参与流动儿童学习空间的打造，树立良好的家庭学习氛围。

（3）引导流动儿童养成自我管理的学习习惯。

（4）引导家长正确支持孩子学习成长，促进家庭建立良好的亲子关系。

7.3.3.2　服务策略

（1）在服务对象确定方面，坚持自愿参加、儿童家长共同参与的原则，通过社区推荐、服务对象报名、其他人员推荐等方式，确定潜在服务对象，并通过上门评估、走访其老乡或老师的方式进行评估核实。对符合家庭助力标准的服务对象及家庭进行当面或电话告知；对不符合的进行当面或电话解释说明，并推荐其适合的服务内容。

（2）在家庭助力开展之前，采用知情同意书明确家长、儿童和社工在家庭助力服务计划中承担的任务，并签字承诺承担各自的任务。

（3）在家庭助力服务过程中，采用以流动儿童和家长为主、以社工为辅的方式。社工给家长和孩子共同制订家庭助力计划内容。根据不同情况，社工引导家长和儿童单独或共同准备家庭助力服务计划需要的材料和工具、选择住房中合适的位置作为服务对象独立学习的空间并进行装饰打造。

（4）独立空间打造之后，针对儿童和家长布置家庭作业，促进儿童和家长的改变，并结合“童”行助力亲子成长工作坊、移动图书角、公益体验等对家庭助力服务成果进行巩固。

7.3.3.3　服务程序

1. 服务申请

潜在服务对象由社会工作者通过外展，或经他人转介，或主动申请与社会工作者取得联系，其征求家长同意后，填写申请表，向社工中心申请家庭学习环境支持计划。

2. 筛选评估

社会工作者通过家庭访视，确定其申请者是否符合标准，即年龄为 5 ～ 12 岁学龄期在琥珀街道辖区范围内居住或在琥珀新村乐农小学就读的流动儿童，其家庭总收入低于 3 万元或有重大项支出（具体视情况而定），且居住空间缺乏儿童独立学习空间（例如，无学习书桌或桌子的）或虽然具备独立学习环境，但是学习环境较差（例如，以板凳、饭桌为临时学习书桌，学习地方陈设杂乱、灯光昏暗等）。

3. 制订计划

在与服务对象达成一致意见后，社会工作者拟订服务计划，并按照服务计划对服务对象的学习环境进行改善。

4. 实施改造

根据服务计划，以流动儿童和家长为主、以社会工作者为辅，共同打造流动儿童家庭学习独立空间。

5. 服务巩固

对参与家庭学习环境改造计划的服务对象进行服务跟进。在了解他们的需求后，邀请流动儿童和家庭参加“童”行助力项目内其他服务，巩固家庭助力服务成果。

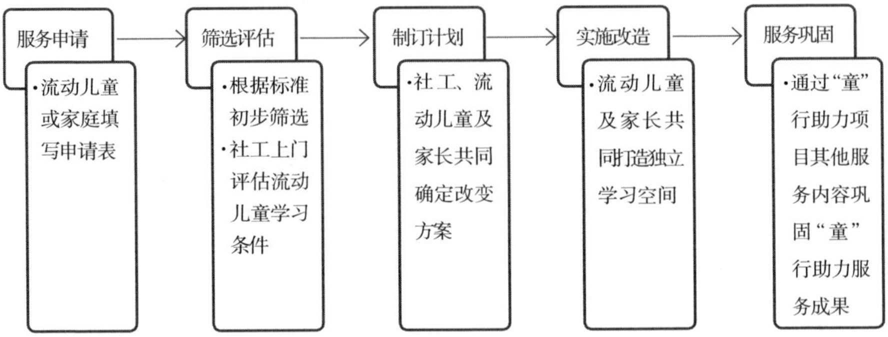

图 7.6 流动儿童家庭学习环境支持服务流程

7.3.4 服务计划实施过程

社会工作者通过“童”行助力移动图书角进社区、社区融入社区宣传、暑期七彩课堂及社区宣传平台接触和宣传家庭助力服务计划内容，让居民从了解“童”行助力项目开始，引导居民关注流动儿童家庭学习环境，通过社会工作者积极挖掘、原有服务对象推荐等方式鼓励流动儿童家庭积极申请“童”行助力服务。家庭助力服务计划具体实施包括以下几个部分。

7.3.4.1 广泛宣传、重点推进，依托圈内人和熟人建立专业关系

“童”行助力项目社工借助“童”行助力项目服务内容和宣传活动，以琥珀街道社会工作服务中心原有儿童服务平台和服务基础对家庭助力服务计划内容和服务对象标准进行大范围宣传推广，引导项目实施范围内的居民关注家庭助力服务，并了解和认识服务标准和流程。重点借助移动图书架每周 3 次定期在流动儿童聚集的小区开展室外宣传的机会，走入流动儿童聚集区重点宣传家庭助力服务对儿童学习的好处。依托流动群体“圈内人”，家庭助力服务宣传进入流动儿童家庭。社会工作者引导现有服务对象成为项目志愿者，通过流动群体“熟人”与流动儿童家庭建立信任关系，从而宣传服务。

7.3.4.2 及时告知申请结果，推荐合适服务

流动儿童家庭通过社会工作者宣传或经过社区工作人员、熟人等推荐了解到家庭助力服务计划的内容和标准，结合自身条件按照要求自愿填写家庭助力服务计划申请表。社会工作者在收到申请后，根据标准进行初步筛选。在筛选之后，对符合家庭助力标准的服务对象及家庭进行当面或电话告知；对不符合的进行当面或电话解释说明，并根据服务对象情况，推荐其适合的服务内容。

7.3.4.3 流动儿童及家长共同计划

申请通过之后，流动儿童及家庭共同成为家庭助力服务计划的服务对象，签订家庭助力服务知情同意书，明确社工、流动儿童及家长各自承担的责任。服务对象承诺一定利用并维护改造成果。在签订知情同意书之后，服务对象和社工一起，商量家庭改造时间和空间、改造程度和步骤、所需材料及如何准备材料，并达成共识，形成家庭助力学习环境改造计划。

7.3.4.4 服务对象参与改变

家庭助力服务计划，坚持以服务对象为主、以社工为辅的原则，鼓励流动儿童和家长参与家庭学习环境改造的全过程。社工根据亲子相处评估结果及流动儿童家庭特点，按照共同制订的计划，引导家长和儿童单独或共同完成计划内容，共同完成流动儿童家庭学习环境的改造。

7.3.4.5 “童”行助力巩固成果

在服务对象家庭学习环境改造过程中，社工持续对流动儿童及家长的亲子关系、家庭教育模式进行评估，并根据评估结果邀请服务对象参加“童”行助力亲子工作坊、社区公益体验、童趣阅读、儿童行为塑造等服务内容，保障家庭助力服务成果。在家庭学习环境改造一个月后，社工进行家庭访视，评估家庭助力服务计划结果，并根据流动儿童对独立学习空间使用结果，建议家长和儿童共同完善，一起营造流动儿童良好的家庭学习氛围。

7.3.5 成效评估

为评估家庭助力服务对儿童家庭学习的影响效果，社工针对家庭助力服务计划开展后儿童和家庭的改变，为参加家庭助力计划服务的儿童和家长分别设计《家庭助力服务计划意见反馈表》（详见附录 7、附录 8），并在服务一个月后，通过家庭访视对儿童和家长进行问卷调研。

问卷调研显示，参加家庭助力服务计划的儿童和家庭对此项服务全部满意，并表示儿童家庭学习环境明显变好了。在儿童自我改变方面，所有儿童都反映自己更喜欢改造后的家庭学习空间，因为学习空间变好了，自己比以前更喜欢在家写作业和读书，也会常常整理、维护自己的学习空间，85% 以上的家长认为自己孩子的学习书桌比以前更整齐。在家庭教育方面，66% 以上的儿童表示，爸爸妈妈会抽出时间和自己一起看书学习，85% 以上的家长认为自己比服务开展前更关注孩子的学习环境，会抽出时间和孩子一起维护孩子的学习空间，也更加支持儿童学习书籍的投入。

通过改造前后的对比，能够发现改造后服务对象的学习环境更加干净、整洁，更有利于儿童学习。社工在一个月后服务跟进时，评估到大多数儿童仍然能够很好地使用和维护家庭学习空间。

7.3.6 总结反思

家庭助力服务通过引导流动儿童和家长帮助流动儿童建立学习空间的方式，帮助流动儿童打造了独立的家庭学习和个人空间；通过在家庭生活空间“划地盘”的方式，开辟了流动儿童学习场地，营造了适合流动儿童学习的环境和氛围；在家庭学习环境改造的过程中，要求家长尊重流动儿童个人的意见，帮助家长在一定程度上了解和掌握了亲子沟通的技巧，有助于亲子关系的良性发展；通过要求儿童利用和维护家庭助力服务成果，能够帮助流动儿童养成良好的自我管理习惯。因此，通过“童”行助力项目内容支持，能够保障家庭助力的服务成效。

但是家庭助力服务计划以流动儿童为直接服务对象，其家庭住房以租赁为主，因房屋到期、工作场所更换等原因，服务对象常常变更居住场所，会影响家庭助力服务的实施结果。

附 录

附录 1　爱心观察员服务实施记录

序号	时间	名称	内　容	参与人次
1	2014 年 9 月至 2016 年 12 月	爱心观察员日常访视	通过电话或走访的访视，探访慰问对接老人	1680 人次
2	2014 年 4 月 29 日	2014 年第一次爱心观察员会议	1. 互相认识，彼此了解 2. 说明工作职责 3. 说明接下来工作开展	5 人
3	2014 年 7 月 24 日	2014 年第二次爱心观察员会议	1. 互相认识，彼此了解 2. 说明工作职责 3. 说明接下来工作开展	10 人
4	2014 年 10 月 15 日	2014 年第三次爱心观察员会议	1. 爱心观察员总结、反馈访视情况 2. 告知人员补贴和活动经费 3. 社会工作者说明接下来工作开展	12 人
5	2014 年 11 月 29 日	爱心观察员团建活动	1. 展示才艺，增进彼此间的认识 2. 团建前期社会工作者和爱心观察员相互交流 3. 说明接下来工作开展	10 人
6	2015 年 5 月 16 日	2015 年第一次爱心观察员会议	1. 新社会工作者自我介绍，与爱心观察员之间互相认识，彼此了解 2. 询问是否有成员继续担任爱心观察员，并且是否有合适的推荐人选 3. 说明工作职责以及接下来工作开展 4. 探讨开会的周期	8 人

续表

序号	时间	名称	内 容	参与人次
7	2015 年 6 月 17 日	“粽叶飘香，情暖端午”——融情粽意送进家	1. 弘扬传统节日文化，营造和谐幸福的邻里关系，丰富社区居民生活 2. 关爱社区高龄空巢老年人，让他们感受到节日的氛围 3. 为“大爱之行·夕阳幸福里——高龄空巢老人社区照顾服务项目”整合志愿者资源	100 人
8	2015 年 7 月 23 日	2015 年第二次爱心观察员会议	1. 介绍奥林花园社区两位新的爱心观察员给大家认识 2. 了解爱心观察员近期访视情况以及遇到的问题与困难 3. 说明工作职责以及接下来工作开展 4. 增进彼此的认识与交流	9 人
9	2016 年 1 月 16 ~ 24 日	申猴闹新春，灵童来拜年	1. 促进流动儿童及其家庭的城市融入，同时也培养孩子们的孝道精神和爱心 2. 让老人感受节日的氛围，增强老年人邻里支持网络，满足他们社会交往的需求 3. 调动社区居民和党员的积极性，逐步形成居民志愿为社区服务的良好风尚，促进和谐社区建设	63 人
10	2016 年 3 月 16 日	2016 年第一次爱心观察员会议	1. 社会工作者和爱心观察员总结去年的工作 2. 确定本年度访视表格上交时间、每位爱心观察员新的服务对象名单、活动参与内容 3. 新成员招募	7 人

续表

序号	时间	名称	内 容	参与人次
11	2016 年 5 月 26 日	2016 年第二次爱心观察员会议	1. 新社会工作者自我介绍，与爱心观察员之间互相认识，彼此了解 2. 总结与反思近期访视情况及遇到的困惑 3. 说明接下来工作开展	6 人
12	2016 年 6 月 4 日	浓情奥林“粽”动员	1. 弘扬传统文化，和居民一起过端午节 2. 通过粽子义卖，为社区中贫困的老人筹备居家安全改善的费用	40 人
13	2016 年 7 月 21 日	2016 年第三次爱心观察员会议	1. 介绍新加入爱心观察员 2. 了解各位观察员近两个月访视情况 3. 澄清社会工作者身份和作用	10 人
14	2016 年 10 月 20 日	2016 年第四次爱心观察员会议	1. 爱心观察员表达近期访视情况及遇到的困惑 2. 投票选择日常访视登记工具 3. 重新明确积分兑换制度	7 人
15	2016 年 12 月 30 日	2016 年第五次爱心观察员会议	1. 了解 11—12 月各位爱心观察员访视情况并进行反馈 2. 对 2016 年爱心观察员工作进行总结	6 人

附录 2　耄耋小屋升级计划申请表

<table>
<tr><th colspan="7">申请人信息</th></tr>
<tr><td rowspan="8">基本信息</td><td rowspan="2">姓名</td><td rowspan="2"></td><td rowspan="2">性别</td><td rowspan="2"></td><td>年龄</td><td></td></tr>
<tr><td>出生年月</td><td></td></tr>
<tr><td>身份证号码</td><td colspan="5"></td></tr>
<tr><td>月收入（元）</td><td></td><td colspan="2">户籍所在区县、街道</td><td colspan="2">区　　街</td></tr>
<tr><td rowspan="2">住址</td><td rowspan="2"></td><td colspan="2" rowspan="2">联系方式</td><td colspan="2">（手机）</td></tr>
<tr><td colspan="2">（固话）</td></tr>
<tr><td>居住状态</td><td colspan="5">□独居　□孤寡　□高龄空巢
□重大病　□其他</td></tr>
<tr><td>身份证号码</td><td colspan="5"></td></tr>
<tr><td rowspan="2">长者紧急联系人</td><td>姓名</td><td></td><td>与长者关系</td><td></td><td>联系方式</td><td></td></tr>
<tr><td>住址</td><td colspan="5"></td></tr>
</table>

续表

<table>
<tr><td rowspan="4">长者具体情况</td><td>身体状况 / 生活自理情况</td><td></td></tr>
<tr><td>经济情况</td><td></td></tr>
<tr><td>居家环境情况（请详细说明）</td><td></td></tr>
<tr><td>房屋产权所属</td><td></td></tr>
<tr><td></td><td>申请类型</td><td>□ 第一类：辅助装置。在室内长者主要活动区域安装基础扶手、夜灯、防滑设施、坐便器及洗澡椅等安全装置；门窗通风性，厨房用具是否方便取用
□ 第二类：房屋修葺。消除地面高低落差等不影响房屋结构的修葺；门把锁是否老旧等
□ 第一类 + 第二类</td></tr>
<tr><td></td><td>其他</td><td></td></tr>
<tr><td colspan="3">补充事项</td></tr>
<tr><td>长者对家居维修改造的期望（请用300字说明）</td><td colspan="2"></td></tr>
<tr><td>长者家居待改善区域图文说明（3~5张照片）</td><td colspan="2"></td></tr>
</table>

申请人签名：　　　　　　　　　　　　日期：

（注：如老人有书写困难，可由其他人协助填写）

附录 3　耄耋小屋升级计划需求评估表

评估员:　　　　　　　　　　时间:

1. 长者居住面积约（　　）平方米。

2.（　　）室（　　）厅（　　）厨（　　）卫

3. 客厅环境

A. 客厅是否通风? 是□　否□

B. 有几扇窗户?（　　）

C. 室内光线是否合适? 是□　否□

D. 座椅是否稳定? 是□　否□

4. 卧室环境

A. 床头是否有床头灯或者床头开关? 是□　否□

B. 光线是否合适? 是□　否□

5. 厨房环境

A. 是否有通风装置: 排风扇（　　）窗户（　　）抽油烟机（　　）

B. 常用厨具是否拿取方便? 是□　否□

C. 地面是否干燥? 是□　否□

D. 是否有防滑地垫? 是□　否□

6. 卫生间环境

A. 地面是否干燥? 是□　否□

B. 是否有防滑地垫? 是□　否□

C. 排水是否通畅? 是□　否□

D. 厕所旁是否有扶手? 是□　否□

7. 综合环境

A. 窗户是否老旧、松动？是□　否□

B. 门是否老旧、松动？是□　否□

C. 整体空间上是否需要添置储物架？是□　否□

D. 是否需要添置桌椅？是□　否□

8. 长者其他需求：

附录 4　服务对象基本信息表

<table>
<tr><td>姓名</td><td></td><td>性别</td><td colspan="2"></td></tr>
<tr><td>身份证号码</td><td></td><td>出生日期</td><td></td><td></td></tr>
<tr><td>家庭住址</td><td colspan="4"></td></tr>
<tr><td colspan="5">家庭其他成员信息</td></tr>
<tr><td>姓名</td><td>关系</td><td>年龄</td><td>职业及
工作单位</td><td>联系电话</td></tr>
<tr><td></td><td></td><td></td><td></td><td></td></tr>
<tr><td></td><td></td><td></td><td></td><td></td></tr>
<tr><td colspan="3">服务对象标准</td><td colspan="2">是否符合标准</td></tr>
<tr><td>1. 服务对象类型</td><td>独居、空巢、失独孤寡、重大病、失能</td><td></td><td>是 □</td><td>否□</td></tr>
<tr><td>2. 服务对象年龄</td><td>80 岁及以上</td><td></td><td>是 □</td><td>否□</td></tr>
<tr><td>3. 住房面积</td><td>低于 80 平方米</td><td></td><td>是 □</td><td>否□</td></tr>
<tr><td>4. 家庭月经济盈余</td><td>低于 1000 元</td><td></td><td>是 □</td><td>否□</td></tr>
<tr><td colspan="5">备注：以上条件满足三条即可申请服务</td></tr>
<tr><td colspan="5">初步评估结果
是否提供改善服务：是 □　否 □</td></tr>
</table>

附录 5　长者知情同意书

本人即下方签署人，完全明白琥珀街道社会工作服务中心所提供的服务，并正式向其申请耄耋小屋升级计划服务。

经共同协商，需要改善的地方如下：

1.____

2.____

3.____

申请服务者签署：

琥珀街道社会工作服务中心社工：

签 订 日 期：

附录 6 楼栋自治领袖成长小组实施情况记录

<table>
<tr><td rowspan="3">基本信息</td><td>名 称</td><td>楼栋自治成长小组</td><td>节 数</td><td>第一节</td></tr>
<tr><td>日期 / 时间</td><td>2016 年 4 月 26 日上午 8: 30</td><td>地 点</td><td>滨湖世纪社区 5 楼公益坊</td></tr>
<tr><td>负责人</td><td>李社工</td><td>出席人数</td><td>18 人</td></tr>
<tr><td>过程记录</td><td colspan="4">1. 组员相互认识阶段
通过游戏“左右护法”让组员熟悉。游戏中，有位组员没有出错，让他做自我介绍，被他拒绝，社工立即做出调整。
2. 认识小组及小组目标、规则制定阶段
此环节，有两位组员参与度不高，但能认真记录和聆听，同时小组中积极的人已经出来了。通过制定小组规则和目标，组员对小组的认可度提高了。
3. 楼栋自治知识学习阶段
社会工作者带领大家了解社区治理背景，懂得为什么要楼栋自治，及影响楼栋自治的因素和楼栋自治的路径。随后，让每个人根据自己的经验设计楼栋自治分析表和楼栋推进流程，再进行讨论，组员们参与度较高，收获较大。
4. 总结阶段
由观察员对组员的表现进行评价；由组长做总结；社会工作者用提问抢答的形式，带大家回顾。课程总结全面，成员满意度较高</td></tr>
</table>

续表

<table>
<tr><td rowspan="4">目标达成情况</td><td>目　标</td><td>达　成　情　况</td></tr>
<tr><td>成员相互认识，达成共识</td><td>通过游戏“左右护法”，成员初步认识；共同制定目标和规则，达成共识</td></tr>
<tr><td>了解小组形式及个人在小组中的角色</td><td>通过介绍小组的形式，让组员了解；通过组员轮流做观察员和组长，了解在小组中自己的角色</td></tr>
<tr><td>学习楼栋自治必要性、推进方式，提高组员推动楼栋自治的能力</td><td>通过楼栋自治背景、影响自治的因素、楼栋自治三步走等内容的讲解和现场实操做楼栋分析表和推进组合方式，让组员学习到楼栋自治的基本推动方式</td></tr>
<tr><td>工作反思</td><td colspan="2">1. 课程内容设计方面
由于课程内容多，除了小组的基本介绍外，还讲解了楼栋自治的内容，时间比预计的超了半小时。最后的一个内容：楼栋自治的推进方式，没能按计划展开来讲，也没能让组员分享。下次课准备在回顾环节做弥补。
2. 小组成员表现方面
小组成员共有 19 人，超出之前预计的人数。有些组员很积极，有些组员很被动，中途离场一位，原因是临时有事。此次课内容多，未能照顾到每一位组员，特别是不太积极的。下次课需要做调整，让三分之二的人都有发言的机会。
3. 社会工作者（负责人）表现方面
开始有些紧张，随后好多了，但总担心时间超时，所以有些着急。在游戏中，没能按规定处理，被组员拒绝，及时做了调整。组员的情绪没能顾及。缺点：直接指出组员的错误，需要下次注意</td></tr>
</table>

续表

<table>
<tr><td rowspan="3">基本信息</td><td>名 称</td><td>楼栋自治
成长小组</td><td>节 数</td><td>第二节</td></tr>
<tr><td>日期 / 时间</td><td>2016 年 5 月 10 日上午 8:30</td><td>地 点</td><td>滨湖世纪社区 5 楼公益坊</td></tr>
<tr><td>负责人</td><td>李社工</td><td>出席人数</td><td>18 人</td></tr>
<tr><td>过程记录</td><td colspan="4">1. 游戏环节
通过心理游戏“考考你的眼力”，让组员感受从众心理的效应。
2. 上期内容回顾环节
通过上期内容的回顾，明确小组目标，并链接这次课的内容。
3. 楼栋自治实务学习阶段
此环节包括楼栋自治的推进方式、楼栋自治必备的五要素、楼栋自治骨干的热情维护三方面内容。
社会工作者将每一块内容都展开分析，组员在此次课中，能积极发言、互动多，学习收获大。
4. 自治相关理论学习阶段
理论是实践的依据，通过学习社会工作理论和心理效应理论，组员了解社会现象存在的原因，找到解决问题的办法。
为了不让组员感到理论很枯燥难懂，社会工作者将每个理论与现实事件结合起来讲解，组员们能积极发言，对理论的理解较深。
5. 案例学习阶段
通过学习其他城市的优秀治理案例，开阔组员的视野，提高组员的创新性，让他们找到适合自己小区的治理方法。
6. 总结阶段
由观察员对组员的表现进行评价；由组长做总结；社会工作者用总结抢答的形式，带领大家回顾，并做小组的满意度调查</td></tr>
</table>

续表

<table>
<tr><td rowspan="4">目标达成情况</td><td>目 标</td><td>达 成 情 况</td></tr>
<tr><td>让组员感受从众心理，提高他们的好奇心和学习主动性</td><td>游戏结果在课程中公布，使组员们都带着好奇心听课，提高了学习主动性</td></tr>
<tr><td>通过楼栋自治实务的学习，提高组员推进楼栋自治工作能力，增强自信心</td><td>课程内容实操性强，并有互动，组员参与度高，从对组员满意度调查表看，满意度较高</td></tr>
<tr><td>通过学习社会工作理论、社会效应和优秀案例，让组员掌握工作推进方法，了解社会问题形成的原因，提高解决问题的能力</td><td>结合本社区的情况进行理论讲解，通俗易懂；案例都是和楼栋自治相关的，有同质性。组员在学习中没有疲惫感，效果较好</td></tr>
<tr><td>工作反思</td><td colspan="2">1. 课程内容方面
此次课内容还是安排得较多，时间超过了一个半小时。虽然课程中安排有互动，但因时间关系，很多内容都是由社会工作者讲解，没能让组员讨论互动。
2. 小组组员表现方面
组员们比上一次积极，听课的认真度较高。本次虽迟到 3 位，但迟到时间未超出太多，能感受到大家的态度从不情愿到积极主动的转变。
3. 社会工作者团队的表现
社会工作者的成员都能按照分工完成自己的工作，主要负责人（也是课程的主讲人）比上次课状态好</td></tr>
</table>

续表

<table>
<tr><td rowspan="3">基本信息</td><td>名 称</td><td>楼栋自治成长小组</td><td>节 数</td><td>第三节</td></tr>
<tr><td>日期 / 时间</td><td>2016 年 5 月 24 日
上午 8:30</td><td>地 点</td><td>滨湖世纪社区 5 楼公益坊</td></tr>
<tr><td>负责人</td><td>李社工</td><td>出席人数</td><td>16 人</td></tr>
<tr><td>过程记录</td><td colspan="4">小组户外团建活动
1. 集合环节
（1）早上 8:20 在社区公益坊集合，组员们按时到达，社会工作者给每位组员发活动用水等物品，并简要说明活动注意事项，随后集体出发到目的地——塘西河公园
（2）活动前分组及活动内容简要说明
（3）社会工作者按小组规则，引导大家分组、选组长、选观察员，并对此次活动目的做简要说明。组员们都能积极响应，很快两个组组长、观察员和临时小组名称都出来了，“梦想组”组长由宋 ×× 担任，“精英组”组长由王 ×× 担任
2. 游戏环节
为更好地说明游戏，社会工作者将每个游戏用图文并茂的形式打印出来，有效地提高了活动效率。为让组员们有集体意识、活动有计划性，社会工作者引导组员在每个游戏前做活动分工表。
（1）滚车轮游戏
此环节，各组有分工、有统筹，两个组粘报纸的速度差不多，报纸也没有破损的情况，在“车轮”滚动时，精英队因走偏了，所以梦想队在此环节小胜精英队。
（2）眼疾手快
此游戏是用筷子夹乒乓球接力，考查组员的协调能力。精英队在上一环节落后的情况下，不急不躁，在组员郑 ×× 的带领下，顺利完成任务获胜。
（3）好好保护我
此游戏是让组员用已有的材料给鸡蛋做好保护，让鸡蛋在 1.5 米处落下不会破裂。精英队是上一环节的获胜者，在这环节有优先选择材料的特权，在他们将吸管、卡纸、胶带都选走的情况下，梦想队成员集思广益，用剩下的双面胶和一次性纸杯给鸡蛋做了一个保护窝。两队成员都成功地完成了任务</td></tr>
</table>

续表

<table>
<tr><td rowspan="1">过程记录</td><td colspan="2">3. 总结分享环节
游戏结束后，社会工作者引导大家做总结分享，各组组长及组员都做了分享发言。游戏中增进感情，交流心得，分享总结经验，组员们都表示，此次团建受益匪浅，团队合作需要组长统一领导，组员间相互信任、相互理解、相互支持。特别是精英组分享他们在落后的情况下如何调整心态，团结一心转败为胜的经验</td></tr>
<tr><td rowspan="4">目标达成情况</td><td>目　标</td><td>达成情况</td></tr>
<tr><td>增进小组成员的熟识度和感情的交流</td><td>小组成员经过团建，熟识度明显提高，大家在一起没有拘谨，有说有笑，感情增进不少</td></tr>
<tr><td>组员学会团体合作的要领</td><td>团建以分组对决的方式，各类游戏都需要合作，发挥集体的智慧和力量。在落后的情形下，组员们能相互鼓励，没有看到有埋怨的现象</td></tr>
<tr><td>增强小组的凝聚力</td><td>此次活动可以看到小组的凝聚力加强了，积极骨干人员也出来了</td></tr>
<tr><td>工作反思</td><td colspan="2">本次团建活动，在内容上设计没问题，准备充分，从游戏道具到分享的地点，社会工作者提前考察场地，安排合理。在天气炎热的情况，考虑到大家玩过游戏很热，安排了有荫凉的地方，并准备了地垫，温馨的安排，受到组员们的赞扬</td></tr>
</table>

续表

<table>
<tr><td rowspan="3">基本信息</td><td>名 称</td><td>楼栋自治
成长小组</td><td>节 数</td><td>第四节</td></tr>
<tr><td>日期 / 时间</td><td>2016 年 6 月 7 日
上午 8:30</td><td>地 点</td><td>滨湖世纪社区 5 楼公益坊</td></tr>
<tr><td>负责人</td><td>李社工</td><td>出席人数</td><td>18 人</td></tr>
<tr><td>过程记录</td><td colspan="4">由组员根据自己的特长选择可以分享的模块，社会工作者给予鼓励和指导。
1. 互动游戏
一元五角游戏考察组员们的默契度，作为热身游戏，将组员的情绪调动起来了。
2. 入户技巧分享
分享人：余 ××、施 ××、李 ××
分享得很精彩，讲到了随时随地、熟人入户等方式，他们的方法受到组员的认可。
3. 入户情景模拟游戏
将组员分为两组，分别扮演居委会和居民两个角色，通过两个不同的情景模拟剧，找到入户的技巧和方法。组员们很入戏，效果达成。情景剧后，大家展开讨论，总结入户的技巧。
4. 活动开展技巧分享
分享人：李 ××、余 ××、李 ××、罗 ××。
罗 ×× 和李 ×× 分享得不错，提到了活动开展的目的性。
5. 居民骨干热情维护技巧分享
分享人：郑 ××、薛 ××。
两位分享得都很精彩，郑 ×× 提前做了准备，列举了 3 条。薛 ×× 总结自己的经验，说得朴实而真诚。
6. 天使与魔鬼的游戏
每组派一位组员作为被夸（批评）对象，由对方组夸（批评）。
此游戏是告诉大家，天使是被夸出来的。活动后，天使的扮演者凌 ×× 谈感受时说道：前面的夸奖让她感到很虚假，余 ×× 的言语让她感受到亲人般的温暖。她的真实分享，让小组成员反思夸奖需要真诚。
7. 居民发动技巧分享
分享人：李 ××、余 ××、罗 ××、薛 ××
大家分享得都不错，都说到和居民建立感情</td></tr>
</table>

续表

<table>
<tr><td>过程记录</td><td colspan="2">8. 调解技巧分享
分享人：涂 ××
涂 ×× 的分享很真实，他说自己也没什么经验，有时只是倾听。
9. 调解情景模拟游戏
此环节让大家感受到：调解是件不容易的事情。扮演居民的王 ×× 分享到，调解员像是帮凶，让她感觉不舒服。随后，组员们也展开了讨论，总结调解的要领。
10. 总结
组长和观察员对此次活动大家的表现给予了表扬，并总结了此次的关键词</td></tr>
<tr><td rowspan="3">目标达成情况</td><td>目　标</td><td>达成情况</td></tr>
<tr><td>通过组员的分享，提高对小组的认同感，并搭建组员间的交流平台</td><td>组员们都很积极地分享，有几位事前做了笔记。昌贵社区有两位成员没有分享，她们表示自己刚刚接触楼栋自治，没什么心得，此次参加小组收获很多。能看出此次活动，大家感情加深，融合度提高</td></tr>
<tr><td>通过情景剧的模拟，将学习和实践联系起来，巩固学习的内容</td><td>在情景剧模拟中，大家感受到理论和实践还是有差距的。通过情景剧的总结分享，认为实操性的知识更强</td></tr>
<tr><td>工作反思</td><td colspan="2">本节的内容设计合理，活动中能感受到组员们已经融入，没有拘谨感。分享和互动的环节大家能做到真实、主动。特别是情景模拟结束谈感受时，扮演居民的组员能表达自己真实的想法，给小组成员很多反思</td></tr>
</table>

续表

<table>
<tr><td rowspan="3">基本信息</td><td>名 称</td><td>楼栋自治
成长小组</td><td>节 数</td><td>第五节</td></tr>
<tr><td>日期 / 时间</td><td>2016 年 6 月 21 日
上午</td><td>地 点</td><td>滨湖世纪社区 5 楼公益坊</td></tr>
<tr><td>负责人</td><td>李社工</td><td>出席人数</td><td>16 人</td></tr>
<tr><td>过程
记录</td><td colspan="4">1. 观摩融荫居委会半年总结会
组员作为旁听者，全程参与融荫的活动。组员们都能认真聆听，并做好记录。
2. 观摩结束后，组员在一起分享交流
社会工作者在此次活动中扮演观察者，由融荫居委会负责人也即小组成员做主持，组员们一一发言，将自己的疑问提出，由主持人回答，或大家讨论。气氛活跃，组员们的交流平台搭建成</td></tr>
<tr><td rowspan="3">目标达
成情况</td><td colspan="2">目 标</td><td colspan="2">达成情况</td></tr>
<tr><td colspan="2">通过观摩活动的开展，让组员互动起来，相互学习，共同成长</td><td colspan="2">经过活动的观摩，组员相互间交流，总结很多实操经验，掌握活动开展的技巧</td></tr>
<tr><td colspan="2">组员观察学习并总结梳理出活动开展的要领和技巧</td><td colspan="2">组员在参与活动后，结合理论和实践进行总结，从活动策划到人员安排到活动整体效果，组员的能力得到很大提高</td></tr>
<tr><td>工作
反思</td><td colspan="4">1. 小组成员表现方面
小组成员能积极参与观摩活动，在观摩后的交流中，相互鼓励，共同探讨，总结经验。
2. 社会工作者（负责人）表现方面
社会工作者主要在观摩后，组织小组成员分享，引导成员将实践中的问题和课程中的理论结合，找到问题根源。这个过程，社会工作者扮演观察者，由组员主持，小组成员们一起探讨，共同成长</td></tr>
</table>

续表

<table>
<tr><td rowspan="3">基本信息</td><td>名 称</td><td>楼栋自治
成长小组</td><td>节 数</td><td>第六节</td></tr>
<tr><td>日期 / 时间</td><td>2016 年 7 月 5 日
上午</td><td>地 点</td><td>滨湖世纪社区 5 楼公益坊</td></tr>
<tr><td>负责人</td><td>李社工</td><td>出席人数</td><td>18 人</td></tr>
<tr><td>过程记录</td><td colspan="4">1. 游戏“卧底”
社会工作者将写有志愿者若干、居民一个的纸条随机发给组员，通过大家对自己手上的内容表述，找到卧底—居民。通过这个游戏，让大家对居民和志愿者的定义有进一步的认识。
2. 开动大脑，发起头脑风暴环节
社会工作者引导大家讨论梳理出：A 楼栋里可以开展的活动，B 楼栋活动中可以贯穿的居民自治宣传。将所学有所用，为楼栋自治工作打下基础。
3. 睁大双眼，回顾感动画面
社会工作者将小组成立以来的照片做成视频，播放给小组成员看。在视频播放时，组员们有些感动。
4. 总结分享阶段
社会工作者引导组员分享自己参与小组的感受，评估小组最初制定的目标实现情况，并帮助梳理组员的情感。最后将小组纪念杯发给大家，留念</td></tr>
</table>

续表

<table>
<tr><td rowspan="3">目标达成情况</td><td>目 标</td><td>达 成 情 况</td></tr>
<tr><td>引导组员总结出实用的资料</td><td>通过大家的讨论，总结出楼栋可以开展的活动和在活动中宣传自己的方式，并整理成资料，有组员表示非常实用，在中秋节活动中可使用</td></tr>
<tr><td>引导组员正确看待小组结束，帮助组员梳理对小组的依恋之情。</td><td>组员们都依依不舍，但经过社会工作者的引导，组员们意识到小组结束，感情和交流平台还在。大家都表示，小组结束后交流不能断，蒲公英楼栋自治的群就是未来的交流平台，有问题大家一起商讨解决，多分享、多交流</td></tr>
<tr><td>工作反思</td><td colspan="2">1. 课程内容设计方面
课程安排受到组员们的称赞，特别是对楼栋可以开展的活动和在活动中宣传自己方式的梳理，让大家有一套更加实用的资料。
2. 小组成员表现方面
组员们热情高涨，分享交流都很积极，对小组有依依不舍之情。
3. 社会工作者（负责人）表现方面
社会工作者准备充分，课程安排合理，由于和组员的感情有些深刻，对小组也有不舍。但课程结束时，能控制自己的情绪，小组活动中更多的是温情</td></tr>
</table>

附录 7　家庭助力服务计划意见反馈表（儿童）

这份问卷的目的是收集你对本机构服务的意见，以改善本机构的服务。请选择最能代表你意见的答案。你的意见将会被保密，而你给予的意见并不会影响你现时或将来所接受的服务。

现诚意邀请你抽空填写问卷,完成后请交予有关工作人员。多谢合作!

活动名称：　　　　　　　　　　　　填表人：

参加者姓名：　　　　　　　　　　　填表日期：

一 . 选择回答

1. 你喜欢参加我们的活动吗?

   A. 不喜欢　　B. 无所谓　　C. 喜欢

2. 你觉得自己的学习环境有没有变好?

   A. 有　　　B. 没有　请写出原因 ____________________

3. 你觉得自己比以前更爱看书了吗?

   A. 是　　　B. 否　请写出原因 ____________________

4. 你觉得自己的书桌比以前更整洁吗?

   A. 是　　　B. 否　请写出原因 ____________________

5. 你觉得自己的学习态度有没有改善?

   A. 是　　　B. 否　请写出原因 ____________________

6. 爸爸妈妈有没有和你一起进行书桌的整理?

   A. 有　　　B. 没有　请写出原因 ____________________

7. 爸爸妈妈会不会督促你看书学习?

A. 每天　B. 一周一次　C. 每月一次

D. 其他　请写出____________________

8. 爸爸妈妈会不会抽出时间和你一起看书?

A. 是　　B. 否　请写出原因____________________

9. 你喜不喜欢和爸爸妈妈一起看书?

A. 是　　B. 否　请写出原因____________________

二、参加家庭助力活动之后，你感觉自己最大的变化是什么，请写出来：（请认真填写，谢谢！）

____

____

三、参加家庭助力之后,你觉得爸爸妈妈最大的变化是什么,请写出来：

____

____

四、您对我们的家庭助力活动整体评价为____________________分

（满分 10 分，请在横杠上填分数，谢谢！）

附录 8　家庭助力服务计划意见反馈表（家长）

这份问卷的目的是收集你对本机构服务的意见，以改善本机构的服务。请选择最能代表你意见的答案。你的意见将会被保密，而你给予的意见并不会影响你现时或将来所接受的服务。

现诚意邀请你抽空填写问卷，完成后请交予有关工作人员。多谢合作！

活动名称：　　　　　　　　　填表人：

孩子姓名：　　　　　　　　　填表日期：

一．选择回答

1. 你喜欢参加我们的活动吗？

A. 不喜欢　　B. 无所谓　　C. 喜欢

2. 你觉得孩子的学习环境有没有变好？

A. 有　　　B. 没有　请写出原因＿＿＿＿＿＿＿＿＿＿

3. 你觉得自己比以前更关注到孩子的学习环境了吗？

A. 是　　　B. 否　请写出原因＿＿＿＿＿＿＿＿＿＿

4. 你觉得孩子的书桌比以前更整洁吗？

A. 是　　　B. 否　请写出原因＿＿＿＿＿＿＿＿＿＿

5. 你觉得孩子的学习态度有没有得到改善？

A. 是　　　B. 否　请写出原因＿＿＿＿＿＿＿＿＿＿

6. 你会不会和孩子一起进行书桌整理？

A. 有　　　B. 没有　请写出原因＿＿＿＿＿＿＿＿＿＿

7. 你会不会督促孩子看书学习？

A. 每天　　B. 一星期一次　　C. 每月一次

D. 其他　请写出________________

8. 你会不会抽出时间和孩子一起看书?

A. 是　　B. 否　请写出原因________________

9. 你会不会主动地给孩子增添一些书籍?

A. 是　　B. 否　请写出原因________________

二、参加家庭助力活动之后，你感觉孩子最大的变化是什么，请写出来 :(请认真填写，谢谢!)

____

____

三、参加家庭助力活动之后，你觉得自己最大的变化是什么，请写出来 :(请认真填写，谢谢!)

____

____

四、您对我们的家庭助力活动整体评价为________________分

(满分 10 分，请在横杠上填分数，谢谢!)

后　记

丁酉鸡年，有这样一群富有朝气的社工们将沉积了五年多的实践经验记录下来，用他们的视角观察社会现象，用他们的声音回应社会问题，用他们的行动构筑社会和谐。终于，这部承载着全体民生和爱邻社工心血的书稿完成了。这部书是周军、马贵侠、毕兰凤、徐财松与爱邻、民生的社工们集体智慧的结晶，马贵侠负责全书的统稿工作。全书具体分工如下：第 1 章：马贵侠、周军、柏俊、毕兰凤、张晓曼；第 2 章：马贵侠、张晓曼、李翠、陈洋、章敬萍、叶慧芳；第 3 章：毕兰凤、邵会会、杨金晓、章媛媛、郑文雅；第 4 章：毕兰凤、徐赤、刘环环 、叶慧芳；第 5 章：马贵侠、杭璐、侯婷婷、王畅；第 6 章：徐财松、韩凤霞 、李睿文、谢晓曼；第 7 章：柏俊、李红龙、吴洁、叶慧芳。在写作过程中，柏俊、张晓曼、叶慧芳承担了大量的统筹、协调工作，爱邻、民生的其他社工们也积极参与案例的总结与讨论，他们的努力使这份集体的成果得以顺利呈现。

社会工作的发展离不开全体社工同仁的砥砺前行，也离不开关心和支持社会工作发展的政府、基金会、企业等各界人士对社会工作的殷切关注。“纸上得来终觉浅，绝知此事要躬行”，作为社会工作者的我们将会继续以更加饱满的热情不断总结反思，为社会工作的实务发展增添更加丰富多彩的思维花朵。

作者

2017 年 11 月 15 日